評伝 水島廣雄

あとから来る旅人のために

水島廣雄追想録出版委員会

諏訪書房

評伝　水島廣雄

あとから来る旅人のために

上…成生の港と集落（二〇一五年撮影）。集落の戸数は水島が生まれた明治末の頃と変わらない。
下右…少年時代に本を読むために籠った土蔵。
下左…生家。

上…成生村境のトンネル跡。現在は切通しの道路となっている。手前が成生、右が田井へ続く。

下右…一四歳。旧制小浜中学入学にあたり、舞鶴の写真館で撮影。既に眼鏡をかけている。

下左…柔道に打ち込んだ旧制小浜中学時代。写真左の人物は級友。

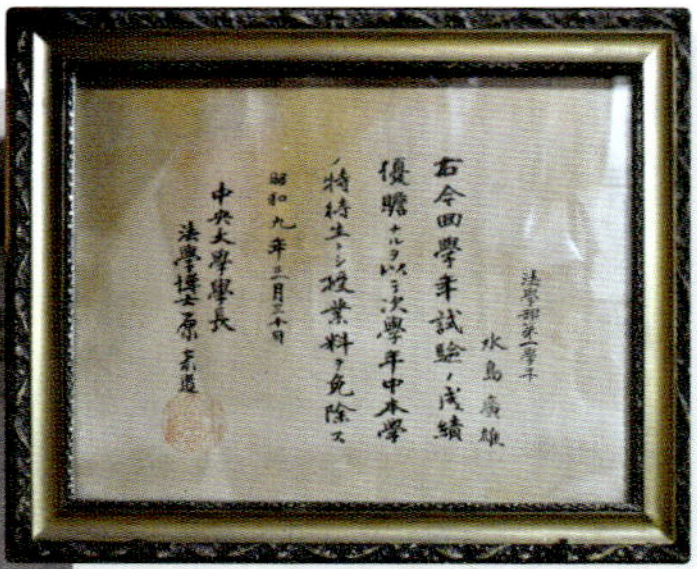
法學部第一學年
水島廣雄
右今回學年試驗ノ成績
優贍ナルヲ以テ次學年中本學
ノ特待生トシ授業料ヲ免除ス
昭和九年三月三十日
中央大學學長
法學博士原嘉道

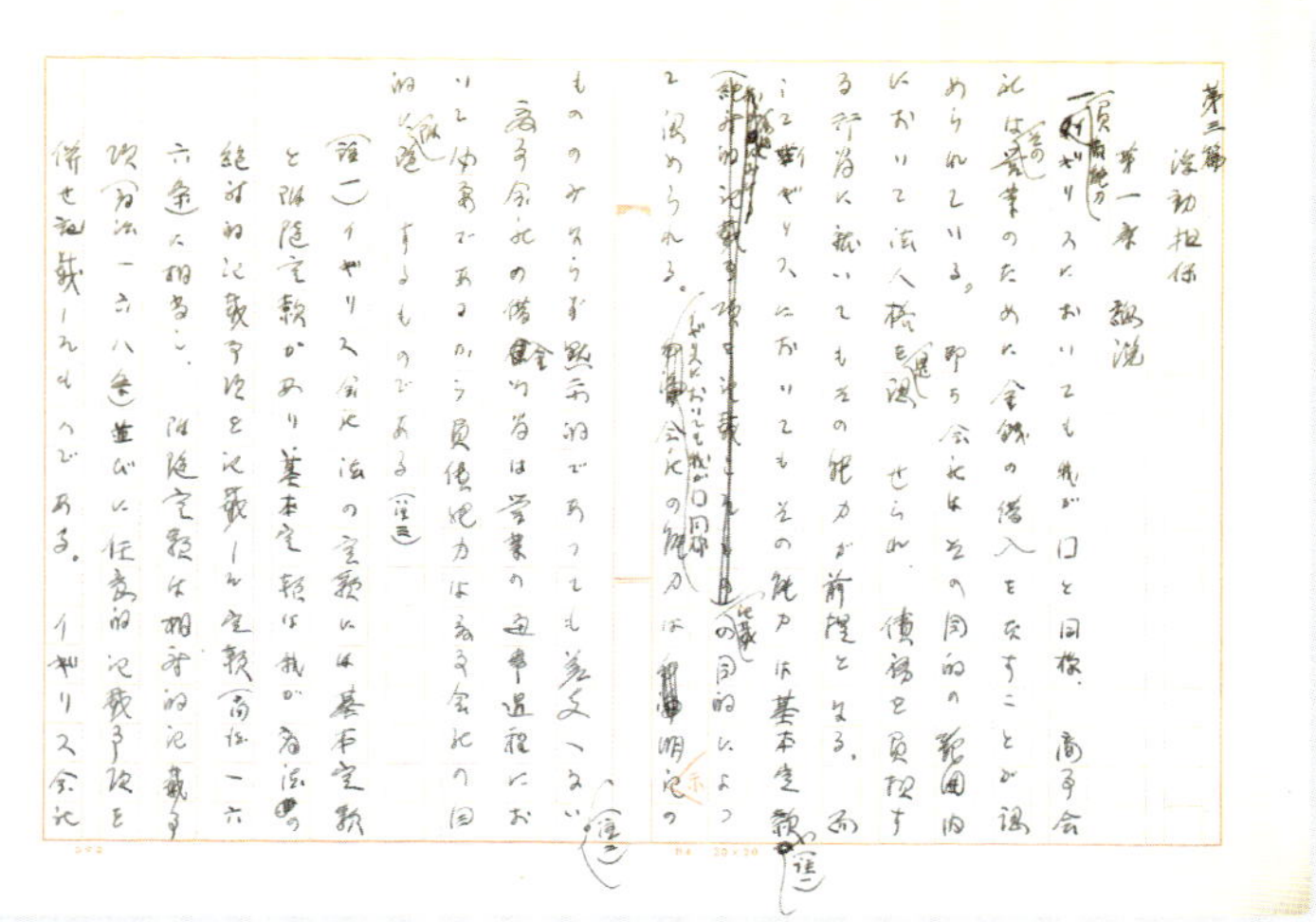
第三編 流動担保
第一章 総説

前頁上右…旧制中央大学法学部一年次の特待生の授与状と在学中の写真。

前頁上左…『浮動擔保の研究』執筆の頃。上総一ノ宮の海岸で、齊藤房信氏と齊藤家の愛犬・マリ。

前頁下…『浮動擔保の研究』自筆原稿。

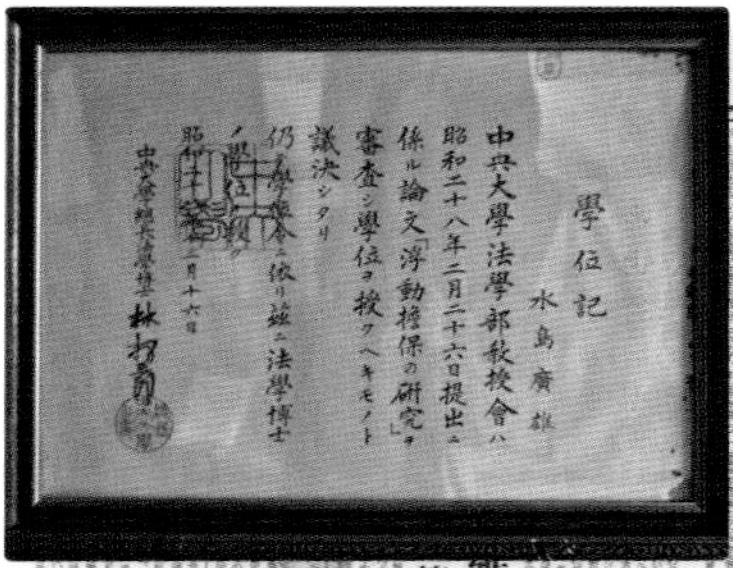

「毎日学術奨励金」に輝く人々
完成近い重要研究
実際面にも大きな反響
平塚直秀氏
桜田一郎氏
福田宗一氏
水島広雄氏
松田寿男氏

上…法学博士の学位記。

下…毎日学術奨励金受賞者を報じる毎日新聞（一九五三年一〇月二五日）。記事では「英国の浮動担保制度の優位性を解明した水島氏の研究はわが国の物権法上の問題点をつくもの」と紹介されている。

上…日本興業銀行に勤務しながら中央大学講師を務めていた頃（一九五〇年頃）。
下…日本興業銀行証券部次長時代の同僚、部下との写真（左から三人目）と当時の二種類の名刺（一九五五年頃）。

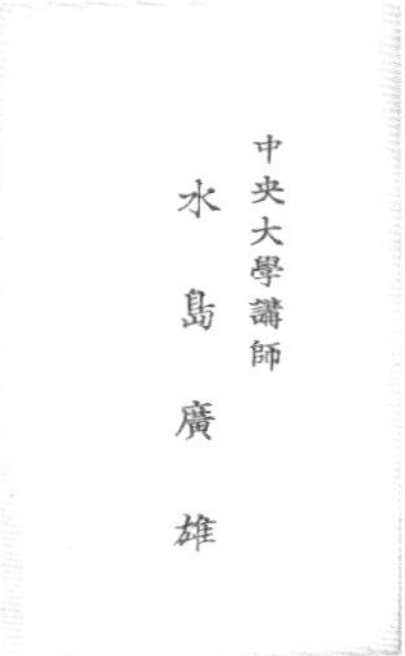

中央大學講師
水島廣雄

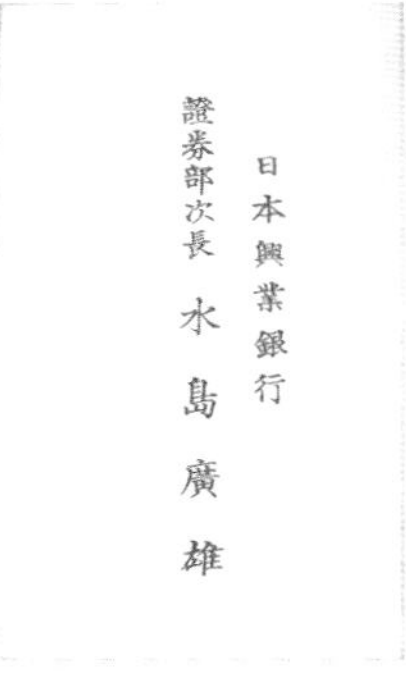

日本興業銀行
證券部次長 水島廣雄

上…法務省から出されたイギリスへの調査留学の委嘱状（一九五六年）。

下右…一九五三年に謄写版（ガリ版）刷りで印刷製本された『浮動擔保の研究』全五巻。制作部数は不明だが、写真（自宅書斎に保存されていた一セット）のほか、国立国会図書館関西館に所蔵されている。

下左…ロンドン滞在中の写真。滞在中の様子は本人の随想『人の間』に詳しい（一九五七年）。

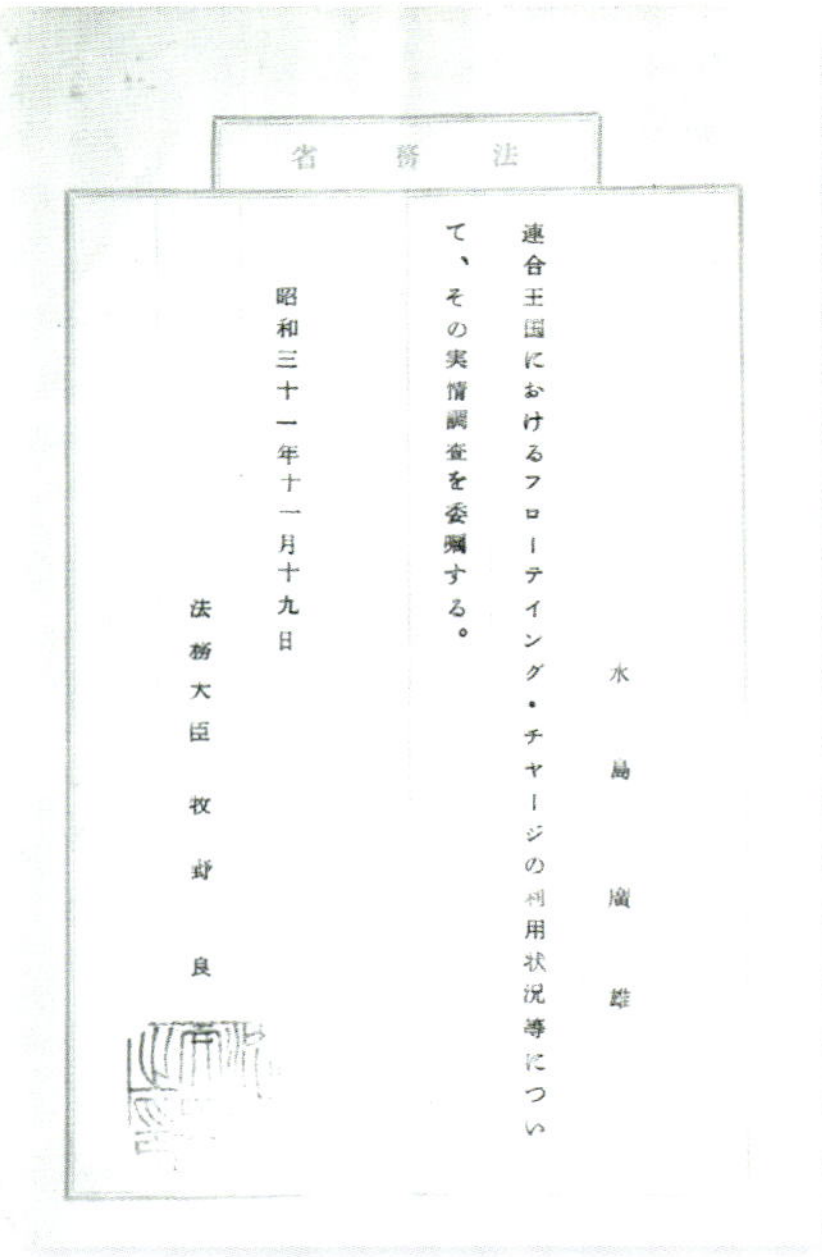
法務省

水島廣雄

連合王国におけるフローテイング・チャージの利用状況等について、その実情調査を委嘱する。

昭和三十一年十一月十九日

法務大臣 牧野良

右…妻・静と上総一ノ宮にて。そごう副社長の頃（一九五九年頃）。

下…四三歳で初めての人間ドック受診（前列右から二人目。一九五五年）。

左頁・上…「水島社長誕生」を報じる業界新聞。当時の大阪本店、神戸、東京の三店舗の写真を掲載（一九六二年）。

左頁・下右…社長就任後初の役員会（中央。一九六二年）。

左頁・下左…幹部社員を前に社長就任挨拶を行う（一九六二年）。

光器

本号の内容

デパートニューズ社

5月30日（水）

第219号

デパートニューズ

Department Store News

蘇えるそごうの全容

10年間に6人もの社長が交替したそごう。その都度経営方針は変り、従業員の意欲は喪失し、沈滞したふん囲気につつまれたそごう。そのそごうに明るいきざしが見えてきた。それは水島社長を先頭とする統一した経営陣が誕生し"そごうをそごう人の手で"をスローガンに、新生そごうのスタートが切られた時から始まった。人事の刷新、資金の大幅なアップ、店内諸施設の改善等々、次々に積極的な手がうたれた。経営陣の"そごう再建"の意欲はそのまま従業員にも通じ「こんどがそごう再建のラストチャンスです」と従業員は口を揃えて語る。いま全社内は明るい愛社心でみなぎっている。そこで本紙は新生そごうに大きな期待をかけ"蘇えるそごう"を特集した。

水島社長を先頭に統一ある第一歩

神戸店

東京店

大阪店

上…俣野健輔（右から二人目）らと中央大学南甲倶楽部旅行のスナップ（一九六五年。安房鴨川）。
下…親友・平木信二（リッカーミシン創業者）と新型ミシンを前に（一九六五年頃）。

上…中央大学駿河台校舎での講義風景。黒板の左に「水島先生の教科書入用の方は中大旧正門前の中村洋服店へ」と書かれている（一九六八年）。
中・下…六〇代の頃の講義風景と教科書にも使用された『信託法史論』と『特殊担保法要義』。

上…移転した千葉駅前に一九六七年に開店した千葉そごう（一九六九年発行の『そごう社史』より）。
中…一九六七年に増床した三宮駅前のそごう神戸店（『そごう社史』より）。
下…そごう東京店（有楽町そごう）の大運動会（一九六五年）。

上…『そごう社史』に掲載された昭和四四年頃の横浜駅東口付近と横浜そごう建設予定地（一九六四年）。
中…後の内閣総理大臣・福田赳夫らとともに大谷貴義の還暦祝いにて（一九六五年）。
下…ジャパンライン事件をきっかけに親しくなった児玉誉士夫と（一九七三年頃）。

上…お盆と正月時期の舞鶴への帰省は欠かさなかった。毎回、舞鶴市内で親族が出迎えた（一九七〇年）。

中…「レインボーの法則」で千葉に続いて出店を決めた柏そごう（柏駅東口市街地再開発事業）竣工記念式（一九七三年）。

下…中国地方最大の百貨店を目指した広島そごうの建設現場視察（一九七四年）。

上…ヴァチカンでパウロⅡ世に二度目の謁見（一九八二年）。
下右…ローマ法王の写真使用が認められた「大ヴァチカン展」のポスター（一九八〇年）。
下左…「大ヴァチカン展」のパンフレット（一九八〇年）。

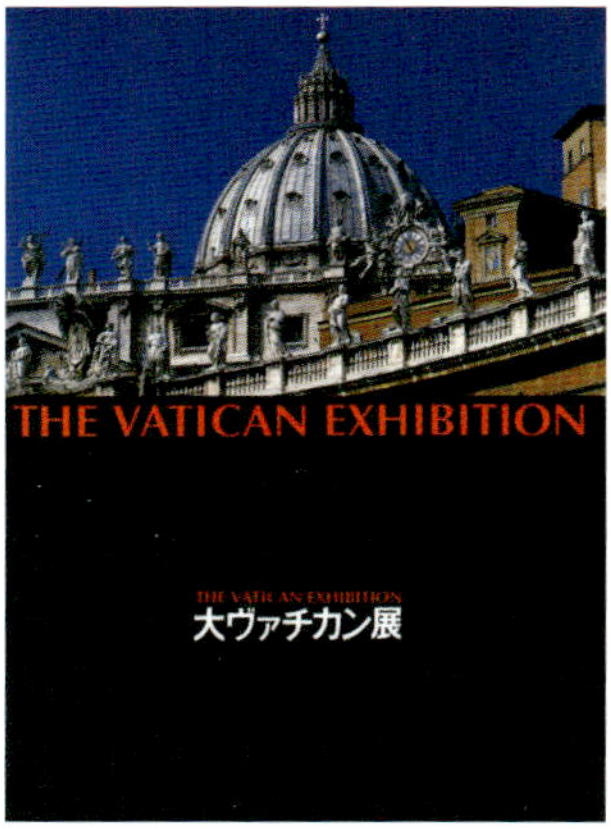

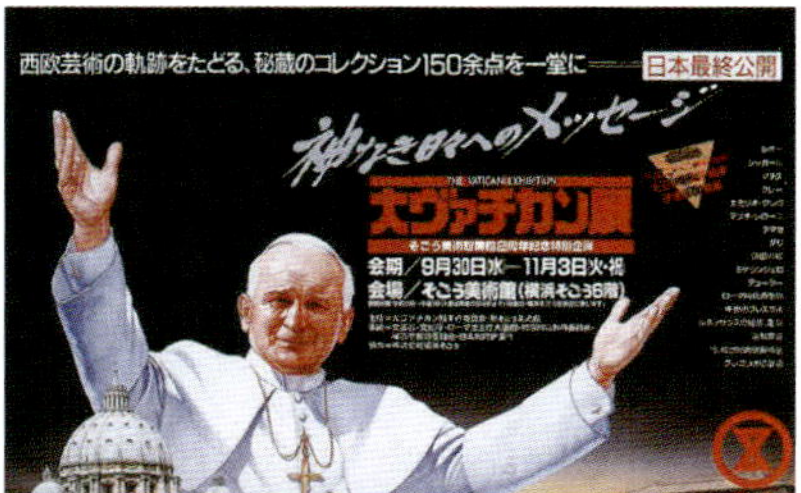

上…東洋大学での最終講義。定年退職後は同大の名誉教授となる（一九八三年）。
下…中央大学での最終講義。学生から著書へのサインを求められる（一九八三年）。

上…「世界最大級の百貨店」としてオープンした横浜そごう（一九九五年撮影）。
下右…「トリプルそごう」達成記念パーティーにて（一九九一年）。
下左…ロンドンそごう開店時。旧知のサッチャー元首相も来店（一九九二年）。

株式會社そごう

会長　水島廣雄

「税金使うな」世論の風圧

そごう自主再建断念

社長、苦渋の選

老舗 政治にも

「水島支配」再建遅らす

亀井氏 電話で"倒産勧告"

無理な多店舗展開

世論の猛反発で急転

破たん処理に大きな課題

就業1万人 取引1万社

地域経済・雇用へ波紋

200億円国民負担増も

讀賣新聞 号外

そごう経営破たん

負債2兆近く、民事再生法申請

債権放棄要請を断念

再建計画 練り直し

店舗の営業は継続

「政」主導に波紋

「指導力」か「圧力」か

5万人、不安の朝

民事再生法でやります ぎりぎりまで伏せよう

右頁上右…二〇〇〇年に会長を辞任するまで使用した名刺。

右頁上左…六〇年以上過ごした北沢の住まい（二〇一五年撮影。翌年、管財人による処分が完了し、解体され更地となった）。

右頁下…そごう破綻を報じる新聞（二〇〇〇年）。

上…自室に飾られていた妻・静との写真（一九九〇年に撮影）。

下…「水島廣雄先生百寿をお祝いする会」にて（二〇一二年）。

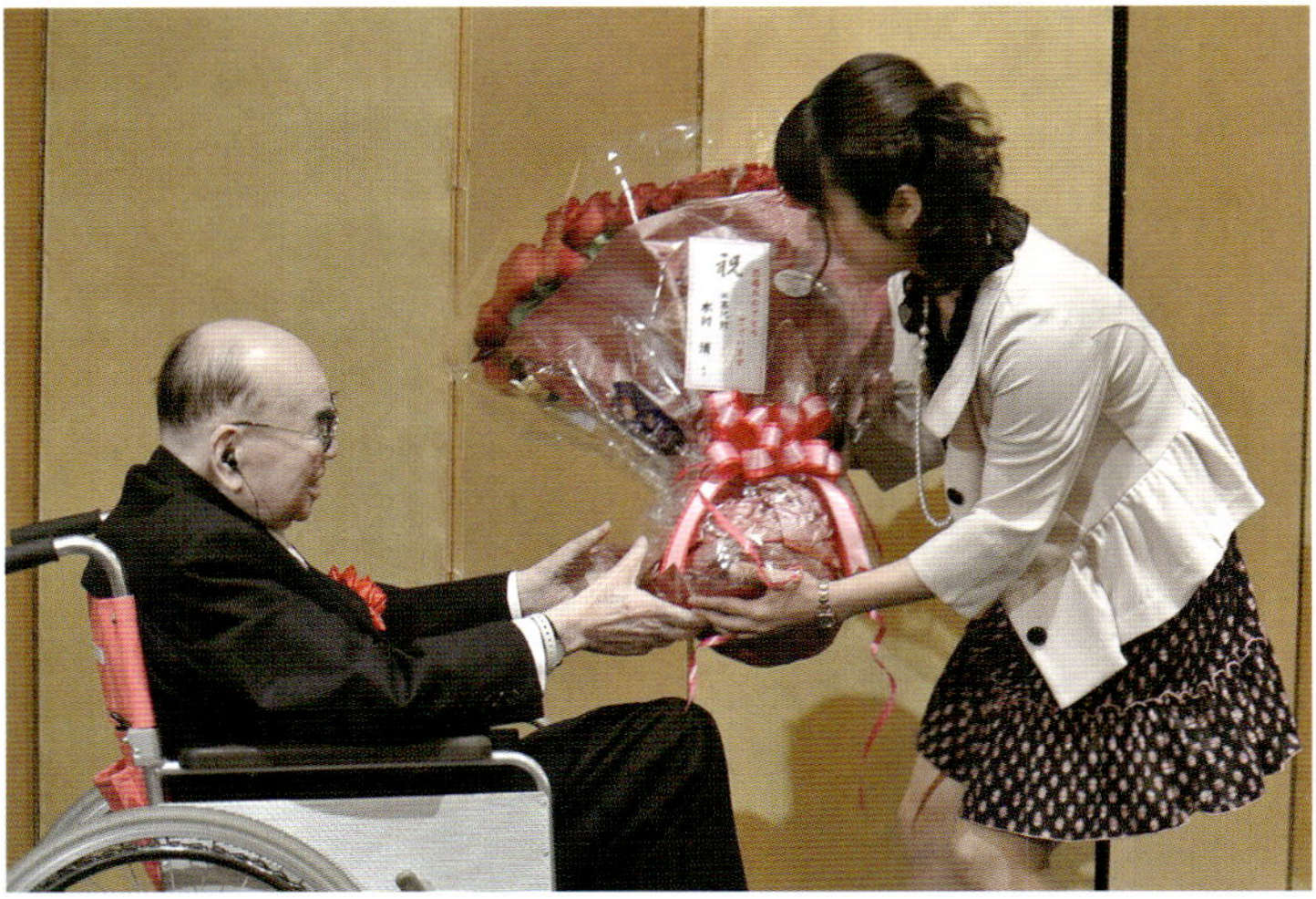

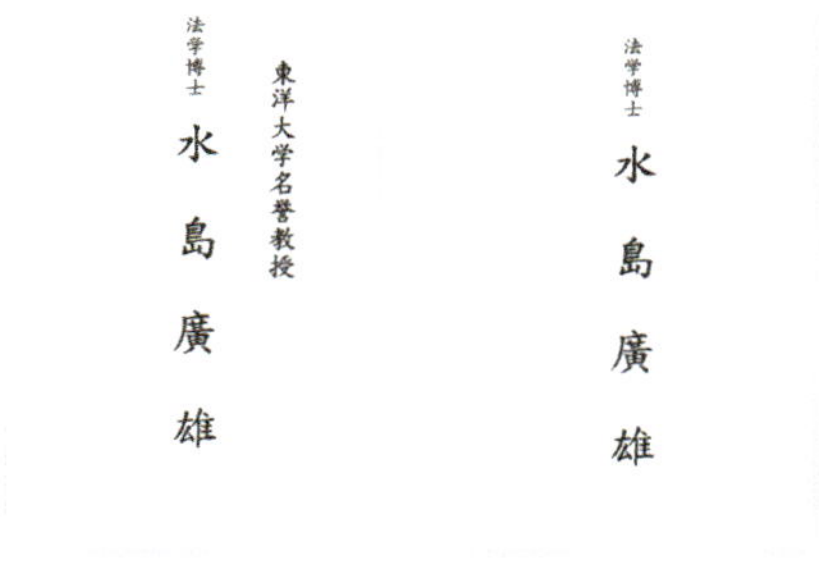

上…分骨された西徳寺の、水島家の墓から眺めた成生の集落と日本海（二〇一五年撮影）。
中…愛妻・静とともに納骨された御殿場・冨士霊園の墓所（二〇一六年撮影）。
下…晩年に使用した二種類の名刺。

評伝　水島廣雄

あとから来る旅人のために

はじめに

人生を旅に例えることがあります。そして、その旅は戦いの積み重ねだと言う人もいます。その戦いに勝ち、選ばれた人のみが新たな価値を発見し、次の時代を旅する人のために新しい道を創造してきたのだと。

しかし、その考え方に立つとしても、戦いの仕方、選ばれ方も見ておく必要があります。勝つために他者を陥れた者もいれば、自らの知恵と工夫、間断ない努力と精進により勝利をつかんだ人もいます。水島廣雄氏は後者の巨匠のお一人でしょう。

水島氏は一九五三年（昭和二八年）、『浮動担保の研究』によって、我が国で最も若い法学博士の学位を取得されました。その論文は立法化され、経済界に新たな発展をもたらしました。

さらに、自論を実践するかのように、勤務していた日本興業銀行から百貨店・そごうに転じた水島氏は、別会社方式により地域一番店を次々に出店しました。多店舗化を進めてそごうを日本一の百貨店に育て上げ、「デパート王」と称されるに至った経緯はあまりに有名です。

一方では教育者として、中央大学、東洋大学、上智大学などで教鞭をとられました。学生の指導にあたる傍ら、理事として学校経営にも参画し、新たな学部や学科の設置など、戦後の大学教育の革新にも大きく貢献されました。

晩年は、バブル経済崩壊の中でそごうが破綻し、誠に残念な結果に終わりましたが、水島氏は生涯「情の人」と慕われる生き方を貫き、一〇二歳で波乱万丈の生涯を終えられました。

故人となられた今、水島氏から多くを学び、ご縁をいただいた私たちに課せられた使命は、水島廣雄という人物の学者、教育者、実業家としての足跡と偉大な功績を改めてまとめることではないかと考えます。その一つの成果として、ここに『評伝 水島廣雄 あとから来る旅人のために』を出版することができました。

歴史は人類の記録であり財産でもあります。歴史は記録され、後世に伝えられるとともに、常に検証され、生きていく者の道標とされてきました。私たちがまとめている「水島廣雄の記録」は、水島廣雄という人物の人生を歴史の一部として残そうという取り組みです。水島氏を知る方だけでなく、より多くの方々にとって、水島氏の人生と残した論文や書き物が、それぞれの道標を見出す一助となれば幸いです。

水島廣雄追想録出版委員会

評伝 水島廣雄　あとから来る旅人のために　目次

第二部　追想文　249

水島廣雄の「廣」は、戸籍上は「广」に「黄」の「廣」の文字となっています。しかし本人自署以外の公式文書は、すべて「廣」の文字があてられていますので、本書においても、表紙・扉題字以外は「廣」を用いました。

第一部　評伝

文中の引用文は原則として原文のままとしました。

第一章　成生から

真夜中の出発

　一九三一年（昭和六年）一一月の初めのある日。日が昇る前、というよりもまだ夜だった。暗い道を、行李を担ぎ提灯を下げた男を先頭に、数人の家族がだらだら坂を登っていく。先頭はがっしりとした体格の若い男で、眼鏡をかけている。すぐ後ろに老人の男と女。女は孫の女の子と手をつないでいる。少し遅れて中年の夫婦。夫婦の傍らを男の子が歩いている。七人は坂を登り切った隧道の前で立ち止まった。

「元気でやれや」

　老人は、孫である青年に言った。

「うん」

　そう答えると、青年は、老人の後ろから来た父、母を見た。母は何か言おうとしたが、夫が黙っているので何も言わなかった。母には何か言ってほしいと青年は思ったが、父はまだ許してくれていないとわかっていたから、傍らの弟に言った。

「忠雄、頼むね」

村を出る自分の代わりに、いずれこの村で漁師になる弟は一三歳年下だから六歳になる。真夜中に起こされ、いつも友達と駆け上がる坂道を、母に手をつないでもらい寝ぼけながら歩いてきた。

「兄ちゃん。身体に気いつけて」

一〇歳になる妹が、少し大人びた言い方をした。黙っている母の代わりに、何か言わねばならないと思ったのだろう。

「絹枝も、母ちゃんや祖母ちゃんの手伝いを頼むよ。一番のお姉ちゃんになるんだから」

と、妹の頭を撫でた。この妹の上にもう一人、一三歳の妹・房枝がいる。今は舞鶴の高等女学校の寮にいる。上の姉、二二歳になる豊子は、すでに嫁いでいた。

青年は一九歳の水島廣雄である。今日、生まれ育った村を出て、京都に向かう。この時代、跡取りである長男が家を出るということは、特別な理由がない限りあり得ないことだった。長男が跡を取らないということは、家を棄てると見られた。いくら説明しても、世間は特別な理由を詮索する。「世間体が悪いから」と、父・豊蔵は「出ていくなら、村の人が寝ているうちにしろ」と言った。漁師の村の朝は早い。だから早朝というよりも、真夜中の出発となった。

「孫の門出だというのに、夜逃げのようだな」と祖父の春蔵は言ったが、隠居した身だからと息子・豊蔵の言うことに逆らわなかった。というより、廣雄が村を出ることをようやく豊蔵が許したのだから、あとはこれ以上、逆らわぬほうがいいと考えた。

昨夜、一家はいつもと変わらぬ夕食をとり、廣雄は母・はまに手伝ってもらい荷造りをした。妹と弟は「お見送りをするから必ず起こしてくれ」と言っていつもより早く寝て、まだ暗いうち、祖母のいさに起こされた。見送りには行かないと家族みなが思っていた豊蔵は、廣雄が行李を抱えて玄関土間に行くと、草履を履いて立っていた。

祖父・春蔵

村は成生（なりゅう）という。京都府の日本海・若狭湾に面した成生岬の中ほどにある漁村で、現在は京都府舞鶴市となっている。この時代は加佐郡東大浦村字成生である。成生の集落は、海岸に面したところには、一階が船小屋で二階が住居という「舟屋」が並ぶ。水島一家の家はその奥にあり、狭い平地に密集して建つ家の一つで、この集落の多くの家と同じく、二階は蚕棚になっている。集落の戸数二一戸で、これは明治以来、平成に至るまでほとんど変わっていない。

成生集落の東側が海である。他の三方を山に囲まれているため、集落の外に出るには南側の山を越えなければならない。大正の初め頃、この山越えを不便に感じた村人たちの手によって隧道が通された。隧道の手前が成生の「村境」である。長男・廣雄が漁師を辞め家を棄てるということは、まだ村の誰にも話していない。だから一家は、家々の軒下の狭い道から舟屋の前の海岸前の道を黙って歩いた。だらだら坂を登り、隧道の前で立ち止まり初めて口を開いたわけである。

妹の頭を撫でる廣雄に祖父・春蔵が言った。

「前もこうやって見送りをしたな」

「前は日が昇っていた。明るいときの見送りならいい」

暗いうちに出ろと言った当の本人の豊蔵が言った。大人の女同士、いさとはまは顔を見合わせた。

隧道の前まで一家で廣雄を見送るのは、これが初めてではない。最初は、廣雄が舞鶴市内の（当時はまだ舞鶴町であったが）明倫尋常高等小学校に通うため同市内の親類の家に下宿することになった、一九二五年（大正一四年）四月、一二歳のときことである。

水島廣雄は一九一二年（明治四五年）四月一五日、この成生に、豊蔵とはまの長男として生まれた。生家は代々漁業を営んでおり、明治になってからは集落のほかの家同様、養蚕も手掛けた。「世間体が悪いから」と言った豊蔵ではあるが、それほどの堅物でもなく遊びもし、その分、妻のはまは苦労し、よく働いたという話もある。夫婦の間には、女三人、男四人の子が産まれたが、廣雄と忠雄の間の二人の男子は幼いうちに亡くなっている。

廣雄が後年「人生観の形成に最も影響を受けた」とし、大学の講義に使った著書にも「この小著を祖父の霊前に捧ぐ」と書いた祖父・春蔵は、やはりこの成生で生まれ育っている。春蔵は、雨が降ろうと風が吹こうと、毎朝、戸外で天を仰ぎ深呼吸を続けることを日課とした。その姿は異様であったが、近所でも評判の博識で、医療の素養があり、無医村の集落で医者代わりのようなこともしていた。

春蔵は黒住教の信者だった。黒住教は今の岡山市の今村宮の神官、黒住宗忠が江戸時代後期の一八一四年（文化一一年）に開いた教派神道である。当時の難病である肺結核に冒され、もはや最期と覚悟した宗忠が、冬至の朝の太陽を浴びる中で天照大神と同魂同体となる「天命直授」という霊的体験により回復したことをもって宗教活動を開始したことが始まりとされている。宗忠とその後継者はその後、さまざまな宣託や託宣や病者の救済を行いながら布教活動を続け、幕末から明治にかけての新宗教として西日本を中心に信者が拡大する。

日本海に面した僻村である成生にも、いつの頃からかこの黒住教の伝道師ともいえる「教師」が布教活動に訪れていたようだ。若い頃からその教えと感化を受けた春蔵は、教師から習った民間医療行為を行ったり、各地を旅する教師から得た情報で知識を広げていった。毎朝、天を仰ぐ日課は、黒住教が重んじる日の出を拝む「日拝」だったのだろう。

祖父・春蔵は家を出たいと言う廣雄の味方だった。豊蔵を説得してくれた祖父を「温かく大きな人間だった」と述懐し敬愛した廣雄だったが、自らは黒住教の信者にはならなかった。しかし、六八歳で実現するローマ法王との謁見、日蓮宗や信徒団体への支援など、特定の宗教にこだわらず、むしろすべての宗教に畏敬を持ち続ける後年の廣雄の宗教に対する姿勢は、「天」が与える不思議を祖父が語り聞かせ、間近で見せたからかもしれない。

戸数二一戸の成生には学校がなかった。子供たちは二キロ先の隣村、田井にある東大浦村立田井尋常小学校に通った。二キロ先と言っても、それは現在の府道を通っての距離で、府道の原型である田井・成生道の完成は昭和七年（一九三二年）のことである。それまでは、子供たちは「学校船」と呼ばれる通学用の船か、低学年を先頭に一列で崖添いの道を一時間近くかけて通学したのである。

田井小学校の頃の思い出を、廣雄は次のように書いている。

成生からは男女揃って崖道を歩いて通ったものです。毎夏墓参りに帰るとき、田井・成生の中間で車を止め、目下の岩鼻を見おろすことがあります。それはこの険しい岩道から、成生西徳寺の住職、岩本光禅和尚のご長男が足を踏み外し転落、頭から血を吹き乍ら「廣雄君、廣雄君」と云って崖を見上げて必死になって叫んでいた姿を思い出すからです。発動船で病院に運ばれましたけれども岩本君は遂に助かりませんでした。少年の小さな胸は幾年痛み続けたことでしょうか。

当時は軍部絶対の時代にて、軍機保護法という厳しい法律があり、道ひとつ直すにも軍の許可が要った時代です。勿論、図画の時間にでも校外の写生は許されず、専ら室内の生物の写生でした。今年も帰郷、御父君光禅さんや岩本君のお墓参りをしてきました。遠く過ぎ去った七十年の悲しい思い出です。

しかし裏日本、この雪国の海辺の小学校にも楽しい思い出がありました。通学のため成生、田井間の往復に学校船というものがありました。生徒を送り迎えする船のことです。船頭は宮崎県臼杵郡出身の阿部礼之助という人でした。真夏の暑い日などは、澄んだ水に誘われ衣類を全部船中に脱ぎ捨て海中へ飛び込むのです。裸の子供達が岩間の鮑を取ろうとすると、その濁りにベラやカワハギや石鯛の子が忽ち何処からともなく集まって来るのです。正に南海のお伽話のようでした。さざえなどは群がっておりましたが、誰もそんなもの食べませんでした。時々東京でさざえ一個が五百円だとか千円だとか聞きますと、浦島太郎のような気持ちになります。

九月頃、学校から帰ると祖父はよく浄瑠璃を口ずさんでおりました。丁度親指位に成長した秋イカが醬油辛く煮てありました。空腹の少年は「世の中にこんな美味しい物があるのかナア」と感嘆していました。東京では美食で有名になっている私ですが、あの秋の初イカの味は忘れることができません。

（「田井小学校の頃」『閉校記念誌・田井の教育と歴史』一九九一年刊・所収）

田井・成生道の工事で、田井と舞鶴の軍港に近い中田とを結ぶ道路の開削は、明治三〇年頃に東大浦村議会で可決されたと言われている。しかし、田井と中田が自動車が通れる道路で結ばれるのは、実に半世紀近く経った一九四九年（昭和二四年）のことである。

一九二五年（大正一四年）三月に尋常小学校を卒業した廣雄は、翌月、高等小学校に進学する。当時、田井尋常小学校は高等科、すなわち田井尋常高等小学校を併設していたが、廣雄は三〇キロ以上離れた舞鶴市内の明倫尋常高等小学校に入学する。明倫小学校は舞鶴の丹後田辺藩の藩校を起源とする名門校で、今でいう越境入学である。廣雄は、市内で「鍋屋」という屋号の金物店を営む親戚宅に下宿した。舞鶴に向かうために村を出る日、家族は隧道まで廣雄を見送った。

この旅立ちのときには、豊蔵はまったく文句を言わなかった。むしろ活発で成績も良い長男は多少自慢でもあり、尋常小学校から高等科に進まない子供も多かったこの当時、越境してまで「有名校」に進学させたわけである。もっとも、当時の成生では、水島家が特段、教育熱心だったということでもないようである。

成生の人々は代々漁業で生活していた。海の王様と言われたブリ漁が主体である。一九〇六年（明治三九年）から数年間、廣雄が生まれた頃は、まさにブリの大豊漁期であった。この頃に九州地方で用いられていたブリ大敷網が伝わり、それまでの刺し網や一本釣り漁の何十倍もの漁獲高となっていった。獲れた魚は高浜や小浜に船で回送され現金になった。成生や田井は空前の好景気で、漁師たちが札束を持って京都祇園に繰り出したという話も残っている。

明治の末期から大正初期にかけて、田井では住宅の建て替えラッシュが起きる。大工、職人を村に寝泊まりさせ、集落の家々を次々に建て替えさせたのだという。後に建てた家は、先に建てた家より、より立派なものを望むため、田井の家々は競って豪華になった。

成生でも建て替えラッシュはあったものの、豪壮な家を建てたくてももともと土地が狭い。そして、誰が始めたのか、骨董品を集めることが流行り、金はそちらに遣われた。さらに、これも誰から始まったのか、子供の教育に金を遣うことが「流行った」のである。豊漁期は周期がある。大正の半ばからブリは以前ほど獲れなくなる。さらに、第一次世界大戦後の不況の波が、都市から遠く離れた漁村にも忍び寄ってきた。豪勢な屋敷を構え豪遊していた田井の漁師たちも、次第に暮らし向きはきつくなってきた。

成生の漁師たちも同じだったが、彼らは集めた骨董品を売り、お金に換えた。その様子を、田井の名刹・海臨寺の住職は「成生の漁師は骨董品と子供の教育という、後で金になるものに稼ぎを投じた」と語っていた。

若狭湾沿岸の漁師の家では、明治期になって養蚕も行うようになった。絹が日本の主要輸出品であった明治から大正にかけて、養蚕は農村に大きな収入をもたらしたが、成生でも漁業と同等以上に養蚕業にも力を入れていた。収入の柱が二本立てであったことが、成生の人々が大正期を通じて比較的豊かに暮らしていた理由である。貧富の差がそれほどない二一戸の集落で、ほぼ中程度であった水島家でも、男であれば中学校（旧制）へ、女であれば女学校に進ませるのは当然と考え、五人の子供はそのように育ったのである。

一九二七年（昭和二年）、一四歳の廣雄は旧制中学を受験する。志望は福井県立小浜中学校で、合格した廣雄は隧道で家族に見送られて村を出て、遠縁にあたる高浜の堀口家に下宿する。堀口家には小浜中学に通う春蔵という廣雄の二歳上の子供がいた。堀口春蔵は秀才の誉れ高く、小浜中学を卒業後、旧制第一高等学校から東京帝国大学法学部に進み、検事となっている。下宿した廣雄は、毎朝、この春蔵と一緒に高浜から汽車に乗り、小浜まで通学するのである。

海軍軍人

廣雄が旧制小浜中学への進学を決めたのは、海軍軍人に憧れたからである。

一九〇一年（明治三四年）、東舞鶴に舞鶴鎮守府が設置される。来るべき対露戦に備え、ウラジオストク軍港に対峙する重要拠点として、初代長官には後の日露戦争で連合艦隊司令長官となる東郷平八郎が就任する。この頃から、舞鶴や成生や田井を含む大浦半島は軍事的重要拠点となった。舞鶴では、颯爽と闊歩する「海軍さん」を目にする機会も多く、それに憧れる子供たちも少なくなかった。当時の丹後や若狭地方で海軍軍人に憧れた少年たちは、小浜中学から海軍兵学校をめざすというコースを選ぶことが多かった。

旧制小浜中学は、現在の福井県立若狭高校の前身である。福井藩の藩校を前身とする福井中学の分校として開校した後、県南部の有力校として地域の俊才、秀才を輩出していた。その中の一人が、海軍軍人・佐久間勉である。

小浜中学から攻玉社に進み、海軍軍人となって日露戦争に従軍した佐久間は、その後、潜水艇の専門家として教育・訓練を受け、第六潜水艇隊艇長となった。一九一〇年（明治四三年）、第六潜水艇は山口県新湊沖で半潜航訓練中に沈没。佐久間以下一四名の乗組員全員が殉職するという事故があった。このとき書き残した佐久間の遺書が後日、引き上げた艦内から発見され、その内容が大きな反響を呼んだ。殉職した乗組員のほぼ全員が自身の持ち場を離れず、佐久間自身は、艇内にガスが充満して死期が迫る中、事故の責任を天皇と上司に謝罪し、かつ事故原因の分析を冷静に書き留めていたことが、特に海外において称賛された。この話は、戦前の小学校六年生の道徳「修身」の教科書に『沈勇』の題名で掲載されていた。

当然、廣雄少年も『沈勇』の話は知っていた。舞鶴の明倫高等小学校では、町行く「海軍さん」を見ていた。藩校からの伝統がある明倫小学校では武道も盛んであり、廣雄は柔道を始める。体を鍛えようと考えたのである。そして、高等科一年が終わって帰省したとき、家族に向かって「小浜中学に入学し、海兵に行きたい」と告げた。

「海軍さんか。そりゃええ」と祖父の春蔵は言ったが、父の豊蔵は何も言わなかった。それでも高等科二年生の冬の入学試験の手続きや、下宿先となる堀口家への依頼などは反対することなく進めてくれた。

一九二七年（昭和二年）、佐久間勉に憧れて小浜中学に入り、柔道部に入部した廣雄は、毎日を楽しく過ごした。夏休みに帰省した廣雄に、妹の絹枝が「兄ちゃん、勉強大変？」と尋ねると、「勉強なんかしてないよ。毎日、柔道をしている」と笑っていたという。しかしそれでも、食事のとき以外は家の向かいの土蔵に閉じ籠り本を読んでいた。読書や勉強で集中したいとき、部屋を閉め切って真っ暗にして、わずかな灯りだけを頼りにするという癖は、この頃からあった。

夏休みを終えて高浜の堀口家に戻り、再び登校を始めた廣雄は、ここで最初の挫折を味わう。秋のある日、教師に将来の志望を聞かれ「海軍軍人です」と答えたが、教師は簡単に「水島は目が悪いから軍人は無理だな」と言った。一五歳になったばかりの廣雄は愕然とする。

海軍軍人となるために小浜中学から海軍兵学校に進もうと描いていた廣雄の将来の夢は、教師の一言で絶たれた。当時の海軍兵学校は帝大進学以上の難関で、成績だけでなく身体能力も問われた。一五歳ですでに弱視に近かった廣雄が合格する見込みはほとんどなかった。

高等科に進んだ頃から眼鏡をかけた廣雄の視力は、かなり落ちていた。その原因は、暗い部屋で勉強する癖のせいだけかどうかはわからない。視力のことは、晩年になるまで廣雄を悩ませたが、このときの悩みは絶望的だった。

冬休みになり廣雄は帰省した。水島家の夕餉は、いつにも増して賑やかだった。春蔵といさ、豊蔵とはま、九歳になった廣雄の妹の房枝、六歳の絹枝、三歳の弟・忠雄。一八歳を過ぎて最近嫁いだ姉・豊子だけいなかった。廣雄は、この姉に会いたいと思った。廣雄は塞ぎ込んでいた。

どうかしたのかと、母・はまが尋ねた。子供たちも、いつもと違う廣雄兄ちゃんの様子に、黙った。

「目が悪いから、海兵は無理だと言われた」

そう言った廣雄の目から涙が落ちた。夕餉を囲んでいた家族みんなが黙った。その沈黙に耐えられなかったのか、豊蔵が言った。

「泣くことはない。海軍さんの船はダメでも、ブリ漁の船なら大丈夫だ」

慰める気持ちだったが、本心でもあった。だがそれを聞いた廣雄は、自身の絶望がさらに深まるのを感じ、声を出して泣いた。

翌日の朝から、廣雄は土蔵に籠った。昼も出てこず、夕飯時になっても出てこなかった。「放っておけ」と豊蔵が言うので、はまはどうすることもできない。豊蔵も心配でないわけではなかったが、ほかの家の子供たちは帰省すれば親と一緒に船に乗ったり網を引いたり、畑のことをしたりするのがふつうなのに、廣雄は舞鶴の高等科の頃から、帰省しても家業の手伝いをせず、土蔵で本ばかり読んでいた。豊蔵は廣雄が土蔵に入るのが愉快ではなかったが、だからと言って無理に引き出して手伝いをさせようともしなかった。このときも最初は、ちょっと拗ねて蔵で好きな本でも読んでいるのだろうと考えた。それに、小さな頃から、親に叱られても喧嘩に負けても、具合が悪くても、食べることだけは忘れない。それは家族の誰もが知っていたから、腹が減れば出てくるだろうと思っていた。だが、今日に限って出てこない。

どうしようかと思っている豊蔵夫婦を見かね、春蔵は、いさに握り飯を三個つくらせ、提灯を下げて土蔵に行った。

「ほれ」と、握り飯を差し出すと、案の定、廣雄はすぐ手に取り、一個を一気に食べた。そしてもう一個を手に取った。

「おい、三個のうち一個はわしのだぞ」

廣雄は、握り飯をほおばったまま、「うん」と頷いた。

「海兵に行けなかったらどうするんや」

二個目の握り飯を食っている廣雄に、春蔵は尋ねる。夢中で食っていた廣雄は、はっとした顔をした。

「湯か水を持ってくるか」

そう言って春蔵が立とうとすると、廣雄は飯を飲み込んで言った。

「海兵がダメだと、僕はここで漁師になるしかない」

「お前は、漁師が嫌か」

「漁師は嫌やない。でも、ここで一生暮らさなならんことは嫌や」

「なんでや？　成生が嫌いか」

「好きや。でも、ほかの町にいるから成生がわかるんや。成生しか知らんければ、成生の良さもわからへん。そこしか知らん、わからへん人間に、僕はなりたくないんや。漁師もそうや。漁師はええ仕事や。でも、今ブリも獲れんようになって漁師も辛い。ええ仕事なのか、そうでないのか、それは漁師だけしか知らん父ちゃんにはわからへん」

「父ちゃんが嫌いか」

「嫌いやあらへん。父ちゃんも母ちゃんも、祖父ちゃんも祖母ちゃんも、姉ちゃんも、妹も忠雄も好きや。でも、僕がここで暮らさにゃならんということとは違う」

「だから海兵に行って海軍さんになって、成生を出たかったのか。海軍さんにならんかて、成生は出れるやろ」

「でも父ちゃんが、海軍さんなら出してくれるって」

廣雄は、また泣いた。

春蔵は静かに言った。

「ブリが獲れんようになって、今、成生は何で食っているんや」

「お蚕」

「そうや。海がダメなら陸や。今はええな。でもお蚕も、いつまで続くかわからへん」

「海がダメなら陸。でも、いつまで続くかわからへん……」

「まあ、今日はここで寝ろ。明日、考えが決まったら飯を食いに来い。わしの握り飯は、ここに置いておくさかい」

翌朝、朝餉の席に廣雄は座っていた。汁と飯が配られると、廣雄は豊蔵に向かって言った。

「父ちゃん。わがまま言って申し訳あらへんが、小浜中学から転校させてくれへんか」

「転校って、どこに行きたいんや」

「京都の農林学校」

「京都？　農林学校？」

「成生もこれからブリだけでは食えんようになるよって。お蚕でもっと稼がにゃならんし、そのお蚕も先はわからん。もともと成生は田んぼが全然ダメで、畑も小さくて……そういうのを勉強してくれれば変えられると思うんや」

「勉強で変えられるんか」

「大敷網かて、勉強していればもっと早くやれたで」

「なるほどな。で、京都の農林学校を出たら、家の仕事をするんやな」

　廣雄は返事をせず、春蔵の顔を見た。

「ほな、京都の農林学校の転校手続きをせにゃ」と春蔵は少し大きな声で言った。

満州旅行

　一九二八年（昭和三年）四月、一六歳を間近にした廣雄は、成生の隧道で三度目の家族の見送りを受け、京都農林学校農業科に転入学した。

　京都農林学校は現在の京都府立大学の前身の一つで、一八九五年（明治二八年）に大徳寺境内で開設された京都簡易農学校が発祥。後に京都府の農学校となり、一九〇四年（明治三七年）に農業科と農林科とでなる京都府立農林学校となる。校舎は現在の府立大学と同じ左京区下鴨（当時は上京区）にあった。農林学校は、後に北海道大学となる札幌農学校などをはじめとした、明治以降の西洋式農業の普及を目的に全国に設立された官立学校である。農業や林業のほか、外貨獲得の主産業であった養蚕業などの指導者を育成することが主目的であった。

農林学校は旧制中学と同等の専門学校だった。専門の勉強のほか、現在の大学でいう一般教養の授業もあった。ここで漢文や古文などの授業を受け持ったのが、藤島益雄である。藤島は京都・東山の新日吉神社の宮司でもあった。大正デモクラシーの反動で教育の国粋主義化が進む中、官立学校では神道宮司が教師、講師として赴任する例が増えていた。藤島もその一人である。

小浜中学を中途退学し農林学校に転入してきた廣雄の事情を、何かの機会に知った藤島は、廣雄の類いまれな学習力、とりわけ勉強への集中力を見出した一人である。藤島は廣雄に農業だけでなく、むしろ農業以外のさまざまな書物を貸し与え、知的好奇心をいっそう高めるとともに、生来の負けず嫌いの性格を刺激し、学業成績で常にトップを取らせるように仕向けていった。廣雄が「好きなことは何か」と問われ「勉強」とためらいなく答えるようになるのはこの頃からである。

農林学校に通う二年間は瞬く間に過ぎた。学校は京都の郊外、下鴨村にあり、そこに併設された寮での生活であったが、休日は級友らと市内に繰り出すこともあった。故郷・成生に比べ高等小学校に通った舞鶴も、中学のあった小浜も大きな町であったが、京都は比べものにならないほどの大都会であった。世の中には、自分が知らない大きな世界がまだまだたくさんあることを廣雄は実感した。そして、さらに広大な世界を知ることになるのが、卒業年に行われた満州への修学旅行である。

満州への修学旅行は、日露戦争後に文部省と陸軍の連携により企画、推奨され、昭和初期の九州や関西地方の旧制中学や専門学校生の多くが経験している。朝、列車で京都を発ち下関まで向かい、深夜に関釜連絡船に乗り込み、翌朝、日本統治下の朝鮮・釜山（プサン）に渡る。翌日は京城（ソウル）、平壌（ピョンヤン）など植民地の各都市を見学。そして鴨緑江の雄大な景色を眺め、京都を出発してから五日後に、満州・奉天に到着する。奉天を拠点に二日間、満州の鉱工業地帯や開拓農業を見学し、大連に向かう。ここまでの行程で、旅順港を含め幾度も日清・日露の戦跡を見学する。生徒たちは、幾万の先達の犠牲によって獲得した満州の日本利権を守り、拡大していくことを教育されるのである。そして帰国は、大連から船中三泊で大阪港に直行する。この二週間にわたる満州旅行は、生涯幾度も海外を旅する廣雄の、初めての海外旅行である。

廣雄らが訪れた一九二九年（昭和四年）は、前年に張作霖爆殺事件があり、日本陸軍が謀略により満州支配を強めようとしていた時期である。日本国民には「満州某重大事件」とだけ報じられ、事件の真相は伏せられていたが、国内で軍の発言力が増すのと呼応して、満州開拓が日本の発展に不可欠であるという言説が強く喧伝されるようになっていた。当然、廣雄ら農業指導者となるべく教育された農林学校の生徒たちも、満州開拓に関わることこそが、自身の将来の自己実現につながるという思いを強くしていったのである。

故郷を出る

一九三〇年（昭和五年）三月、京都農林学校を卒業した廣雄は、故郷の成生に戻る。青春時代を終えて、漁師として、そして兼業の養蚕農家の跡取りとしての人生が始まった。しかしその日常は、廣雄にとって受け入れがたいものであった。

農林学校で得た知識は、成生の小さな農地や、小規模の養蚕業では発揮する場面がなかった。早朝から船に乗り網を引く漁も、毎日が同じ作業の繰り返しであった。そして、日に日にブリの獲れ高は減っていった。廣雄は将来に対する不安を感じていた。前年に起きた世界恐慌の影響は国内の不況を深刻化させ、東北の農村では娘の身売りが日常化しつつあった。成生を含む丹後や若狭でも、そのような事態がやがてやってくるのではないかと、新聞を読みながら廣雄は、祖父と話した。

余談を一つ加えておく。

成生にある臨済宗の寺・西徳寺は、崖に落ちて死んだ廣雄の同級生の父親である岩本光禅という僧侶が住職をしていた。岩本の後に林という胸を病んだ僧侶が住職として赴任し、福知山の先の大江から妻を迎え、一九二九年（昭和四年）に子を成している。養賢と名づけられたその子は、二一歳のときに修行先の金閣寺に火を放つ。一九五〇年（昭和二五年）七月二日のことである。

その頃、東京で銀行員をしていた廣雄は、新聞の号外でこのことを知り、同郷の人間が犯した大事件に愕然とする。大学を卒業し、何度か帰省した際に、西徳寺の住職の倅を見かけ、彼がひどい吃音であることも家族らから聞いてはいたが、その少年がなぜこのようなことをしでかしたのかわからなかった。そして、ほかの成生の人々と同様に、この不名誉な同郷人のことについては、その後特に語ることをしなかった。

ところがそのことを執拗に調べ続ける男がいた。海を隔てた若狭の出身の作家、水上勉である。まだ作家として名を成す前、銀座のバーで働く女のヒモのような暮らしをしていた水上は、当時住んでいた埼玉県の浦和で、廣雄が読んだのと同じ新聞の号外で事件を知る。そしてその犯人が、戦時中、大浦半島で代用教員をしていた頃に出会った青年だと気づく。その後、さまざまな作品を発表し、作家としての地位を確立する水上であったが、この金閣寺放火犯の動機の解明は、いわばライフワークとなる。同様に事件を作品化した三島由紀夫が、形而上の問題として扱ったのに対し、水上は犯人の生い立ちや育った環境にこだわった。水上の著書『金閣炎上』が上梓されるのは一九七九年（昭和五四年）だが、それまでの間、水上は幾度も成生を取材で訪れている。成生の人々にとって水上は、忘れたいことをほじくり返す嫌な訪問者であった。

『金閣炎上』と、やはりこの事件を題材にした『五番町夕霧楼』などで水上が描いた、林養賢の貧しく陰鬱な成生の少年時代の描写は、水上の理解による誇張もあるものの、同時代を丹後・若狭で暮らしていた水上自身が感じた当時の風景でもある。
多感かつ旺盛な知識欲を持っていた一九歳の水島廣雄もまた、これに近い風景を見ていた。そして将来への不安を感じていたのである。

成生に戻ってすぐ、廣雄は夕餉の席で京都でもう少し勉強したいと父・豊蔵に言った。豊蔵は返事をしなかった。廣雄は黙った。中学のときのように泣いたりはしなかった。そして、そのことは口にしなくなった。

早朝の漁に出る。昼のわずかな時間、蚕の様子をみる。それ以外の時間、廣雄はいつも土蔵にいて本を読んでいた。漁の間も、蚕を前にしても、気持ちが別のところにあるのは、誰の目にも明らかだった。明るくよく喋る子供だった廣雄は、この頃は、無口になっていた。

「どんなもんだろうか。廣雄をもう一つ上の学校に入れてやったら」

廣雄の気持ちを察して、春蔵が豊蔵に言った。

「上って、大学か。あほな。大学出の漁師なんぞ、聞いたことがない」

そう言う豊蔵だったが、このまま廣雄が土蔵に入ったままでは、家業もままならないと思った。

「大学に行けば、もう帰って来ない。廣雄は長男じゃ。跡を取る者がおらんようになったら、どないすんや」

「跡は忠雄に取らせればええやないか。わしな、廣雄はこれから、何か大物になるような気がするんや」

「気がするかて、保証はない。世間体もある」

豊蔵も、廣雄をこのまま成生に置いておくのは惜しい気がしていた。だが、まだ幼い忠雄が漁や蚕を手伝うことはできない。漁村は漁や磯での仕事を家々が協力し合って行う。軍人として国に奉公するということであればまだしも、自家のわがままで若い男手を減らすことは近所に面目が立たないと、豊蔵はそればかりを気にした。

半年が過ぎたある日、豊蔵宛に封書が届いた。差出人は、京都の新日吉神社の藤島益雄とあった。廣雄の恩師からである。手紙の内容は、廣雄を預かりたいというものであった。廣雄の頭の良さは抜きん出ている。このまま漁師として田舎に埋もれさせるには惜しい。京都でもう少し勉強させて、しかるべき仕事に就かせることが本人のためであり、それによって親御さん孝行も果たせる。もちろん、京都での暮らしや学資の面倒はこちらでみるとあった。

この手紙を読んだ豊蔵は、廣雄がもう一度、家を出ることを許そうと思う。京都の恩師が、学費まで出して将来を請け負うというのだから、間違いはなかろうと思った。そして、家を出た廣雄が家業を継ぐことはないということを覚悟した。

豊蔵は廣雄に、恩師・藤島からの手紙を渡した。廣雄は手紙を読み終えると、傍らから覗き込んでいた祖父に手紙を渡した。

豊蔵は言った。

「お前は漁師をやらず、この家を出て行きたいのか」

廣雄は頷いた。

「そうか。藤島先生がこれだけ言ってくださるんやから、行ったほうがお前のためかもしれん。そやけど、家を捨てるということや。出ていくなら、村の人が寝ているうちにしろ」

こうして、廣雄の四度目の旅立ちとなる。しかしこの手紙は、郷里に戻った後の廣雄が京都の藤島に何度も手紙を書き、懇願して書いてもらったものだった。京都での間借りは依頼したが、学資の件はそう書いてもらったのである。学資は理解者である祖父らに工面してもらうが、父の手前、それは言えない。だから、先生が面倒をみると書いてくれと頼んだのである。無論、祖父に工面してもらうというのも嘘である。京都に出て、働いて学資を稼ぐつもりでいた。

父の許しが出たので、廣雄はすぐに出発の準備を始めた。予定の行動であったから、支度はすぐできた。そして、家族は暗いうちに村境の隧道まで、見送ったのである。

「じゃあ、行ってくる」

廣雄は大きな荷物を担ぎ直し、隧道に入っていった。短い隧道だが、外もまだ暗い。家族は、廣雄の持つ提灯の灯りが見えなくなるまで黙って見つめていた。灯りが見えなくなろうとしたとき、六歳の忠雄は急に寂しくなり、「兄ちゃん」と大きな声で呼びかけた。遠くの灯りが少し揺れたような気がした。

第二章　浮動担保の研究

夢と挫折

「三高に行くのか、それともどこかの予科に入るか」

京都に着いた廣雄を迎えた恩師の藤島は、まずそう尋ねた。故郷から再び京都に戻り、さらに勉強したいというからには京都帝国大学をめざすはずだが、農林学校出身は旧制中学卒の扱いなので、帝大に行くには旧制高校に入らねばならなかった。京都であれば旧制第三高等学校（三高）であり、東京ならば旧制第一高等学校（一高）である。廣雄はすでに一九歳だったから、京都であれば同志社など私立大学に進学するという選択もある。その場合は、大学予科に入れば大学に入学する資格を得ることができた。

「東京に行きます」

「一高か、それとも私立の予科か」

「拓殖大学に行きます」

拓大と聞いて藤島は「なるほど、そういう選択か」と特段驚かなかった。

「未開の土地を開拓し、そこに移り住む」を意味する「拓殖」という名を冠したこの大学は、第二代台湾総督を務めた桂太郎が一九〇〇年（明治三三年）に台湾開拓の人材育成を目的に開校した学校である。日本の大陸進出に伴い、この頃は朝鮮や満州にも系列校を設立するなど、植民地開拓を担う人材を多く輩出していた。

当時の農林学校は国内農業の近代化という設立時の目的よりも、国策である満蒙開拓の担い手づくりという方針が強まっていた感があった。陸軍が推奨した満州への修学旅行などの影響もあり、廣雄ら生徒たちの中には満州に自身の将来の夢を託す者も多かった。教師である藤島は、だから廣雄が拓大を志望することに不自然を感じなかったのである。

「拓大ということは、卒業したら満州だね。うちの人は承知しているの？」

「話していません。でも、決めました。だから先生、春までにお金を貯めます。仕事を紹介してください」

進学先が三高でないなら、廣雄の学力であれば大学予科への入学はそれほど心配ない。藤島は割のいい仕事として、知り合いの裕福な子弟の家庭教師の口をいくつか見つけてきてくれた。廣雄は家庭教師の掛け持ちと、自身が探してきたさまざまな職でとにかく稼ぐことに専念した。明治時代から学生の隠語として広まったアルバイトは、この頃はごくふつうに使われていたが、廣雄の京都での生活は、アルバイトに明け暮れる日々であった。

一九三二年（昭和七年）四月、水島廣雄は上京し、拓殖大学予科に入学する。この頃の彼の頭の中には学問のことはなく、ただただ「満州に行く」という強い思いだけがあった。

では、満州で何がしたかったのか。そのあたりについて、後年水島はほとんど語っていない。ただ、若い頃の一時期、満州に強く憧れたという話を、身近なわずかな人に話したことがあるだけだった。だが、この時期に勉強した成果は、なんと五三年後にわかる。

一九八五年（昭和六〇年）、そごう香港店のオープンの宴席で、水島は流暢な中国語でスピーチをした。社員や日本人関係者は驚いたが、途中、中国人から笑い声もあがった。冗談を交えたいつもの挨拶を、中国語でよどみなくやってのけたのである。

同席していた俳優の山口崇は、そのときのことをこう振り返っている。

「流暢な中国語。メモ、草稿何もなし。ウイットに富んだ内容なのでしょう。ときに笑いも起きて一〇分ほどのご挨拶が終わりました。満場大拍手です。『先生の中国語があんなにお達者とは知らなかった』と言うと、先生は笑いながら『若い頃、麻雀で覚えた』とおっしゃいました」

満州行きを決めた青年時代に、持ち前の集中力で中国語を徹底的にマスターしたのであろう。

拓大予科に入り、学業もほどほどに中国語の勉強とアルバイトに明け暮れた水島は、半年後に予科を休学し、念願の満州行きを果たす。二年前の修学旅行とは違い、そこで生活するための渡満であった。

水島が拓大予科に入学した一九三二年（昭和七年）は、まさに満州国の建国が宣言された年である。前回、修学旅行で訪れた後、一九三一年（昭和六年）の満州事変を経て日本の満州支配は強引に進められていた。

水島にどのような伝手があったのかはわからない。水島が満州でやろうとしたことは、農林学校で学んだ農業開拓ではなかったようである。「満州で馬賊になりたいと思ったこともある」と聞いたという者もいるが、いずれにせよ「一旗揚げたい」という意識があったことは確かなようだ。そういう若者、いや若者に限らず、そういう日本人はこの頃たくさん満州に向かったのである。

しかし農業はともかく、すでに当時の満州社会は、未開拓の夢の大地ではなくなっていた。商工業、つまり経済の世界では、満州のいわば老舗国策企業である南満州鉄道＝満鉄が圧倒的な権益を持っていた。明治天皇を出資者として設立された満鉄は、帝大出のエリート集団が中枢を固め、満州国内の商工業は何らかの形でその傘下や影響下にあったのである。そして満州の事実上の支配者となっていた陸軍の関東軍は、それに対抗する勢力をつくるために新興財閥である日産コンツェルンと結び、満州に巨大企業グループ設立の準備をしていた。一九三七年（昭和一二年）に設立される満州重工業＝満業がそれである。

一旗揚げようと満州に向かった人々の多くは、現地で、すでに満鉄をはじめとした旧勢力や軍とその取り巻きの新勢力により利権が分割され、そのコネのない者は入る余地がなくなっていた満州の実態を知るのである。

水島もその一人だった。半年滞在し、彼は日本に戻る。悔しい思いをしたようだ。その後も、この渡満については多くを語らなかった。

法学部特待生

拓大予科の復学の手続きは、学校に掛け合い休学ではなく欠席扱いに変更してもらうことができた。コネがない人間は意欲や能力があってもチャンスを与えてもらえない。水島は自身の能力については自信があった。それを認めてもらうには、とにかくルートが必要である。そのためにも、人脈やそれをつくる背景、バックボーンがなくてはダメだということを痛感した。京都の片田舎の出身で特別な人脈のない自分がそのバックボーンを持つためには、学問などで専門分野を持たねばならないと考えた。

経済界で活躍するためにやるべき学問は何かと予科の教授らに聞いて歩いたところ、ある教師に、経済学もいいが世の中を仕切っているのは法律だから、その専門家は経済界でも強いと教えられる。ならば法律を勉強する、そう考えた水島は法学部への進学を決める。帝大以外で法律を学ぶなら、当時の最高峰は旧制中央大学法学部だった。

英吉利法律学校として開校した中央大学は、設立当時からドイツ法を中心とする官学法学部、つまり帝大に対する対抗心が強い気風があった。水島が入学した当時は建学から半世紀近くを経ており、すでに私学法学部のトップ校として英米法に限らず、独法、商法など法律の各分野に著名な教授陣を揃え、難関の司法試験にも多数の合格者を出していた。官吏の上層部は帝大出が占めたが、法曹の世界では、「帝大に負けるな」と中大出身者の鼻息は荒かった。

神田駿河台の中央大学正門を「白門」としたのは、「白」は法曹が探求する中立公正の象徴であったからなどと諸説ある。しかし、東京帝国大学の「赤門」への対抗であったのが真相であろう。そういう気分、帝大への対抗心は、その後の水島が常に意識することでもある。水島廣雄が白門をくぐるのは、一九三三年（昭和八年）四月、二一歳になる直前のことであった。

水島は片山義勝教授に師事して「担保付社債信託法」を学ぶことになる。水島が「恩師」と呼んだ片山は東京帝国大学から農商務省に入省。一九一八年（大正七年）に富山県で始まった米騒動が全国に波及し、寺内正毅内閣が総辞職したのを受けて引責辞任し、その後は法学者として道を歩む。中央大学で教鞭をとり、法人の理事も務めていた。

この頃から、水島の猛勉強が始まる。彼の猛勉強には理由があった。それは、学費免除の特待生になるためであった。

成生から京都に出て、次いで東京の拓大予科に進み、満州に渡る。そして帰国して私立大学に進学するという生活を、若い水島がアルバイトだけで賄えたとはとうてい思えない。

成生を出るとき、そして出た後も、祖父らの援助があったものと考えられる。だが、成生のブリ漁の不振は続いており、昭和恐慌以降、地方の疲弊は進んでいた。水島としても実家にこれ以上の援助は望めず、学業を続けるには特待生になるしかなかったのである。

猛勉強の甲斐あって、一年次の学年試験を終えた時点で、水島は見事、特待生となった。水島は成生に、特待生として自分の名前が大学の校舎に大きく貼り出されたとはがきを書いた。嬉しかったのと、これで金の心配はないと祖父らに伝えたかったのである。

水島は旧制大学在学中の三年間、特待生としての成績を保ち、卒業時には当時、成績優秀者に大学から渡された銀時計を受け取っている。銀時計を受け取った同期には、ドイツ法を専攻した稲葉修、塚本重頼がいた。水島とこの二人はその後も卒業年次から「中大花の一一年の三羽烏」と称されたが、後年「水島先生は中央大学を首席で卒業されたそうですね」と尋ねられたとき、「一番は塚本だった」と答えている。

塚本重頼は、卒業の翌年に今の司法試験である高等試験司法科試験に合格し裁判官となり、戦後、弁護士に転じている。弁護士として昭和電工事件や造船疑獄を担当し、一九四九年（昭和二四年）からは中央大学で教鞭をとり、一九七九年（昭和五四年）に最高裁判事となっている。

稲葉修は卒業後大学院に進み、一九四五年（昭和二〇年）から中央大学で教鞭をとった。旧制村上中学時代に生徒会長としてストライキを行い退学、旧制山形中学ではカンニング事件を起こし退学するなどのやんちゃで、大学卒業時はすでに二七歳であった。大学院に進んだが、当時から政治家を志向する言動もあったという。中央大学予科に入った頃は、いずれ弁護士になり、そして代議士になるという将来設計を周囲に語っていたという話もある。

三羽鳥の一人は弁護士・裁判官に、もう一人は政治家になるが、水島はその方面への関心は持たなかった。満州での夢は破れたものの、「一旗揚げたい」という野心はなくしていなかった。帝大出に負けたくない、という気持ちがあったから、帝大を出なければ出世できない官吏になるつもりはさらさらなかった。だが、弁護士になろうとも、代議士になろうとも思わなかった。

銀行員

一九三六年（昭和一一年）三月、法学部英法科を卒業した水島は、日本興業銀行に入行する。なぜ、興銀を選んだのか、その経緯については、本人はただ「片山義勝先生から、君は興銀に行きなさいと言われたので従った」と述べている。おそらくそれが事実であろう。野心に燃えた青年であっても、やはりまだ世間は狭く、また当時、優秀な大学生の就職先は、教授が振り分けるのがふつうだった。

また、当時の銀行員は高給取りの代名詞であり、中でも興銀は高待遇だった。成生を出てから、経済的に苦しい学生生活を送っていた水島にとって、卒業後の生活の安定はとても重要なことであった。後年、「銀行に入れば、帝国ホテルでカレーライスが食べられると直感的に思ってね」と、興銀の後輩の原田俊克（元興銀シンガポール支店長）に笑って話している。

ところで、水島廣雄は生前、自伝の類を残さなかった。講演や求められて書いた原稿に、郷里のことや少年時代の回想を語り綴ることはあったが、青年時代について語ることはほとんどなかった。

経済人として脚光を浴びていた時期、日本経済新聞から再三にわたり、同紙の『私の履歴書』への登場を依頼されたが、そのたびに断っている。理由について本人から「あのようなものは生きているうちに出すものではない」と聞いた人もいれば、「世話になった誰かについて書けば、そのほかの恩ある人すべてを書かねば義理が立たない。それは不可能だ」と聞いた人もいる。

また、水島の生家を成生の網元だと思っている人もいたし、陰で「貧農の出だった」と言っている人もいた。後年本人はよく「一四歳で故郷舞鶴を出て」と周囲に話したが、実際には一二歳で最初に成生から舞鶴の親戚宅に下宿し、一四歳で中学進学のために小浜に住む。進学のために子供を下宿させる資力があるのだから貧農ではないだろうが、網元でもなかった。京都農林学校に進学した後に故郷に戻り、一九歳で再び故郷・成生を出る。自身の生い立ちについてそのような煩雑な説明をすることは、水島にとってはあまり意味がなかったのだろう。

いずれにせよ「自伝を書かない」は、本人の何かの信念があってのことだろう。そのため世間が知る水島廣雄の履歴は、そごう副社長就任以降か、その直前の興銀時代、浮動担保論で最年少法学博士となったときか、せいぜい中央大学特待生というところからである。

そのように「優秀な法律学者であり、かつ有能な経営者」として戦後の日本に忽然と現れるということが、水島本人の信念を貫くこととプライドを満たすことの双方を満足させるものであったと推察される。

しかし、世間というものは、人の信念をそのように素直に受け取る者ばかりではない。「過去を語らないのは、語れぬことがあるのではないか」と疑う者さえいる。しかしながら、水島が故郷から東京に出た経緯は、これまで述べてきたとおりである。

そして卒業を迎え、就職となる。興銀に入り、そしてそごうに入社するまでの経緯については、江波戸哲夫の『神様の墜落〈そごうと興銀〉の失われた一〇年』（二〇〇三年、新潮社刊）に詳しい。江波戸が当時九〇歳を過ぎようとしていた水島に、長時間のインタビューを行って書いたものである。以下、引用する。

(水島が)語る証言は細部までくっきりしていた。(略)遠い学生時代のことも、一〇年前に自分が下した経営判断についても、一週間前に中国で起きた政争のことさえも当事者のごとくはっきりと語った。

江波戸が書いているように、この頃の水島は、尋ねられれば断片的に、周囲に自身の人生を語ることもあった。

興銀には片山教授の推薦で入った。当時、中央大学には、片山の帝大の後輩である栗栖赳夫が教えに来ていた。栗栖は現役の興銀の部長であり、講師として「社債信託法」を教えていた。水島は栗栖の講義を受けていた。

栗栖は銀行に在籍しながら一九三四年(昭和九年)に著書『担保付社債信託法の研究』で法学博士号を授与されている。銀行勤務の傍ら中央大学ほかで教鞭をとりながら、行内では証券部長、総務部長などを経て、戦後一九四七年(昭和二二年)に総裁となり、その後は政界に転じた。「銀行員で法学博士で大学の先生」である栗栖を、若い水島が自身の将来像として思い描いた可能性は大いにある。

後の栗栖は、戦後、貴族院議員から参議院議員となり、大蔵大臣・経済安定本部総務長官となったが、昭和電工疑獄に連座し逮捕される。一九六二年(昭和三七年)に最高裁で刑が確定し、晩年は不遇だった。それでも、水島の栗栖への尊敬は変わらなかったという。

興銀に入行した水島は、すぐに東北支店に配属される。当時の東北支店は福島にあり、水島が入行する半年前に開設されたばかりであった。東北支店が仙台に移るのは一九四四年（昭和一九年）。それまでは福島が、東北の玄関口として多数の企業の支店が集まる都市であった。また、常磐炭鉱とその周辺が鉱工業地帯として大きく発展した時期であり、興銀の新たな拠点として期待されていた。

興銀は日露戦争後の国内産業の発展と、それに伴う資金不足を補うため、「日本興業銀行法」により一九〇二年（明治三五年）に設立された国策銀行である。設立時の資本金は一〇〇〇万円で、これは当時の国家予算の一割強にも相当した。戦前は主に重工業、軍需産業等への長期融資を担う。戦後、普通銀行に転換したが、一九五二年（昭和二七年）に「長期信用銀行法」により長期信用銀行の分類となった。金融債を発行し、戦後の復興、そして高度経済成長を支えた金融機関の一つであり、水島以外にも多くの著名経済人を輩出した。

社会人としての第一歩を踏み出した水島だが、ここで一つの壁にぶつかる。それは、国策会社であった当時の興銀は、中央官庁同様に要職は「東京帝国大学出身者」で占められていたということであった。給料もほかと比べれば高給であったが、官立＝帝大出と私立大学出とでは制度として差別されていた。昇給・昇格も同様であった。負けず嫌いであり、努力家でもあった水島にとって、能力や努力とは無関係に階級が存在する組織は、愉快ではなかった。前述の原田は、水島が、帝国ホテルでカレーライスが食べられると「たわいなく思って」銀行に入ったが、そうはいかなかったと話すのを聞いたことがある。給与の差など、仕組みが官庁と同じであり、いくら仕事をしてもその差が縮まることはなかったという。「気分としては放埒な気持ちに」なり、「気分的には満足せず」「だんだん無頼になって、心の幅が広くなって」いったと振り返っている。

この述懐を裏づけるような話を、原田は銀行の先輩から聞いている。上司は水島に対し、支店で経理を担当して管理会計の勉強をと願ったがまったく身が入らず、「法律の勉強ばかりして困ったやつだった」と言っていたという。

目的を決めてひたすら勉強することは、水島が得意とすることである。学生時代は特待生となるためにひたすら勉強した。今度は、栗栖のように「銀行員で法学博士で大学の先生」となるためにひたすら勉強をするのである。それは支店勤務時も、東京の本店勤務になっても変わらなかった。

水島が赴任した翌年、支店長代理として転勤して来るのが、後に興銀頭取となり「財界の鞍馬天狗」の異名をとった中山素平である。その後、長いつき合いとなる水島と中山との最初の出会いである。中山は将棋が強く、支店で相手になる者がいないとつまらながっていたところ、水島の将棋の強さを知り喜んだという。以来、水島は中山の将棋の相手を務めることになる。

帝大出が幅をきかせる中で、官立とはいえ東京商科大（現・一橋大）出で、判断力があり知恵者でもあった六歳年上の中山を、水島は敬愛した。素平の「素」は、「白より白く」の意で、「飾らない人間になれ」の願いが込められているという。中山は生涯、『私の履歴書』の掲載と叙勲を断り続けた。それも、水島に大きく影響を与えた。

水島は福島で一度目の結婚をする。そして一九三九年（昭和一四年）に本店証券部信託課に異動。本店勤務となった水島は浅草に居を構え、丸の内に通勤する。

証券部は興銀では花形部署だった。だが本店での勤務は、興銀にある東京帝大優遇を肌身に感じる日々でもあった。負けず嫌いの水島は、相変わらず法学博士となるための勉強をしながらも、担当部署での成果を上げていった。それでも、昇進や昇格で帝大出に差をつけられるのは、耐えがたいことだった。

時代は戦争へと進み、物不足、食糧難の時代となっていく。軍需産業や国策企業相手のエリート銀行員として生活面ではほかの勤め人に比べて豊かに見えた水島だったが、暗い時代の中で鬱屈した日々を送っていた。一九四三年（昭和一八年）、水島は最初の妻と協議離婚している。

興銀での水島はその後、大阪支店への転勤を経て再び本店に戻る。

一九四五年（昭和二〇年）、戦争が終わり、国策会社・特殊銀行としての興銀は、ＧＨＱ（連合国軍総司令部）の指令により廃止の危機に直面する。戦前戦中、興銀は軍需産業の資金調達機関であり、戦争協力者の一掃を図るＧＨＱからすれば当然のことであった。この危機を救ったのが、本店に戻り、調査部長・復興金融部長となっていた中山素平であった。中山は復興金融としての興銀の存続価値をＧＨＱに粘り強く訴え、普通銀行として存続させることに成功した。

普通銀行となった興銀に、水島は期待を持った。民間企業として、これまでの官立出と私立出の賃金等での格差が解消されたからだ。だが、制度は解消されても学閥は残り、差別の解消はなかなか進まなかった。

一九五二年（昭和二七年）、興銀がほかの銀行とは異なる長期信用銀行として再出発することになったとき、水島は親しい中山に聞いた。

「中山さん。私はここで重役になれますかね」

「無理だね。興銀は今まで東大出しか役員になっていない」

中山にそう言われ、負けず嫌いの水島は「銀行で出世する」以外の自己実現として、「法学博士号」の取得を最大の目標として据えるのである。

上原中将

東京都世田谷区北沢三丁目。この地で水島は、三〇代前半から九〇代の後半まで六〇年以上を過ごした。戦時中、転勤により関西で過ごした水島が、ここに住み始めたのは一九四九年（昭和二四年）からである。

このあたりは一九三二年（昭和七年）に当時の東京市に編入されるまでは、豊多摩郡代々幡といい、東京の郊外であった。この土地を購入したのは、陸軍中将・上原平太郎である。上原は一八七二年（明治五年）に香川県に生まれ、陸軍士官学校卒業後、陸軍歩兵少尉に任官。義和団の乱や日露戦争に出征している。その後、航空部の要職を歴任し、一九二六年（大正一五年）に中将となり、一九三〇年（昭和五年）に予備役編入となる。一九三二年（昭和七年）の衆議院選挙に犬養毅内閣の与党・立憲政友会所属で香川県から出馬し当選。議員を一期務めている。

帝国陸軍の歴史では、「上原中将」はもう一人いる。上原平太郎が中将となった年に大将に昇進した上原勇作である。陸軍大臣、教育総監、参謀総長の「陸軍三長官」を歴任し元帥府に列せられた上原勇作は、大将に上り詰め一九三三年（昭和八年）に没するまで陸軍に君臨した。大正から昭和初期の日本政治史に登場する「上原中将」は、この上原勇作を指す場合が多い。上原勇作は山形有朋亡き後、旧薩摩閥を糾合して軍閥をつくり、軍内部の政治的動きを担った。この上原閥は皇道派の主要メンバーを輩出し、一九三六年（昭和一一年）、二・二六事件を引き起こすのである。それに比べ、航空学校の校長を務めるなどした平太郎は、大正期の軍人のリベラルさを持っていた。

師団長クラスとなる中将は、軍の現場において最も高い階級であり、当時、優れた能力を持つ職業軍人として世間の尊敬を集める存在であった。予備役として事実上退官した後は、知名度の高さを背景に、政界に転ずる者も少なくなかった。上原平太郎もそのようにして代議士となるが、政党政治や議会の弱体化が進められる時期にあって、一期だけで政界を去っている。

平太郎の親しい友人に、宮脇長吉という人物がいる。初の普通選挙となった一九二八年（昭和三年）の衆議院選挙で香川県から立憲政友会公認で立候補し当選。以後、五回連続当選している。平太郎より八歳年下だが、同郷でしかも陸軍士官学校の後輩、さらに航空兵大佐で退役するなど、平太郎と少なからぬ縁があった。中選挙区制であったため、平太郎が選挙に出馬した際は、同じ政友会で議席を分け合った仲である。

宮脇は軍人出身でありながら自由主義者との交流も広く、軍の政治介入には反対であった。また、陸軍士官学校の教官を務めるなど教育者の面からも、次第に不遜になる軍人たちに対して批判的であった。こうしたことから、軍関係者からは「反軍的」とみなされ、一九四二年（昭和一七年）の翼賛選挙では大政翼賛会の推薦を受けられずに落選した。そして、戦後は元軍人ということで公職追放を受け、選挙に立候補することができなかった。政治的には不遇であったが、それは信念の表れとみることもできる。平太郎が年下の宮脇と親しく長くつき合ったことから、このもう一人の「上原中将」の性格も窺い知れるのではなかろうか。

上原には六人の子供がいた。長男は夭逝し、二男・二郎は軍人となり一九四四年（昭和一九年）、南方戦線で戦死している。その下に三男・康男、四男・國男、五男・淳男の男子がいた。

康男の下に二人の女子がいて、宮脇はこの二人の娘の縁談をまとめている。長女・照子は宮脇の紹介で木村武千代に嫁いでいる。帝大法学部を卒業した後、高等文官試験に合格し官吏となった後に陸軍中野学校を出るという異色の経歴の木村は、戦後、香川県選出の衆議院議員となっている。その息子、つまり上原の孫が、衆議院議員と参議院議員を務めた木村義雄である。

そして次女、静（しず）の結婚相手として宮脇が上原に話を持ち込んだのが、三一歳の銀行員の水島であった。一九一八年（大正七年）生まれの静は二五歳。当時としては遅い結婚である。一九四三年（昭和一八年）といえば、戦況の悪化が日々深刻さを増していた時期である。上原は娘たちを軍人には嫁がせたくなかったのか、あるいは宮脇が軍人以外の話ばかり持ち込んだのか、それとも二人で語らった結果であるのかはわからない。

今となってはわからないことのもう一つは、宮脇と水島の接点である。郷里・成生の両親らは、水島からの便りで結婚相手が陸軍中将の娘であることを聞く。その直後、村に憲兵がやって来た。水島と家族について調べに来たようである。

水島は上原静との結婚を決める。婚姻の届出は一九四五年（昭和二〇年）三月五日に出されている。この結婚が、その後の水島の人生にさまざまな影響を与える。静は水島にとって、まさに運命の人となる。

新婚生活は大阪で始まる。軍人の家庭で育てられた静は、常に夫を立て、人前で目立つようなことはしない女性だった。親しい人の間では、芯の強さを感じる明るい女性というのが共通した印象であり、優しく親切な人だったと周囲の男性陣が評する一方で、女性陣からは躾や言葉遣いなどに厳しい一面もあったという声も聞く。

終生変わらず夫婦仲は良かった。水島は家庭でもマイペースで、好きな時間に本を読み、好きな時間に寝て起きる。そういう夫に対して、静は不満を言ったりすることはなかった。水島にとって、それは何よりのことであった。

真夜中でも書斎から「お茶」と声がすれば運んだ。それは結婚当初から、最後まで変わらなかった。静はそれがあたり前だと考えていたから、住み込みの家政婦たちにもそれを命じた。静の家庭では当然だったことだが、「水島さんの家にはお手伝いさんがいつかない」

と言われてしまう原因ともなった。

戦争が終わると、北沢の家には、上原の息子たちも復員したり、香川の疎開先から戻って来たりした。空襲を免れた家には、焼け出された縁者たちが入れ替わりでやって来た。そのような中で、舅の上原は公職を追放される。無聊をかこつ上原を、水島は故郷の成生に招待している。陸軍中将は舞鶴の司令官よりも階級が上である。当時、村をあげての大歓迎であったという。

上原は敗戦から五年経った一九五〇年（昭和二五年）、七八歳で亡くなる。敗戦後、高級軍人たちは息をひそめるように暮らしていた。しかし、敗戦後の混乱も落ち着き、日本が復興に向かう時代となると、陸士・海兵出身のエリートたちは、その能力を買われ再び表舞台に出る者も出てきた。だが、すでに高齢であった上原は、それを待たずに逝った。水島の人脈のうちの旧軍関係者とのつながりを、上原の女婿となったことで得たと見る向きもあるが、実際は以上のような経緯である。上原平太郎は軍に閥をつくらず、戦後も軍利権をあさることはなかった。

水島は銀行の仕事を終えて帰った後も、北沢の家で遅くまで勉強した。敗戦後も興銀の東大偏重は変わらず、水島としては何としても博士号を取得し、出世のチャンスを得たかった。偉くなるというよりも、そのことで給料を上げたかった。上原の死後、水島は、静と北沢の家を守らねばならないと考えていた。

上総一ノ宮

「将来、大蔵大臣になる人だから、大切に面倒を見てやってくれ」

そう言って塚本素山は、齊藤房信に水島を紹介した。齊藤は、塚本がそう言うのだから、本当に大臣になるような人物なのだろうと思い、その男を見た。四〇歳前の、眼鏡をかけた大柄な男で、仕立ての良い背広を着ていた。当の水島本人は、塚本の大袈裟な紹介に多少閉口したが、それでもここでやろうとしている論文執筆は自分の人生がかかっている。大切にしてもらえるにこしたことはないと、「よろしく」とだけ言った。

九十九里浜の南端にあたる長生郡一ノ宮、駅名とともに上総一ノ宮と呼ばれるこの一帯は、明治中期から昭和初期にかけて別荘地として有名になり、「千葉の大磯」とも称され、上原勇作ら政官軍の大物が別荘を構えた。また、芥川龍之介や久米正雄ら文人が避暑に訪れたことも、この地の名を広めた。

戦争中は風船爆弾の発進地となったり、米軍上陸の警戒地域になっていたが、戦後再び大物たちが別荘地を利用するようになり、また、新たに別荘を求める新興の金持ちたちもいた。塚本もその一人である。

塚本素山、本名・塚本清。旧制千葉県立佐倉中学から陸軍士官学校に進んだ塚本は、敗戦直後に拳銃自殺した陸軍大将・田中静壱の専属副官で、水島より五歳年長である。敗戦後は元陸軍中将でＣＩＡ協力者となる辰巳栄一との親交からＧＨＱともパイプを持ち、敗戦直後の政財界に影響力を行使。一九五六年（昭和三一年）に、商社・塚本総業を設立している。戦前からの熱心な法華経信者で、一時期は創価学会の高位役職の顧問を務めていた人物である。

水島と塚本の接点は、塚本が親しくしていた弁護士と水島が知り合いだったことだという。また、「戦後、東京裁判の弁護士に紹介された」と聞いた者が何人かいるが、定かではない。ちなみに一九四六年（昭和二一年）五月から一九四八年（昭和二三年）一一月にかけて行われた東京裁判（極東軍事裁判）の弁護団の瀧川政次郎は、水島と塚本の共通の知り合いの一人である。水島は、その後、瀧川が尽力した大東文化学院の新制大学移行運動にも関わりを持っている。

水島と塚本の共通の知り合いである弁護士には、もう一人、大学で同期だった向江璋悦がいる。石川県出身の向江は水島よりも二つ年上で、大阪で丁稚奉公をしながら夜学に通い、上京して水島と同年に中央大学法学部に入学する。在学中に、司法試験受験団体の真法会を創設し、自らも一九三五年（昭和一〇年）の高等文官試験司法科試験に合格。翌年三月に卒業した後は、検察官となり思想検事として活躍する。

戦後、弁護士となった向江は多くの刑事事件で無罪を勝ち取るなどし、また死刑廃止論者としても有名となる。向江は塚本に乞われて顧問をしていた。この向江が水島と塚本を引き合わせた可能性も高い。

水島が塚本に連れられて上総一ノ宮を訪れたのは一九五一年(昭和二六年)頃である。水島は一九四九年(昭和二四年)、興銀に在籍したまま中央大学の講師に就任している。敬愛している栗栖赳夫と同じ道を歩むこととなったのである。塚本が「将来大蔵大臣になる」と言ったのは、このとき、すでに栗栖は昭和電工疑獄で逮捕されていたが、水島が栗栖と同じルートを歩もうとしていると考えたからである。また、水島の能力を見て、そうなるに違いないと確信したようである。

当時、水島は神田駿河台の中央大学に講義に出向くのに、運転手付きの乗用車で乗りつけることがあった。それは塚本の車だったという。塚本は、それほど水島に肩入れしていた。だから後年、水島がそごうに入社したときは、「なんでデパート屋なんかになるのだ」と怒ったという。

水島が、栗栖と同じように銀行員のまま法学博士になるため、「まず論文を書くことに集中したい」と言っているのを聞き、塚本は自分の別荘のある上総一ノ宮を勧めた。今のままでは、銀行でこれ以上の出世は望めないと思っていた水島は、塚本の厚意に甘えることにした。

上総一ノ宮では、塚本の別荘の離れのようになっている建物を借りた。旅館は騒がしいが、この別荘の部屋なら昼夜雨戸を締め切って、好きな時間に寝起きして執筆できるという点が好都合だった。しかし、その頃は塚本の別荘にはまだ常駐の使用人は置いていなかった。そこで、面倒を見てくれる人をと、塚本が依頼したのが齊藤だった。当時、近隣で電話や自動車を持っているのは齊藤家だけであり、その点でも便利であった。

齊藤は戦後復員し、郷里の一ノ宮町で海産飼肥料商を営んでいた。当時肥料は統制物資で、農林省機関へ直接納入されていた。代金は「国庫金の払い出し」による支払いである。その関係もあり、国や県の役人などに顔が広く、また商売も順調であったので、地元銀行の幹部らとも親しくしていた。

地元銀行である千葉銀行の頭取・古荘四郎彦から、「上総一ノ宮に土地を求めている人」と言われ齊藤が引き合わされたのが塚本で、親しくしていた加児という人の別荘を紹介したという経緯があった。塚本はこの後、付近の公有地の払い下げを受けるなどして、広大な「工場用地」を取得するとともに、別荘へ接客用の「公館」を建設するなどしていく。

別荘を購入したばかりの塚本から、別荘で論文執筆をする人物の食事などの世話を焼いてほしいと頼まれた齊藤は、いきなりの依頼であったが快く引き受けた。古荘頭取への義理もあったが、もともと面倒見の良いところがあった。これが、水島と齊藤家との最初の出会いである。

水島はその後、年に何度か、まとまった休暇をとっては上総一ノ宮で論文執筆を続けた。齊藤家の人々は食事を運び、電話の取次ぎをしたが、部屋での水島は、「一心不乱に勉強している。あの集中力はどこからくるのでしょう」(齊藤の妻・美の述懐)という姿であった。ときには気晴らしにと、齊藤は散歩やドライブ、磯遊びやパチンコなどに誘った。水島はいつも楽しそうに誘いを受け、一、二時間を過ごすと、また雨戸を閉めた部屋に戻っていた。

そうして書き上げた論文が、三〇〇〇ページにも及ぶ『浮動担保の研究(フローティング・チャージ)』である。水島は、齊藤とその家族を論文執筆を支えてくれた恩人の一人として、生涯感謝し続けた。

齊藤の商売は化学肥料が自由化される一九五八年(昭和三三年)頃から厳しくなっていく。加えて千葉沿岸のイワシ等の水揚げが激減する中で、海産飼肥料業者の経営状態は軒並み悪化し、数年後に齊藤も経営の危機に瀕する。そのとき水島は、「有楽町で干物でも売りなさい」と齊藤に売り場を与え、一ノ宮の業者を支援したのである。

上総一ノ宮で執筆していた論文は、戦前からの水島の研究テーマだった。中央大学の講師となる以前も、水島は乞われれば商法や英米法の講義などを行っていた。大阪に赴任したときは毎週神戸まで出向き、兵庫県庁で職員を相手に法律講座の講師を務めていた。戦時色が強くなる中で、水島が専門とする英米法は「敵の学問」と見なされて研究者は肩身が狭くなっていたが、水島は我関せずと英米の原書を買い込み読みあさった。

敗戦で一挙に英語は解禁となったが、物不足の時代で、書籍類はなかなか手に入らなかった。水島は戦後間もなく中央大学の講師となり、「銀行及び信託論」の講座を受け持つが、神田駿河台で焼け残った母校の蔵書もありがたかった。

水島の研究テーマは「浮動担保」についてであった。このテーマは水島が学生時代から研究していたものである。在学中、水島はこの「浮動担保の研究」と「グッドウィルの法的研究」を課題として与えられていた。そして、卒業後も学問研究を続けたいという水島に、恩師の片山義勝が「浮動担保の研究は日本ではまだ誰もやっていないから」と勧めたという。水島は法学博士号を取るための論文を、この「浮動担保の研究」に定め、興銀入社時から研究を続けていた。

大学卒業から一七年経った一九五三年（昭和二八年）、ついに学位論文として『浮動担保の研究（フローティング・チャージ）』を発表する。

この「浮動担保の研究」は、当時すでに英国において採用されていた浮動担保制度(floating charge)を、日本においても導入すべしという論考である。価値が変動し続ける企業の総財産を、一体として担保権の目的とすることができるというこの制度は、日本においては金融業者の企業に対する信用度が低く、まだ実施には至っていなかった。

日本の民法はドイツ法、フランス法を基本としており、「物件の確定性」ならびに「一物一権主義」に拠っていた。だが、水島の研究は、「集合物の担保化」さらには「企業担保」の概念の導入を検討する画期的なものだった。水島は論文の序にこう書いている。

実に経済取引の発展は在来の法形態を破壊して新しい取引が満足する形式に向って進展する。洵に『人は法を創造し自然はそれを破壊する』ことを識る。我々は恒に経済取引の客体が如何なる形態で行われるかを認識しなければならない。而して法の形式も其の形態を追って進まねばならないだろう。果して然らば現代担保権の唯一の課題は企業担保の問題に存するであろう。而して学者は此の問題に対し長い間幾多の疑問に煩悶し其の困難を嘆いて来た。私も亦識者の歩んで来た此の困難な途に更に一歩を進めなければならない。

（学位論文『浮動擔保の研究』序論はしがき）

論文は優れた合理性や先見性が高く評価され、この年の一二月に教授会で満場一致で承認される。これにより四一歳の水島は、学位令によって我が国の司法分野で最も若い法学博士の学位を取得した。法学博士・水島廣雄の誕生である。

理論と実践

実業家であり法学博士であった水島廣雄には、大学人としての顔もあった。一九四九年（昭和二四年）に中央大学の講師となり、七〇歳の定年退官講義まで務める。東洋大学でも教鞭をとり、ここでは教授に就任し、定年後は名誉教授となっている。このほか、上智大学や大東文化大学とも関わりを持ち、非常勤講師や法人理事を務めている。

東洋大学は仏教哲学者・井上円了が一八八七年（明治二〇年）に哲学館として開学した。戦後、新制大学としてスタートする中で、総合大学への転換を図るべく、一九五〇年（昭和二五年）にそれまでの文学部に加えて経済学部を設立。一九五二年（昭和二七年）には、二部（夜間部）に法経学部を設立している。法経学部設立は法学部の専任教授の確保や教室確保が困難であったこともあり、一部（昼間部）としての法学部設立は先延ばしせざるを得ない過渡的な措置であった。

一九五四年（昭和二九年）、富山大学の経済学部長だった清水虎雄が東洋大学法経学部長に就任すると、法学部を分離独立させるための法学部設立準備委員会がつくられる。ここに水島が協力を要請される。

水島は難航していた専任教授の確保を担当した。新設学部であるから、著名な教授、講師陣を集めたかったが、財政難が深刻であった。待遇は他大学に比べて良いとは言えず、手を挙げて教えに来る学者はいなかった。水島は新しくできる法学部を司法試験偏重ではなく、「ビジネス・マネージメント」の視点で法の「理論と実践を学ぶ」場としたいという構想を説き、同志を募った。そして、商法の森清や片山金章、吉田久など当時の著名法律家を呼び寄せる。片山金章は水島の後輩で、中央大学の法学部長（後に中央大学の学長も務める）。吉田久は戦時中、東條内閣の翼賛選挙を違憲と判断した「気骨の判事」である。さらに水島は、財政難の大学に対して、準備活動中の準備費についての負担も申し出ている。

水島の活躍もあって、同大法学部は一九五六年（昭和三一年）に当時の文部省の認可を受ける。また、水島の「ビジネス・マネージメント」構想は、一九六五年（昭和四〇年）の「経営法学科」（後に「企業法学科」）の開設として実現する。

学部開設と同時に専任教授となった水島は、その後も長く東洋大学法学部で教授として教鞭をとった。一九六〇年代後半の大学紛争時には、「教授の兼業禁止問題」が取り上げられたこともあったが、興銀、そごう在籍のまま教授として、初期の頃は民法や法律演習、その後は担保法など商法関連の講義を受け持った。一九六一年（昭和三六年）からは大学理事も務め、一九八三年（昭和五八年）に定年した後は前述のように名誉教授となっている。「浮動担保の研究」で一躍、法学界のスターとなり、また、百貨店経営者としてそごうを躍進させていた時期は、水島は同大法学部の「看板教授」の一人だった。それについて『東洋大学百年史』には、次のような記述がある。

「看板教授」とは何か、を論ずるよりも、法学部の創設から定年退職されるまで、多くの若手教員を育てあげ、大学にも貢献された水島廣雄名誉教授について、触れておくことが法学部の歴史と今後の教訓にもなろう。

水島名誉教授は、昭和三一年、法学部設置に努力し、日本興業銀行考査役から、民法担当の教授に就任しているが、その間にも、中央大学ならびに大学院ですでに講師をしていた。（中略）昭和三七年四月、そごう代表取締役社長に就任したが、大学においても理事に就任するなど活躍された。昭和五八年、名誉教授になったが、東洋大学在任中に、二百数十名ともいわれる学生を、「そごう」と関連企業に就職させている。こうしたことが「看板教授」として社会から認められ、まさに法学部の大黒柱的存在となっていた。このような条件と資格が「看板教授」には必要であり、お手本にもなっている。

（『東洋大学百年史（部局史編）』東洋大学、一九九三年発行）

水島の東洋大学への大きな貢献の一つは、元文部大臣の塩川正十郎を理事長とするために動いたことだろう。水島は一九八七年（昭和六二年）の東洋大学一〇〇周年の記念式典に、文部大臣室に自ら電話をかけ、当時現職の文部大臣・塩川の出席を依頼した。このときから、塩川を次期理事長にと考えていた。大学の発展には政界や文部省（後の文部科学省）との強いパイプが必要だという認識があったからである。官や政を好むわけではないが、大いに利用するというのが、水島の流儀であった。

翌年、大学の総意として塩川の理事長招聘が決まると、水島は大学の正式使者として塩川に面会する。そして塩川の了解を得るとともに、塩川の派閥の福田赳夫、安倍晋太郎らにも挨拶をし「仁義を切って」いる。水島と福田とは昵懇であり、こうすることが官や政に効果があることを、水島はよく知っていた。その日、そごうの社長室で待機し首尾を聞いた東洋大学職員の田淵順一（東洋大学常務理事）らは、「さすが水島先生」と言ったという。

水島は一九七九年（昭和五四年）まで大東文化大学の理事も務めている。一九二一年（大正一〇年）に国費で設立された財団法人大東文化協会を起源とする同大は、戦後、その設立経緯や校舎の戦災などにより、新制大学としての認可がなかなか下りなかった。一九四九年（昭和二四年）に東京文政大学として新制大学となり、一九五一年（昭和二六年）に大東文化の名称に戻している。新制大学への認可や大東文化への名称復古にあたっては、当時、戦犯としての拘留から無罪釈放され政界復帰した岸信介らも支援したという。

同大の法学部の設立は一九七三年（昭和四八年）であり、水島が理事になるのはその頃からである。水島は同大法学部の設立にも関わりを持つが、同大との接点は興銀・中大講師の頃からあったようである。

一九五六年（昭和三一年）に中央大学法学部を卒業した吉田卓は、自由党の青年部員だった四年生のとき、水島に頼まれて代議士の南条徳男のところに書類を届けたことがある。当時、南条は岸らとともに自由党を離党し、日本民主党に加わっていた。吉田の同級生の内田孝秀は南条のもとで学生秘書をしており、その後も親交が続くが、二人は「水島先生は当時、大東文化大学に法学部をつくろうとしていた」と記憶している。詳細は今となってはわからないが、吉田が南条の事務所に水島の遣いとして行った十数年後に、大東文化大学法学部は誕生する。南条は、一九六二年（昭和三七年）から一九六九年（昭和四四年）まで、同大の学長を務めている。

戦前からの政友会・翼賛議員である南条と水島の接点は、義父・上原平太郎の関係からと推測される。また、南条は北海道室蘭の北海道四区選出であり、静との結婚により水島の親戚となる北海道の財閥・板谷家の初代・宮吉の養子で、政治家となった板谷順助と、一時期議席を争ったこともある。

板谷と水島、そして大学とつながるエピソードはもう一つある。

水島は上智大学法学部の講師もしている。上智大学法学部は一九五七年（昭和三二年）

に開設されるが、それ以前から、旧制の専門部の法科が存在した。水島が専門部時代から講義を行っていたかどうかは記録がなく不明である。

一九一三年（大正二年）、専門学校令によって開学する上智大学は、イエズス会の経営であった。校舎は最初から麹町・紀尾井町にあったが、現在の四ツ谷駅前の麹町通りまでの敷地は、法学部が開設される頃に買い足されたものである。この土地の所有者は板谷財閥の当主・板谷宮吉で、その買収に水島が関わっている。

後年、水島のローマ法王謁見に尽力した神父、アルッーロ・マルティンは、イエズス会本部の命により一九六〇年代半ばから日本のイエズス会の会計統括をしていた。

「水島さんは私の大切な友人。彼は心の素晴らしい人でした。ずるいことをしない、いつも貧乏な人のことを心配する、優しい人でした」と語るマルティンは、「でも、お会いするまではあまり良い印象を持っていなかったのです」とも言う。それは、マルティンが会計係として着任早々、上智大学の資産を調べているときにある契約書を見つけ、それをつくったのが法学部講師で銀行員の水島だと聞いたからである。

「大学が麹町の土地を買い足すときの契約書です。詳しいことは申しませんが、それは大学にとってとても不利な内容でした。しかも、大学はそれに気づいていない。巧妙な契約なのです」

マルティンはその後、契約書の不利な付帯項目を解決するが、何年か経って会った水島は、自身の印象とはまったく別の人物であった。水島はどうしてそのような契約書をつくったのか。

一九四八年（昭和二三年）に文学部と経済学部で新制大学として再スタートした上智大学は、その後、専門部の法科を新制基準の法学部として改組するとともに、「イエズス会の学校」から総合大学への転換を進めていた。この推進者の一人が、同大の初代法学部長となった寺田四郎である。商法と法史学を専門とする寺田は、教育研究の内容とともに、大学施設の充実を図ろうと奔走していた。戦後焼け野原となっていた麹町通り沿いを校地として購入しようとすることも、その一つだった。寺田は粘り強く地主の板谷と交渉するが、なかなかうまくいかなかった。焼け跡といっても、戦前までは一等地である。復興すればまた元の一等地となり、地価・地代が上がることは確実である。板谷としては安く売る必要はない。世界最大ともいえる教団・イエズス会をバックにしているとはいえ、板谷が要求する購入価格は、とても大学が払える額ではなかった。

ここに水島が登場する。寺田の苦境に対して、水島は一計を案じた。最初の購入額は大学が払える額とし、板谷には後々に金が落ちるようにすることで説得するというものである。しかも、一見してそれがわからないように秘密裏にやるということである。マルティンが見破るまで、その契約の秘密は誰もわからなかった。寺田を含め、誰がどのように関与したのかも、今となってはわからない。ただ言えることは、水島は「イエズス会の学校」

の清々しさを好み、また寺田の情熱に賛同していた。

寺田が主導した上智大学法学部設立の目的は「理論と実際とに通ずる人材の養成」である。これは、水島が設立準備資金を提供した東洋大学法学部の設立活動で語った「理論と実践を学ぶ」に通じる。

寺田は前述の東洋大学法学部の設立時にも、大学設置基準を満たすため、最低限の研究図書の提供と整備を行っている。東洋の法学部の開設が一九五六年（昭和三一年）、上智の法学部は五七年（昭和三二年）。この当時、私学において新しい司法教育や社会の実態に応じた法学研究を進めようという機運があった。水島は寺田らとともに、銀行員でありながらその主要メンバーであったのである。

弁護士などになるな

このように大学に関わった水島だが、銀行を辞めて大学教授や法学研究に専念するつもりはなかった。法は社会のためにあり、法の理論だけを追求しても意味がないというのが水島の持論であった。「法律バカになるな」は、水島が大学を定年するまで、よく学生たちに言った言葉である。

博士号を取得し学界から注目されていた当時、水島は母校・中央大学の学生新聞のインタビューに次のように答えている。

――中央大学の発展のために、考えておられることを……

中大、中大というが社会的にどれだけの価値があるか、唯我独尊的なところはないか、ということを私は社会に出てからつくづく感じた。

司法試験の合格者数が多いということだけで、受験技術だけを覚え法律の神髄を理解出来ない形式主義、受験万能主義がはびこるとすれば、これは憂うべきことだ。早稲田の自由法学が高く評価され始め、有能な教授が輩出していることを本学の教授も学生も深く反省すべきだと思う。本校教授も余り政争に熱をあげず、勉強すべきだと思う。もうひとつは教授の待遇を良くせねばならない。学問もやはり金がなければ出来ないものだヨ。（そういう先生の書棚には、一冊何万円という素晴しい原書がずらりと並んでいる。）

――本学の学生はよく協同の精神にかけているといわれますがその点どうですか。

確かに自我主義が強いネ。これはやはり生活環境や立身出世型の形式主義による弊害のあらわれだと思う。この点は学生諸君ももっと人生の意義を熟慮して反省すべきでないだろうか。

（『中央大学新聞』昭和二九年一月一〇・二〇日合併号）

水島は母校・中央大学を愛し、同窓会組織の設立などにも関わっている。愛するがゆえに、よく苦言を呈した。講師となって間もなく、三六歳で中央大学の評議員にもなっている。企業で言えば、株主総会の出席権があるメンバーである。その後理事も務めるが、東洋大学や大東文化大学でのように法人に深く関わることはなかった。経営者としての絶頂期には、何度か理事長就任を要請されているが、固辞している。

水島は銀行員時代から、私立大学の経営も企業の一種と見ていた。そして、その関心で各大学を眺め、東洋大学や大東文化大学の経営を考えて発言していた。だが、中央大学の法人や教学で、水島の発言に耳を傾ける者は少なかった。水島は私立大学経営に関心を持っていた頃の話として、次のような回想をしている。

昭和三〇年代は中央大学の経営が実に安定していました。（中略）確か昭和三一年だったか、私と同窓のリコーの市村清とが、慶應義塾大学の事務長や学部長に呼ばれてご馳走になりました。中央大学は何でそんなに経営がいいのか教えろと言う。慶応は大変だ、と。私はこう言いました。

「おたくには信濃町の病院（医学部）と、日吉の藤原工業（工学部）という金食い虫がいるが、中央大学は板一枚でやっている。」

すると彼らは、なるほどと頷き、板一枚、つまり黒板だけで設備投資がかからない学部をもう一つつくって収益をあげればいいのだと気付いたようです。その後すぐ、慶應義塾大学が商学部をつくると新聞に出た。昭和三二年に商学部ができて、今では入るのがなかなか難しい人気学部になっているようですね。

（『中央大学学員会千葉県支部会報』「水島廣雄先生インタビュー・人は百歳まで元気でいられる」二〇一三年四月）

「大学経営には経済と政治の判断が必要」というのが、水島の持論だった。東洋大学の理事長に文部大臣を降りた直後の塩川正十郎を立てたのも、そのような観点からであり、中央大学ではそういうことができないことを嘆いていた。前述の学生新聞のインタビューでも「大学で一番大切なことは、一致団結することである。人間は誰も完全を期し得ない。だから多少の不平不満はあっても、小異を捨てて学の内外を問わず総長を中心に結合して行かねばならない」と語っている。これは水島が晩年に至るまで母校について語っていた内容であり、中央大学の理事長を引き受けなかった理由でもある。

ところで、大学紛争が沈静化する一九七〇年（昭和四五年）頃まで、一般に大学教授は薄給だった。中央大学も例外ではなかったが、大きな戦災を免れた分、戦後、他大学が施設復興に金がかかる中で、中央は教員獲得に金をかけることができた。東大をはじめ他大学から有能な研究者を集め、教授陣を充実させたのである。水島はそれでも、「良い人材を集めるには給料を上げろ」と言い続けた。もっとも、二〇〇〇年代になって母校・中央の低迷や財政難が言われると、大学顧問となっていた水島は、「教職員の給料が高過ぎるのがよくない」と嘆くようになっていた。

官吏登用試験や司法試験を受験するつもりがなかった水島は、司法試験合格を人生最大の目標とする法学部の学生には、もっと広い世界を知れと苦言を呈することもあった。水島の「銀行及び信託論」の講座は選択科目で、司法試験の出題に直接関係がないものだったため受講生も満席というほどではなかった。そのあたりも、水島としてはあまり愉快なことではなかったのだろう。社会に出て役に立つ法学を学んでほしいというのが、教育者としての水島の思いであった。

法学者・水島の弟子の一人で、すでに水島が興銀を辞めそごうの副社長になっていた頃の教え子である河村博旨（元・函館大学学長）は、水島が大学院生たちを上野精養軒のレストランや神田藪蕎麦など、高級店や有名店で食事をさせながら「勉強と研究は自分でするもの。師や友人、先輩後輩とどれだけ食事を一緒できたかが、人間性の成果には大切なんだよ。イギリスの紳士も同じですよ」と言ったことを覚えている。

また、一九六〇年（昭和三五年）に中央大学法学部を卒業する大森清司（元キッコーマン専務）は、水島が学生たちを前にして言ったことを覚えている。

「諸君は弁護士などに決してなる必要はない。弁護士を使うような人となれ。法律しか知らない法律バカになってはいけない」

企業担保法の成立

『浮動担保の研究』で博士号を取得した水島は、その後も精力的に研究の発表を行っていく。一九五四年（昭和二九年）の司法学会では「イギリス企業担保法」の学術講演を行った。これは民法の権威・東大教授の我妻栄の推薦によるもので、その講演で水島は法学界で一定の地位を得たと言える。その後も水島は『信託法史論』、『特殊担保法要義』、『二重信託』、『信託法史論（改訂版）』と著書を次々に発表している。『信託法史論』は一九五八年（昭和三三年）に出版され、当時「最高の学術書」と評された。さらにワシントン・ロー・レビューに二度にわたり論文を発表しており、水島は英語力も相当なものであったことも伺える。

学位論文の『浮動担保の研究』は、学位取得と同時に日本学術会議委員からなる推薦委員会の認定に基づき、毎日学術奨励賞を授与された。受賞者の中で最年少であった。

一九五七年（昭和三二年）、水島は法務省と最高裁判所の委嘱によりイギリスに留学することとなる。この留学は、興銀の副頭取になっていた中山素平の根回しによる。

中山は早くから水島の「浮動担保の研究」に目をつけていた。というより、水島が自身の研究がいかに興銀に役立つかを中山に伝えていたのである。次第に中山も企業担保法について理解を深め、戦後になって特に、その必要性を強く感じるようになっていた。日本の戦後復興を推進し、さらに経済成長をさせていくためには、重工業の復興育成が不可欠だった。戦前は軍が重工業発展を後押ししたが、軍が消滅した戦後の日本で、重工業企業が資金を調達するためには、戦前からの制度に代わる新たな法整備が必要だった。企業そのものを担保とする「イギリス企業担保法」のような法律が必要だったのである。それがあれば、重工業の企業の資金調達を担う興銀のビジネスも大きく拡大すると中山は考えた。戦前から興銀では大学講師を兼務する者はいたが、複数の大学で授業を持ち、論文執筆のために上総一ノ宮で長期休暇をとるなどの破格の待遇は、水島の研究が中山が承認した「業務」だったからである。

見事、水島が博士号を取得し、論文がマスコミを騒がせた頃、政府は企業担保法の具体的な研究に入る。中山らのロビー活動の成果である。その一環として、水島はイギリスに、「浮動担保制度」の調査研究のために派遣されるのである。

イギリスで水島は、ロンドン大学教授・ギャワーの特別指導を受けた。また、法律学校のグレイズ・インでは、英国に存在していた衡平法（エクイティ）を研鑽し、日本で「企業担保法」を制定する準備のため、基礎研究に没頭した。

約一年間の留学を終えて帰国した水島は、企業担保法の法制審議会のメンバーとなる。そこで我妻や最高裁民事局長の村上朝一（後に最高裁判所長官）らと議論を重ね、国会質問などにも出席し立法化を進めた。

そして、一九五八年（昭和三三年）四月三〇日、「浮動担保の研究」は法律第一〇六号「企業担保法」として法制化された。個人の論文が立法化されたのは、日本においては空前絶後の出来事であった。同法が「水島法」と呼ばれる所以である。

同法は国内の大企業経営者に大いに歓迎され、水島の名は財界にも広く知られることとなる。新日鐵、日本鋼管、日立製作所、東芝、神戸製鋼、東京電力など、起債会社はいずれもその恩恵を受け、重工業界から画期的な立法として賞賛された。これが、後年の水島にとって大きな財産となる。

また企業担保法の成立により、国策会社から民間会社に移行した興銀は、戦後の高度成長と軌を一にした拡大を図れる素地を得たのである。

興銀に多大な貢献をしたと自負したが、行内での評価は世間のそれに比べて高くないと感じ、不満を募らせていた水島は、「企業担保法」成立の目途が立った頃、銀行を去る決断をする。

第三章　そごう・水島社長

南甲倶楽部と経済界人脈

一九五六年（昭和三一年）に中央大学経済学部を卒業した鈴木敏文（元セブン＆アイ・ホールディングスＣＥＯ）は「水島先生は就職部にいた」ことを覚えている。非常勤講師がなぜ就職部にと思うが、この頃の水島は、大学に頼まれて後輩の就職先探しの主要メンバーとなっていた。学生自治会のリーダー格として書記長に選出された鈴木は、交渉事で始終大学の事務室に出入りしていた。そこでエリート行員であり法学博士でもある水島講師をよく見かけたのである。

興銀の客先は優良企業、有力企業ばかりである。そのネットワークで、何とか学生を押し込んでくれという大学や他の教授陣からの要請であった。当時、学生の就職斡旋は教授陣の主な仕事の一つだった。戦後に開設される工学部（後の理工学部）や文学部の教授や講師たちは東大から来た者が多かったので、東大の先輩・後輩のルートで教え子を押し込んだ。しかし、「法科の中央」の学者たちは、民間企業の伝手が少なかった。経済学部も商学部の教授陣も似たようなもので、しかも中央出身者は慶応や早稲田のような学閥をあまりつくらなかった。そのため銀行員として「世間が広い」水島を頼ったのである。

興銀の東大閥に囲まれ不愉快な思いをしていた水島は、実業界に中央大学の学閥をつくろうと考えた。中央大学は戦前から多くの実業人を輩出しているが、「法科の中央」ということで、実業人の間では裁判官や弁護士の世界ほど強い学閥意識がなかった。

「慶応のように横の絆を強め、後輩を応援するようにしなければダメだ」

水島は機会あるごとに、同窓に呼びかけていた。その呼びかけに賛同し、当時の大物経済人ＯＢも人事部に顔を見せるようになってきた。

大物の一人は、俣野健輔である。一八九七年（明治三〇年）に鹿児島県で生まれた俣野は、一家の期待を背負って上京し、質屋通いをしながら一九一八年（大正七年）に中央大学経済学部を卒業している。卒業後は、やはり苦労しながらコロンビア大学に留学。アメリカ滞在中に海軍軍縮会議の日本代表団の現地秘書となり、人脈を広げた。

その後、ドイツのベルリン大学に留学し、帰国後、一九二四年（大正一三年）に飯野海運の前身である飯野商事に入社する。

飯野商事は、石炭商から身を起こした飯野寅吉が一八九九年（明治三二年）に創業。軍都・舞鶴を拠点に石炭、荷役業で事業を拡大し、呉、徳山、神戸へと進出していた。俣野は、兄が勤務するこの会社の東京進出を担うために入社した。その後、飯野の娘と結婚し、タンカーや汽船の事業に進出。従来からの海軍ルートと自身の人脈とで、国内有数の海運会社・飯野海運を築いていく。

水島と俣野の出会いは、水島が興銀の東京勤務となった二十代の半ば頃からである。すでにその頃、俣野は財界の有力者の一人だったが、中大の同窓で国際派、しかも飯野海運の本社は水島の故郷・舞鶴ということで、二人はすぐに親しくなった。

敗戦で大きな打撃を受けた飯野海運だが、俣野の卓越した経営センスにより見事に復興し、さらなる発展を遂げていた。俣野を「政商」と見る人も少なくなかったが、それは俣野の人脈、とりわけ戦後政界の中枢を担った吉田茂グループとの強い関係ゆえだろう。一九五四年(昭和二九年)、俣野は造船疑獄で起訴される。四年後に無罪判決を勝ち取るが、この疑獄事件も、吉田対反吉田の政争の中で生じた政治的事件である。

吉田茂は「俣野君とは大正七年からのつき合いだからなぁ」とよく言った。それは、俣野がアメリカ留学のために乗船した天祥丸に、吉田がパリ平和会議全権団の一員として乗船していたことを指している。もっとも、外務省の役人だった吉田は一等船室で、大学を卒業したばかりの俣野は二等だった。学生時代、社会での駆け出し時代の人脈をその後も長く強く維持できたのは、俣野の能力と人間的魅力とが優れていたからだろう。ちなみに、造船疑獄に連座した佐藤栄作とは、俣野が飯野商事に入社した頃からの友人である。当時、佐藤は鉄道省に入省したばかりで、俣野はそこに鉄道用の石炭の売り込みに行っていた。

銀行員だった水島は経営者としての俣野から多くのことを学び、多くの人を紹介された。

水島の保守党政治家とのつながりの最初は、保野が導いてくれたわけである。

戦後、中央大学講師となった水島は、戦前にあった白門実業人倶楽部が活動を停止している中で、この保野を中心に新たな実業人倶楽部を母校に創設することにした。同窓実業人の親睦と母校支援を目的とする同窓会。とりわけ、学生の就職や同窓経営者・幹部の仕事の便宜を図ることで、「東大出に負けない」ネットワークをつくろうとしたわけである。

こうして一九五二年（昭和二七年）にできたのが南甲倶楽部である。会長は保野、名誉会長が大日本人造肥料の二神駿吉、副会長には東急・東映の大川博と教文館の藤川卓郎が就任した。「南甲」とは、駿河台の中央大学所在地の旧町名が南甲賀町であることから、保野が命名したものである。

「洋行帰りの学士だと威張っていたが、第一次大戦後の不況で飯野商事のようなちっぽけな会社にしか就職できなかった。だが、それを人並み以上の努力で大きくした。南甲倶楽部には、そういう経営者や幹部を集めてくれないか」

と、保野は一五歳年下の後輩・水島に言った。

南甲倶楽部での水島は事務局長の役割であった。倶楽部には、ほかにリコー・市村清ら当時の気鋭の実業人、約三〇〇名が集ったが、財閥系に勤める者や銀行員は少なかった。

保野率いる飯野海運は、造船不況直前の昭和三〇年半ばには戦前からの海運の雄・大阪商船や三井商船を大きく抜く船腹量日本一となり、関連企業も含めた「保野コンツェルン」

を築き上げていく。飯野海運の快進撃を傍らで見ていた水島は、いつしか自分も、そのような実業人になりたいと思うようになっていた。

銀行員としての水島は、本人に不遇感はあったものの、順調に昇進していた。

戦後すぐ、三四歳での管理部融資課長就任は異例の速さであり、その後は証券部発行課長となっている。このポストは、興銀の出世街道の一つである。一九四九年（昭和二四年）に証券部次長となり、博士号を取得したときは中小工業部次長となっていた。だが、同期入行の東大出の中には、四〇歳で部長となり早くも役員就任を窺う者がいるということが、何事も一番ではなければ気がすまない水島にとっては不満だった。興銀に経済学博士は複数いたが、法学博士は自分だけだった。いや、日本中の銀行員の中でも自分一人のはずだが、それが正当に評価されていないと感じていた。

また銀行の仕事で多数の実業家に会う中で、自分で事業をしてみたいという欲求が高まっていった。興銀の銀行員の仕事は、預金集めなどではない。事業に金を貸すこと、貸していいかを審査すること、そして貸せる事業に金を集めてくることである。

学生時代からさまざまなアルバイトをしていた水島は、より効率良く稼げる仕事は何かを常に考えていた。また、満州で一旗揚げたいと思ったこともあった。事業についてのアイデアもあったし、得意先の事業を眺めながら「自分なら」と思うことも少なくなかった。

さらに、俣野のような戦前からの実業家ばかりでなく、敗戦後の混乱期にさまざまな人間が自分の才覚一つで事業を大きく拡大する姿を間近で見ていた。人の事業を評価して、金を貸すだけの仕事でいいのか、そう考えるようになっていた。

この頃、水島の生涯の友人の一人となる平木信二と出会う。それについては、辺見じゅんの『夢、未だ盡きず―平木信二と吉岡隆徳』（一九九八年、文藝春秋刊）に詳しいが、水島やその周辺の人々からの情報も交えて簡単にまとめてみる。

ミシン事業の将来性を確信した平木信二は、戦後、リッカーミシンを興し積極経営を行う。しかし、常に資金繰りに窮していた。リッカーは興銀にも融資を依頼するが、にべもなく断られる。その担当者が水島だった。

水島が博士号を取った頃のある日、興銀に社長の平木自身が出向き、再び融資の依頼をする。だが、借金だらけのリッカーへの融資に慎重な水島は、担保がなければ貸せないと言った。銀行が要求する担保などなかった平木は、それでも何度も水島を訪ねる。京都帝国大学出身の平木は二つ年上。野武士のようであり、また、ときに山師のようにも見える経営者だった。水島は平木に興味を持つ。

ともに京都出身であること、貧乏学生だった若い頃、やはり二人とも京都市内でさまざまな仕事をしていたことなどを知り次第に親しくなり、友情が芽生えた。そして最後は、まったく担保価値がない「融通手形」を担保として、水島は融資を実行する。平木の人物と、リッカーの事業を見込んでの融資である。平木はこのことを生涯感謝した。

「君は『赤穂浪士』の立花左近だ。空の証文と知っていて通してくれたんだと、平木さんは言っていた。自分は東下りの大石内蔵助のつもりなんだ。僕は大河内伝次郎だよ。主役の片岡千恵蔵のほうがいいよね」

と、水島は平木との思い出を語るとき、笑いながら話した。

平木との友情は水島が実業家に転じた後、より深まった。後述するが、水島のそごう社長就任は、平木の尽力によるところも大きい。晩年の平木は、リッカーの社長室にいるよりも、有楽町そごうの社長室にいることのほうが多いほどであった。一九七一年（昭和四六年）、平木は六一歳でこの世を去る。水島は友人代表として、涙ながらに弔辞を読んだ。

平木が語った『赤穂浪士』とは、水島と平木が親しくなった後の、一九六一年(昭和三六年)に公開された映画のことである。日本映画界の全盛期に、東映の創立一〇年記念映画として「東映オールキャスト・オールカラー」で制作された豪華映画で、同年の配給収入は邦画第二位の四億三五〇〇万円。この映画の製作者、つまり東映の社長が大川博であった。

水島が母校・南甲倶楽部の副会長を依頼した大川は、会長・俣野の一つ上。岩倉鉄道学校から中大法科に進み、鉄道省に入省。その後、東京急行電鉄（東急）に移っている。俣野が石炭の売り込みで鉄道省に通っている頃、担当の佐藤栄作の部下が大川だった。

東急へは、省の先輩・五島慶太に呼ばれての入社で、南甲倶楽部創設時は副社長だった。

またこの時期、同時に東京映画配給（東映）の社長にも就任、経営危機だった同社の再建に関わる。

当時の映画界は黄金期を迎えつつあったものの、興業芸能は戦前からの古い体質のままであった。当たるか当たらないかわからない映画の資金を銀行は貸さない。制作費の資金を高利貸しから調達するということも当然で、それが東映の債務超過の一因でもあった。大川は、ハリウッド映画界のように、映画の資金も銀行などから調達できるように変えていく。企画段階で「当たる」ことを説明し、融資を説得するしくみづくりを進めた。映画を水商売から娯楽ビジネスに変えたのである。映画の企画を担保に金を借りる大川のやり方に、水島は興味を持った。

ちょび髭を生やし胴長短足の大川は、相手を「チミィ（君）」と呼ぶ。英国留学帰りの水島としては、そのスタイルは手本とはならない。だが、水島は俣野とは違う魅力を大川に感じ、南甲倶楽部で席をともにするたびに、その魅力に惹かれていった。

大川は、映画で稼いだ金で土地を買った。買収や新設で、直営の映画館を全国に建てた。映画館は全国の繁華街の一等地にある。剛腕で私鉄の戦時統合により大東急をつくり、戦後もさらに拡大させ東急グループを築いた五島慶太が一九五九年（昭和三四年）に死去すると、その五年後に、大川は東映グループを率いて東急傘下から離脱する。日本映画界は昭和三〇年代半ばをピークに下降し、東映は多くの新事業を手掛けた。映画館の数は減ったが、その土地・建物は残った。その後の列島改造ブームやバブル時代、それらは切り売りされたり再開発された。後の東映幹部は「我が社は大川時代の遺産で半世紀食った」と語っている。

水島の実業界での交友のうち、忘れてはならないのが市村清である。リコー三愛グループの創始者であり、高度経済成長期には「経営の神様」と呼ばれ、多くの経営者に影響を与えた。

水島よりも一二歳上、一九〇〇年（明治三三年）生まれの市村は、戦前、苦学の末、中央大学法学部の夜間部に入学するが、日中合弁の銀行に勤務するため三年で中退する。その後、二九歳で理化学研究所の感光紙販売の代理店として独立。卓越した営業力が理研コンツェルンの総帥・大河内正敏の目にとまり理研本体に招聘される。大河内の信任厚く、たちまち理研コンツェルンの中心的存在となった。

市村の経営者としての先見性は、敗戦後の日本で取り組むビジネスをサービス業に定めたことである。しかもその決定を、終戦の詔勅が出る以前の、一九四五年（昭和二〇年）の八月一一日深夜の幹部会議でしていたことである。敗戦とともに三愛商事を設立し食料品販売を始め、次いで衣料品販売に進出する。「銀座の三愛」である。

一方で、一九五二年（昭和二七年）に米軍からの接収が部分解除された羽田空港の給油体制を「純国産で賄うべきだ」と三愛石油を設立したり、戦前からのカメラや事務機製造・販売会社の理研光学工業（リコー）を精密機器メーカーへと成長させた。

戦前の理研時代はもちろん、戦後の三愛石油やリコーなどの事業を通じ、興銀とも大きな取引があった市村を敬愛し、水島は南甲倶楽部の設立メンバーとして加わってもらっている。後にそごうに転じた水島の指南役となる市村は、そごうが有楽町に進出した同時期に、銀座に登場する初の高速道路・東京高速道路の高架下のショッピングセンター「西銀座デパート」を開店させるなど、流通サービス業でも豊富な経験と人脈を持っていた。

平木、大川、市村らの活躍は、水島の実業界への転身の思いを強くさせた。そしてこの三人が、その後、実業界にデビューする水島の強力な応援団となるのである。

関西人脈と板谷家

水島は戦争末期、大阪勤務を経験している。戦後のある時期まで、大阪は江戸時代からの伝統を引き継ぎ、東京を凌ぐ日本経済の中心地であった。当時、大阪には国内大手企業の多くの本社があり、船場などの老舗の商家は、戦争に向かう時代には重工業やそれを支える商業の担い手となっていた。わずかな期間であったが、この大阪でつくった人脈も、水島にとって後の大きな財産となる。

戦時統合で一社にまとめられた大日本麦酒の専務・山本為三郎は、船場の商家の出である。大日本麦酒に統合された日本麦酒鉱泉、三ツ矢サイダーの出身である山本は、戦後の分割で設立される朝日麦酒（アサヒビール）の初代社長に就任する。戦前から西日本地区に大型設備投資を行っていた大日本麦酒は、当時の興銀の得意先の一つだった。

銀行員である水島とはまったく違う角度で企業を評価し資金調達を判断する瀬川美能留とも知己を得た。瀬川は「株屋」であり、債券業務を主力とする戦前の野村證券内では傍流であった。だが、大阪の金融界では、やり手の営業マンとして若い頃から有名だった。傍流にいたことが幸いして、戦後の野村財閥の解体と幹部の公職追放の中で、四二歳の若さで野村證券の常務となる。瀬川は復興による業容拡大を見込んだ電力会社の株の引き受けなどにより、同社を業界トップの座に押し上げた。

水島は大阪でもさまざまな人と出会うが、自身のその後を決定づけるそごうとも、ここで初めて出会うのである。

当時、そごうは大阪・心斎橋と神戸とに二店舗を構えていた。そごうはかつて、店舗名も社名も「十合」と書いた。一八三〇年（天保元年）に十合伊兵衛が古着屋「大和屋」として創業。明治になり「十合呉服店」となり、明治後期に百貨店の形態となっていく。

一九三五年（昭和一〇年）、心斎橋本店は、その年に難波まで開通した地下鉄御堂筋線の心斎橋駅に直結する近代的ビルとして新築される。ガラスブロックを使用した地下三階、地上八階で、当時、モダニズム建築の傑作と言われた。設計は興銀本店の建設にも関わった村野藤吾で、この建設の頃、板谷財閥の資本導入を受けている。

そごう本店は、開店当初こそ大阪人の関心を集めたが、高島屋や大丸に比べて「二流百貨店」の扱いであった。何事も一流を好んだ水島は、最初、百貨店のそごうには興味がなかった。というよりも、水島が大阪に着任した戦争末期は配給品以外の商品がほとんどなくなり、どこの百貨店も売り場はがらがらだった。そごうは空いた売り場で顧客の「家財保護預かり」などを商売にしていたし、戦争が終わると進駐軍に接収されてしまった。進駐軍とその家族向けの売店であるＰＸとなったそごう本店の接収が解除されるのは、水島が東京に戻った後の一九五一年（昭和二六年）。それまでそごうは、神戸店一店舗と大阪・難波など分散した営業店で細々と営業を続けていた。

水島にとって、そごうは買い物に行く場所ではなかった。だが、戦後、実業界への転身を考えるようになると、そごうの経営状態について気にするようになる。大株主である板谷家と水島は、静との結婚で親戚となっていたからである。静の兄で上原平太郎の三男である康男が、板谷家に養子に入っていた。

板谷家、板谷財閥の祖は、板谷宮吉である。一八五七年（安政四年）、越後国刈羽郡宮川村（現・新潟県柏崎市）の商家の四男として生まれた宮吉は、一八七五年（明治八年）

頃に小樽に渡り商売を始める。精米や醤油醸造などさまざま手掛けるが、事業が飛躍的に拡大するのは日清戦争（一八九四年開戦）の前後からである。当時、海運業に進出していた宮吉が開戦前に買っていた二隻の船が政府用船となり、戦後、莫大な補償金が入る。その金で高性能な英国船を購入すると、それが日露戦争（一九〇五年開戦）の軍用船となり、また莫大な補償金が入ることとなった。それが、その後の板谷の事業の原資となる。

水島の義兄・上原康男は、この宮吉の長男で後に二代目・宮吉を襲名する真吉の養子となる。

初代を引き継いだ二代目・宮吉は事業をさらに拡大する。初代が設立した板谷商船の社長に就任するとともに、鉱山経営にも進出。さらに樺太銀行頭取をはじめ北海道や横浜の金融機関の首脳を務め、貴族院議員ともなる。二代目の時代、板谷商船は日本十大船会社の一社とされていた。初代、二代ともに、商船で得た利益で山林や土地を購入し、農場や宅地を経営した。前述した上智大学の麹町の土地も、板谷家が宅地として投資したものである。

二代目・宮吉は一九三五年（昭和一〇年）に十合（そごう）の会長となる。そごう創業家・十合家の救済でもあった資本参加を行ったからである。

戦争により板谷商船は、所有する船のすべてを失い、しかも、戦時補償金も特別税として徴収された。それまでの資産があったものの、大きな打撃を受けていた。そして前述のように、所有しているそごうは本店を六年間にわたり接収され営業できずにいた。

一九五一年（昭和二六年）に、板谷商船は事業を本格的に再開する。同じ頃、そごうは大阪の本店の接収を解除され営業を再開するが、本店も神戸店も不振が続いていた。さらに、株の買い占めに遭うなど、板谷家にとっては「お荷物」となっていた。二代目・宮吉は本業の再建に忙しく、株のごたごたの際に急逝した社長に代わり会長職から経営の実務を行う社長職となっていたが、百貨店の経営は株買い占め事件を処理した副社長の有富光門に任せきりだった。

この有富が、そごうの不振打開策として行ったのが東京進出である。一九五七年（昭和三二年）、読売新聞が建設した有楽町の読売会館に、そごう東京店がオープンする。

有富は当時関西ではやり手の実業家として知られ、アイデアマンであった。彼が主導した東京店は、フランク永井が歌ったコマーシャルソング『有楽町で逢いましょう』のヒットとともに、当初は大いに賑わった。だが、有富には危ないところがあった。やがてそれが露呈する。

そごう東京店は開店当初の人気が落ち着くと、収益の悪さが明らかになってきた。というのも、有富は家主である読売新聞のオーナー・正力松太郎と、法外な賃貸契約を結んでいたのである。その賃料は、一坪あたり月額四〇〇〇円。約七〇〇〇坪で月額二八〇〇万円余で、月商約三億円の九パーセント以上となっていた。当時の業界の常識からすれば二～三倍の家賃であり、利益の大半を家賃に持っていかれるという状態であった。月商は、開店当初は四億円を超えたこともあったが、半年もすると二億円台にまで落ち込んでいた。

そごう入社

一九五一年（昭和二六年）頃のそごうの株買い占め事件は、東京の銀行にいた水島の耳にも届いていた。また、板谷家にとってそごうがお荷物になっていることは、北沢の家でも話題に上っていた。

博士号を取りながらも、それが正しく評価されていないと感じていた水島は、この頃、実業界への転身を真剣に考えていた。二代目・宮吉にも何度か、自分をそごうの経営陣として入れないかと打診したこともあったようである。だが、宮吉は取り合わなかった。商船会社や銀行、鉱山などさまざまな事業を手掛けた自分でさえ手を焼いているそごうの経営を、銀行員の水島ができるとは思わなかった。

だが、そごう東京進出の失敗が、水島の転身のきっかけとなる。東京店の赤字は、ただでさえ弱体であったそごう全体の経営を大きく圧迫していた。社長の二代目・宮吉と副社長の有富は他の株主から経営責任を問われることとなった。

当時のそごうの大株主には、板谷家のほかに大和銀行、野村證券、山一證券、そして有富が社長をしている富士木材貿易が名を連ねていた。この中でも、大和銀行の頭取・寺尾威夫が最も強硬に経営陣の責任を追及し、社長と副社長の退任を迫った。そして一九五八年（昭和三三年）、二代目・宮吉と有富は、経営責任をとって退陣する。

このとき、板谷家のそごうでの影響力低下を抑えるため、親族となっていた水島の入社を二代目・宮吉に進言したのが、息子の板谷真満（後の三代目・宮吉）である。三代目は、以前から水島がそごうに入りたがっていたのを知っていた。二代目はそれを了承し、水島のそごう入社が決まる。肩書は副社長である。

一九五八年（昭和三三年）、「企業担保法」の成立が確実となった三月末、水島は二二年間務めた興銀を退職する。退職時の役職は、特別調査室付考査役だった。また、興銀は辞めたが、中央大学の非常勤講師と東洋大学の教授はそのまま続けることとした。「銀行員にして大学の先生」から「実業家にして大学の先生」となったのである。

そごう入りを望んでいた水島だが、当時の彼に具体的な再建プランがあったのかどうかは疑問である。後年、水島はそごう社員に向かって、「私は株主の板谷家に、そごうを整理せよと言われて入社した」とよく語った。

「整理せよ」と具体的に指示されたわけではないが、大和銀行主導で整理が行われる場合、不利益を被らないように身内の銀行員を入れておくという意図が、板谷家になかったとは言えないだろう。実際、そごうの新経営陣は、社長に元・日本繊維工業社長の坂内義雄が就任し、副社長には水島と大和銀行常務の若菜三良が就任した。いずれも百貨店業界には素人で、アルバイト以外ではモノを売る経験をした者もいなかった。

「関西財界の顔役と銀行屋と法学博士の布陣」と陰口を言われ、社内外で再建よりも銀行による整理の選択が進められていると噂された。水島自身も「整理」が頭にないわけでもなかっただろうが、そごうで失敗しても興銀に戻ることはできず、大学教授に専念するつもりもなかったから、やはり「勝算あり」だったのだろう。当時の水島について「自信満々で、そごう入社を喜んでいた」と身近にいた者は語っている。

また水島の入社について、野村證券や山一證券の推挙により副社長となったと言われたこともあったが、実際には板谷家側から事前の根回しをしたということであろう。水島からも、野村證券の瀬川のほか、山一證券の知己に「よろしく」と挨拶したことは考えられる。

水島がそごうに入社して早々の仕事が、よく知られている正力松太郎との家賃交渉である。

副社長として入社した水島は、東京店担当として問題点を把握する。東京店は家賃が法外なだけでなく、百貨店としては床面積が少なく、三角形で使い勝手も悪かった。家賃は七〇〇〇坪分払っていたが、売り場面積は四〇〇〇坪。また、当時の人の流れは有楽町駅から銀座方面に向かうのがふつうで、そごうのある皇居側に向かうのはビジネスマンと、帝国劇場の芝居や映画に急ぐ人ばかりだった。

これらの問題点の中で、解決可能なものは家賃の値下げである。そこで、新経営陣である社長の坂内、副社長の水島と若菜は、大家である読売新聞の正力に値下げ交渉をすることにした。三人とも、正力との面識はなかった。

警察官僚から読売新聞の社長に転じ、戦時統合に乗じて老舗の報知新聞を吸収した正力は、戦時中は大政翼賛会の総務も務めていた。そのため戦後はA級戦犯として巣鴨プリズンに収容され、公職を追放されていた。一九五二年（昭和二七年）の公職追放解除後は、読売新聞を三大新聞の一角として育てるとともに、衆議院議員としてその後の自民党など保守政界で力を持った。読売会館を建てた頃は、第一次岸内閣で国務大臣国家公安委員長・科学技術庁長官・原子力委員会委員長であり、大臣を降りた後は読売新聞の社主となっていた。正力はこの頃、政財界そして言論界の大物の一人であり、そごう経営者などは格下に見ていた。

有楽町の読売本社に正力を訪ね、恐る恐る家賃値下げを切り出した店子の社長・副社長を、正力は「有富と約束したことだ」と一蹴した。後日、三人は再度、逗子にある正力の自宅を訪ねるが、そこでは大声で口汚く面罵され、すごすご帰ることとなった。坂内と若菜は、正力を相手とした交渉は無理だと諦め、東京店担当の水島に「後は頼む」と言って大阪に帰ってしまった。

水島はまず正攻法で正力詣でを続けた。逗子の家、有楽町の本社、正力の新しい事業として麹町に開局したばかりの日本テレビのスタジオと、立ち回りそうな先に押しかけたり、あるいは秘書から予定を聞いて待ち伏せた。水島の主張は、ただ家賃を下げてくれというのではなく、儲からない店子に対しての家賃を減額し、儲かるようになったら増額する家賃体系に変えようというものであった。

追い返されても追い返されてもやってくる水島について、「あれは何者だ」と正力は側近に尋ね、やがて水島について知るようになり、要求を聞き入れるばかりか、水島も驚く好条件を提示した……というのが、巷間に伝えられている家賃交渉の顛末である。

だが、この話はもう少し検証する必要がある。水島が、ただ闇雲に突撃を繰り返したとは考えにくい。興銀や上原の関係、あるいは南甲倶楽部の俣野らの紹介で得た人脈を活用し、財界、政界ルートでの正力へのアプローチ方法を探したはずである。正力の立ち回り先を水島に親切に教えてくれた読売新聞の常務で秘書室長の山岡重孝は、元陸軍中尉である。

後になって正力は、水島が「ただのデパート屋ではなく、経済法を成立させた法学博士だと知った」ことになっているが、それは正力か水島か、あるいは二人の脚色であろう。

そごうで新たに副社長となった水島が法学博士であることは、異色の人事として評判であったし、いくら格下の店子であっても、前の副社長の有富と何らかの取引をした正力が、そごうのその後の人事に無関心であるはずはない。また、水島は一九五八年（昭和三三年）の企業担保法の立法化に向けて、国会でも説明を行っているが、その頃、正力は国務大臣をしていた。興銀を辞める直前の水島廣雄は、東京財界や永田町ではちょっとした有名人であり、家賃交渉に現れた水島がそれと同一人物であるということを、正力は訪問の直後、あるいはその以前から知っていたと考えるほうがふつうであろう。

いずれにせよ正力からの提示により、一九五九年（昭和三四年）七月から、従来の坪四〇〇〇円の固定家賃を、売上の五パーセントとする売上比例家賃にすることで決着した。これまでの半額以下であり、毎月一〇〇〇万円以上の金が浮くこととなった。これにより、東京店は一息つくことができた。家賃の取り決めはその後も維持され、一九六四年（昭和三九年）一二月から、一カ月の総売上が五億円を超える場合、その超過分は三パーセント相当額とすることでも合意した。そごうが儲かれば、正力も得をするしくみとなったのである。

家賃交渉はやや脚色された水島の武勇伝であるが、水島はこの話をするときにいつも、「相手に対するとき、同じ土俵で相撲をしたら力の強いほうが勝つに決まっている。別の土俵をつくって、そこで勝負する。これで相手と五分にはなれる。その信念で交渉にあたった」

と述べている。

またその後も親しい関係を続けた正力は、「わしが口論で負けたのは水島さんだけだ」と語っていたという。

この家賃交渉の結果、大阪のそごうの重役や板谷家は、水島が実業家としても才覚があると認識するようになる。また、大和銀行以外の主要株主も、大和に対抗する役員として水島に期待を持つようになるのである。

水島社長誕生

一九六〇年（昭和三五年）一一月二六日、そごう社長の坂内が急逝した。すると大株主である大和銀行頭取・寺尾が、坂内氏の通夜の晩に、独断で後任社長を自行出身の副社長・若菜に決定し、一二月二三日の取締役会で確定させてしまう。これに対して、水島は猛然と反発する。

水島としては、もともと板谷社長の後継は板谷家から出るべきで、自分は次期社長含みで副社長になったと考えていた。水島は取締役会の決定を覆すため、ほかの株主らと連携をとって「自分は主要株主から次期社長を約束されていた」と主張し、徹底抗戦の構えをとった。株主だけでなく、知己の財界人に大和銀行の専横を訴えた。

株主の一社である野村證券で社長になっていた瀬川美能留は、いち早く水島支持を表明した。水島の応援団には大物が集まった。政界からは当時の参議院議長で「寝業師」とも言われた松野鶴平が名乗りを上げ、財界では旧知の大川博、市村清らが駆けつけた。応援団長格は、平木信二である。

平木はこの人事を「大和銀行によるそごう乗っ取りである」と吹聴した。平木は理屈で説明した。独占禁止法により銀行は事業会社の株を一割以下しか保有できないことになっている。しかし大和銀行は、子会社・敷島不動産の名義でさらに一割以上の株を保有しているという事実を、平木は問題にしたのである。

「実質、二割以上の株を持っているのは独占禁止法に違反する」

まさしく、大和銀行の専横である。平木は大和銀行を公正取引委員会に訴えた。この訴えに、世論も大きく水島支持に動き、当時『馬喰一代』で人気作家となっていた中山正男や戦後復興に尽力した衆議院議員・井出光治らも応援団に加わった。

騒動が進む中、水島の強力な後ろ盾の一人・市村清は、公取の裁定を待つよりも当事者間での解決を図ろうと、経団連会長に就任していた東芝の石坂泰三に大和銀行との調停役を依頼する。石坂は企業担保法の立役者である水島のためならと寺尾を説得するが、拒絶される。次いで関西財界の重鎮・杉道助に調停を依頼するが、寺尾はこれも蹴ってしまう。

大和銀行は戦前の野村銀行で、分離した信託部門が野村證券である。野村財閥の財閥解体により大和銀行として再スタートするが、その特色は信託業務を併営していることであった。昭和三〇年代、大蔵省は信託専業化の方針から、大和銀行に対して信託業務の分離を勧めた。しかし大和銀行はこれを拒絶し、信託併営を堅持する。大蔵省の方針に逆らってまで独自路線を進めた頭取が寺尾である。このときは関西財界の支持を大いに集めたというが、このことで大和銀行は、後々まで、新規出店許可などで大蔵省からいじめられた。官僚がそういう性質を持つことは、許認可業の経営者であれば誰でも知っていることである。それでもあえて突き進んだのは、よほど信念があるのか、愚かなのかのどちらかであろう。

寺尾が、そごうの支配になぜこれほどまで執着したのか、その理由は今となってはわからない。当時のそごうは、東京店の収支が改善したからといっても、わずか三店舗の潰れそうな百貨店である。銀行が財界の重鎮たちを敵に回してまでも戦う必要があったのか。大和銀行は野村銀行時代からそごうのメインバンクで、常時多額の貸し付けを行っていた。この騒動の頃で貸付残高は一八億円。大卒初任給が一万六〇〇〇円の時代である。これを多いとするか、どうか。

「大和銀行は、そごうの再建よりも、どこかに叩き売って金を回収したいとしか考えていないのだろう」

水島はそう考えた。すると俄然、闘志が沸いてきた。大和銀行を排除し、自分が経営権を掌握し必ず再建してみせると強く決意するようになっていった。

真相がわからぬこの騒動は、大宅壮一が「財界松川事件」と命名するなど、長期化するにつれマスコミでも面白おかしく報じられた。銀行は信用商売である。寺尾もいつまでも強硬姿勢を続けられなくなり、妥協の姿勢を見せてきた。マスコミを使うという手は、水島が考えたのか、平木が主導したのか、それとも市村が指南したのかわからない。

一九六一年（昭和三六年）一〇月、朝日麦酒（アサヒビール）社長の山本為三郎の仲裁で、若菜の退任が決まり、代表取締役副社長の水島が社長の職務を代行することとなった。水島はその直後に、社内外にそれまでの経過説明と、社長就任を控えた自身の構想を発表した。以下は、水島が大阪、東京で社員に対して行った経過説明と決意表明の原稿である。原稿はそのまま業界新聞に掲載された。

「吾等のそごう」に　水島副社長の挨拶
株式会社大和銀行と在京大株主間の独禁法違反に関する提訴問題は、公正取引委員会が株式会社大和銀行に対して勧告を行なう寸前に、仲裁人から提訴者の勝訴と同結果の解決案が示され、円満解決を見るに至りましたが、その間、従業員各位に対して何かと御迷惑をお掛けしましたことは、当社にとり、まことに遺憾なことでありましたが、さきに労働組合の諸君が希望せられていた如く経営が一本化せられたこの機会をして、真に会社再建のよい機会とするための施策の一端を、次に申し述べます。

(一) 去る一〇月二六日開催の取締役会において、前社長が辞任いたしましたので、定款の定むる所により、代表取締役副社長である私が、全社の統轄者であり最高責任者となりました。なお、諸般の情勢より、暫時新社長は欠員のままで行きたいと考えています。もっとも新社長については、大株主において、従来の如き第三者的勢力による経営支配と言うが如きことが行われないように、他の方面から推薦しない意向のように聞いています。

また、解決案に従い、株式会社大和銀行の貸金は二年間据置の上返還することとなっていますのでこの下期の金融については問題はありません。株式会社大和銀行の代りの主力銀行については目下検討中でありますが、主力銀行が決まる場合も、金融による企業支配ということが再び起らないよう、派遣役員等についても十分考慮する積りであります。

(二) 今後の経営方針については常に視野を広くして積極的な方針をもとに、時宜に即した有効適切な施策がテキパキと実施出来るように、思い切った経営トップ機構の改編をなし、効果的な企業活動の出来得るようブレインを強化充実して、他店との競争に打ち勝ち得る態勢を固めたいと考えています。

御承知のように、百貨店業は景気、不景気に強いといわれるごとく、安定した企業であります。各営業店についても、今一度百貨店業の体質を深く洞察し、その認識の上に立って、各々立地条件にマッチした営業方針を再検討して、発展策を立てたいと考えています。

なお、会社の拡充強化を計るための店舗の新、増設については、国内・外国についいて種々計画中ですが、海外進出については、場所はまだ発表出来ませんが、来春早々調査員を派遣する予定であります。

(三) 職場環境は明るく活気の満ちたものにしたい。

会社は各位の人格を尊重して、各自の手腕力量を十二分に発揮し得る場を与え得るよう、職務権限と責任を明確にして、権限委譲（例外原理）を大幅に行なう考えでありますので、各自はその信頼に対して誠意をもって応えられ、団体生活における規律を厳守し、いやしくも信頼に背いて自己を自滅するが如き行動を厳に慎み、その持場持場においてベストを尽くされ、互に相倚り相助けて、健康にして明るく発らつたる職場環境をつくるよう希望いたします。なお、上下の意志の疎通を十分にして、せんがための他人批判や陰口等は一切受け付けません。また外部の第三者からの雑音が入らないように、お互いがその行動を慎み、和気あいあいたる環境をつくることにより、社内に乗ずるスキを与えないようご注意下さい。
（四）来るべき人事異動期に於ては、今期の各人の業績を参考にして、公正に情実を排し、有能な人材の登用を敢行し、全社的な再配置をして気風を刷新し、能率の向上を計り、業績の向上への原動力たらしめたいと考えています。
（五）最後に、会社経営責任者としては、企業の今日の繁栄を築き上げることはもち論のこと、明日も亦、健全な存立を持続せしめ企業をしてますます進展せしむることが企業百年のために必要であり、亦経営者としての務めでもありますので、長期計画を立てて将来に備える所存であります。

従って、会社の収支に大きな比重を持つ従業員の給与についても企業の存立と将来への備えをあやうくするような支出は出来ません。かくすることが、この会社に生涯を捧げられた諸君、及び将来入社せられる方々の一生の生活と福祉とを保障することとなります。勿論今日の生活水準の引上げのためには経営の合理化を徹底し出来得るだけ余裕を残し、早い機会に同規模百貨店の水準を追い越すことが出来るよう配慮いたす積りです。また、他面、増資、増配については会社のプライドを保つためにも近い将来において一般の常識の線まで引上げ得るよう、会社の内容充実に努力いたします。

かく考えて来ますと、今後はまことに多事多端であり、これを成し遂げて行くためには、文字通り背水の陣をひいて、重大な決意のもとに非常な努力をいたす覚悟を持ってのぞまねばなりません。皆様方の理解ある御協力を強くお願いいたす次第であります。

なお、先に申し述べました経営方策などの具体化案については、至急成案を得るよう勉め、実現化し得るものから早速これを実施いたす考えであります。

要するに、会社や企業本来の正しい姿にするための再び得がたいしかも最後であってほしいと念願するこの機会が、逃すことの出来ない絶好機であることを十二分に認識せられ、発らつとした新風のもとに会社の総力を結集して、一日も早く頽勢を挽回し、更に優勢に転じ得て、名実共に立派な「吾等のそごう」たらしむるよう、私達役員一同も一致協力して業務に精励いたす決意を新たにしていますので、各位におかれても、心を新たにして、所謂褌の紐を締め直し「やるぞ」という意気をもって明日からの務めに精励されんことを切望いたし、挨拶を終ります。

（『デパート通信』一九六一年（昭和三六年）一一月二五日号）

そして翌年の一九六二年（昭和三七年）四月、水島はそごうの株主総会で、大阪、神戸、東京三店舗を束ねるそごうの社長に就任した。

水島はこの一件で世話になった人々に対して、終生、その恩を忘れなかった。水島が昔話をするとき、さまざまな人々が登場する。名を聞いて驚くような政財界の大物も多いが、そのような著名人ではない「数多くの人々にもお世話になった」と言う。だから『私の履歴書』を書くなら、全員の名前を書かなければ申し訳ないし、とても書ききれないのだと語っていた。

社長就任の恩人の一人、山本はその五年後に急逝する。「ビール王」「ホテル王」と呼ばれた山本の死後、朝日麦酒の業績は徐々に低迷する。戦後、大日本麦酒は朝日麦酒と日本麦酒（後のサッポロビール）に分割されるが、主力商品のアサヒビールが市場占有率第二位だった朝日麦酒は、一九八〇年代には限りなく四位に近い三位の状態となっていた。

一九八六年（昭和六一年）、経営危機の朝日麦酒に住友銀行から樋口廣太郎が送り込まれた。当初、樋口の仕事はアサヒビールをサントリーに売却することだったが、サントリーに断られてしまう。自力再建を余儀なくされた樋口は、シェア奪還のためのプロジェクトを次々に打ち出す。後の大ヒット商品『アサヒスーパードライ』もこのときに生まれるが、商品の誕生は翌年である。樋口が最も苦しいとき、真っ先に支援を表明したのが水島である。

水島はそごうのビアガーデンで扱うビールをすべてアサヒビールにしてしまった。当時、各店舗ではキリン、サッポロ、サントリーが競っていた。当の朝日麦酒も、この「そごう社長命令」には驚いた。水島は言った。

「受けた恩は忘れない」

フィフティ・フィフティ

「今度の社長は、よう店内を歩きよる」

と新任の水島社長について、大阪本店の社員や出入りする業者らは言った。

「昨日は社長はん、心斎橋の改札に立ってたで」

「何で？」

「『何してます？』って聞いたら、『大丸に行くお客とうちとのお客はどう違うか見とった』って。『こっちにくる客は少ないなぁ』ってため息ついとったわ」

「えらいご苦労さんなこって」

新社長就任の会見で、水島は新聞記者にこう言っている。

「せめてお隣の大丸さんの、後塵を拝するところまで追いつきたい」

当時のそごうは、大丸の後塵さえ見えぬ位置にいた。

一九六二年（昭和三七年）、社長就任間もない水島は会社再建体制の確立を急いだ。まずは、新役員体制を固め、大和銀行系役員を一掃するとともに、大幅な若返りを図った。難題は役員が引き上げた大和銀行への返済である。一年で九億円ずつ、二年で返す計画。

だが、この時点でメインバンクは決まっていなかった。古巣の興銀などは、流通業など相手にしない時代である。水島は、財務担当の専務に日本銀行ＯＢの中島福三郎を起用するなどして、金融機関のバックアップ体制づくりも進めた。

社員に対しては、新体制のもとに経営合理化構想を進めるとし、再建目標として次の三本の柱を明らかにした。

一、従業員の賃金を引き上げ、労働意欲の高揚を図る。

二、過小資本を解消するために、増資を実施する。さらに、会社の信用を向上させ、安定株主を確保するために、増配を行う。

三、利益増大のために、現在最も好調な業績を示し、将来もいっそうの発展が確実視できる神戸店の増築を行う。

この目標を達成するため、一九六三年（昭和三八年）の年頭に当り、水島は社員に対し、経営合理化への理解を求める文書を発表した。

私共は内部に包蔵する不合理を見つめる時、何を差し置いても『合理化』を急速に推し進めなくてはなりません。それは単に競争力を増すためのものではなく、次の時代に生き残れるかどうかを決定するものであります。

営業面の合理化、人員の合理化、経費の合理化、設備の合理化等々、私どものなすべき課題は山積しています。私どもは企業目的を達成するための最短にして最高の手段を発見することに努力致さねばなりません。

（『社報そごう』一九六三年一月一日付）

生き残りには不可欠な徹底した合理化策が必要だということを示し、危機感の共有を図ったのである。続いて三月三日から、水島は本社並びに大阪、神戸、東京の各店を巡回し、自ら起草した向こう三カ年にわたる「第一次経営合理化策」の詳細な計画書を全役付者に配布した。

その内容をそごうの「社史」から拾うと、以下の五つの骨子で構成されていた。

一、営業の合理化＝売上総利益目標の必達を第一義とする。
二、人事管理の合理化＝モラルの高揚と労働能率の向上を図る。
三、設備の合理化＝施設の有効利用を図り、設備投資については神戸店の増築を除いて原則として行わない。
四、経費の合理化＝経費は極度の緊縮政策を断行する。
五、組織制度の合理化＝組織制度の再検討を行い、能率化を図る。

この中で特に徹底されたのが人員削減策だった。当時、全社で四〇〇〇人近かった従業員数を、松坂屋並みの三〇〇〇人規模まで縮小することにしたのだ。

さらに人員削減策と並行して、次の策が講じられた。

一、全社各部門にわたって職務分析を行い、本社及び各営業店の基準陣営を設定。
二、従来の考課制度を根本的に改革し、一九六四年（昭和三九年）度下期からは新制度に移行。同時に、職務状況申告制度を改定し、これらによって従業員の適格配置を進める。
三、事務部門から売場部門への随時応援体制を敷く。
四、エスカレーターサービス員の減員を行う。
五、売り場のレジスターの管理を会計部門から売り場管理とするとともに、セルフサービス方式を一部導入。レジスターの台数を削減して、レジスター係員を減員。
六、時間外勤務の規制を強化。
七、労働効率の向上をめざしたＯＪＴ（オン・ザ・ジョブトレーニング）教育の徹底。

これらは水島が、副社長就任時から東京店で売り場を回り考えていたことを土台に、社長就任後、心斎橋本店の店内やバックヤードを毎日のように見て歩き決定したものである。

水島はまた、古い百貨店経営の在り方にもメスを入れた。当時の百貨店業界は「殿様商売」と呼ばれ、取引業者や下請け業者を差別し、上下関係を当たり前としていた。水島はこれを「覇道」と見て、「王道」を歩むべしと社員たちに告げた。椅子に足を乗せ、業者を立たせたまま応対する、そんな社員たちを再教育すべきだと考えた。

社長就任後に取引先を集めると、あるべき関係について次のように語った。

「百貨店が成り立つのは、あなた方に助けられてのことです。あなた方がもし手を引けば百貨店に残るのは建物だけで、がらんどうになってしまいます。だから、今までのような、お取引先に無礼な態度をとることはやめます。ここに部長も課長もいますのでお約束します。お取引先様も私たちも対等で、フィフティ・フィフティです。今までのような社員がいたら言ってきてください」


この話は、業者間ですぐに広まった。「そごうの新社長はなかなかの人物だ」という者もいれば、「業界を知らない素人が何を言う」という者もいた。

「業者に威張る」者は、今も昔もいる。水島は、威張るのは無教養の証拠と考えていたから、誰に対しても威張らなかったし、威張る人間を軽蔑した。大学の教え子たちに望んだように、社員にも、威張らない教養人たることを望んだ。


だがこの時代、威張ることが立場の証であり、それを崩すことは秩序の破壊であると受け止める人々もいた。


社長就任早々、百貨店経営者の集まりに出席した水島は、百貨店協会の役付きの経営者にいきなり言われた。

「水島さん、あんた、百貨店と業者が対等だと言ったようだが、それは間違っている」

「そうですか。私は間違っているとは思いません。私の信念を言ったまでです」

「あんたの信念を業者が真に受けたら、業界はガタガタになる。そういうことを言う人は、お仲間として扱うわけにはいきませんな」

「そうですか。それなら当社は、協会から抜けることにしましょう」

水島が立ち上がると、そばにいた年配の経営者が、「まあまあ」と二人の間に入ってきた。水島は五〇歳だったから、若造というわけではない。その場は笑顔で座り直した。だが、腹の中で思った。

「こんな連中に負けられない。負けるわけがない」

十合人による経営

水島は合理化計画の中で「人事管理の合理化＝モラルの高揚と労働能率の向上」を掲げた。それは、わざわざそれを掲げねばならぬほど、当時のそごう社員のモラルも労働効率も低かったということである。

新天地でのオープンとなった東京店はそれほどでもなかったが、心斎橋の本店はひどかった。東京店開店以前、そごうの株が買い占められているという噂があった頃、心斎橋で隣に店を構える大丸は、そごうの買収を検討したことがあった。だが、そごうの内情を知りやめる。収支や財務状況の悪さは想像していたが、問題は社員であった。幹部は仕事をせず、社員も会社が乗っ取られたらクビになるかも知れないからと、売り場のものを持ち出す者がいるなど、ひどい状態だった。そんな店を買収したらこっちもおかしくなると判断したと、後年、大丸の関係者が漏らしたという。

東京進出で先行きに少し明るさが見え、社員モラルも向上するかに見えたが、トップ人事のごたごたで、モラルはまた下がっていた。事情が見えない末端社員は、雲の上で偉い連中がポストの取り合いをしていると見ており、幹部は株主関係からの出向者や天下りで、いつも親会社や自分の親分ばかりを見ていた。

水島はこまめに店を回り、社員たちに声を掛けた。当初、「東京から来た学者」と遠目に眺めていた社員たちも、次第に水島に親しみを持つようになっていった。ことに末端の社員ほど、偉ぶらない水島に好意を持った。

水島は相手が誰であっても「さん」付けで呼んだ。学生時代からそうしていた。決意してそうしていたのか、習慣なのかはわからない。興銀でも、同僚や後輩、部下を「〇〇さん」と呼んだ。大学の教え子に対してもそうである。親しくなればあだ名や下の名で呼ぶこともあったが、目下の者でも決して呼び捨てにしなかった。それに感激した社員も少なくなかった。

水島は、売り場で社員に声を掛けるだけでなく、別の方法でも社員にメッセージを送った。社内報や一般紙、業界新聞の利用である。

水島の社長就任会見は、朝日、毎日、読売、産経、日経などの各紙が取り上げたが、会見で水島は「十合人による十合の経営」を繰り返し述べた。「突然、知らない人間が上にくる」ことが現場のモラルを下げているなら、その風土を変えていこうという呼びかけである。実際、水島は自身が社長に就任する際、百貨店の現場から四名の生え抜き社員を取締役に抜擢した。これは「現場重視」として業界新聞に「現業から抜擢」と大きく載り、業界でも話題となったが、何よりも社員にとって「会社は変わるかもしれない」という期待につながる人事となった。そして新聞記者に「業績を上げて、社員の賃金を上げていきたい」とも語った。それも記事に載った。水島は次第に、社員の心をつかんでいった。

だが、社員の心をつかんでも、組織改革や合理化は組合との折衝で決めていかねばならない。水島は社長就任直後の「第一次合理化計画」を役付者に発表するとともに、労働組合に対しても計画の詳細を説明し、協力を求めた。

戦後、労働運動が盛んになり、ちょっとした規模の会社であれば当然に労働組合があった。当時の労働組合は労働者の権利拡大を目指し、常に経営側に対決姿勢を示していた。特に、そごうの労働組合は全日本百貨店労働組合連合会（全百連）の左派に所属しており、合理化に対しては原則反対の意向を示した。とはいえ、労働組合としても、そごうの経営に対しては重大な危機感を抱いていた。このため、労働強化を伴わない方策について、協議が続けられることになった。

賃金、制度の改革では、一九六三年（昭和三八年）三月に本社人事労務部が発表した「新賃金体系構想」に基づき、労働組合との間に賃金専門委員会が設けられた。

翌一九六三年（昭和三八年）度の賃金引き上げと臨時賃金（中元手当）支給をめぐる労使交渉では、会社側は深刻な経営状況を説明し、労働組合に対して自重を求めた。また、新賃金体系の中で、社として初めて職能給導入の方針を明らかにした。

しかし、組合の要求と新賃金体系をすり合わせる作業は難航し、一一回にも及ぶ団体交渉が行われた。四月二四日、労働組合は「会社防衛のため、労使一体となりそごう再建に努力する」との声明を発表。ついに団体交渉が妥結した。

妥結内容は、二〇〇〇円の賃上げと三〇〇〇円の中元手当の支給で、労働組合としてはかなりの譲歩だった。

「同業他社が何万円のボーナスというときにうちは三〇〇〇円、ハンカチ代程度だが我慢してくれ」

水島は労働組合の委員たちにそう言った。いつか必ず、社員たちに報いたいと思った。

しかしその後、一〇月に始まった臨時賃金支給をめぐる交渉では、労使が激しく対立することとなった。労働組合は一九六三年（昭和三八年）度年末手当と一九六四年（昭和三九年）度中元手当を一括要求したが、会社側は、中元手当は来年度の賃金引き上げ交渉で、引き上げ額と併せて決定したいと主張した。払いたくても原資がないのである。

これに対し労働組合はストライキを通告し、一二月二日午前零時を期して深夜のストに突入した。スト中も徹夜で交渉が続けられ、午前九時三〇分、開店直前に労使は妥結に達する。営業に支障をきたす最悪の事態は免れた。

昭和四〇年代の終わり頃まで、このような終夜の労使交渉やストライキは、どの業種のどの企業でも行われていた。だが体力のないそごうの場合、ストで顧客や取引先に迷惑を掛ければそのまま経営危機に直結し、それが社員の生活を脅かすことになる。このストを契機として激しい労使対立は双方に得策ではないという認識が生まれ、そごうは早い時期に労使協調路線が形づくられる。労使の協議機関として「生産性向上委員会」が設置され、両者とも相互の繁栄をめざし、協力して生産性向上に取り組むこととなった。その後、生産性向上委員会は定期的に開催され、労使双方の信頼関係をますます深め、そごう経営合理化の原動力となっていく。

水島は元来、争いごとを好まなかった。そごうの労使協調については、ほかの左派系組合からは「労使癒着」と批判されることもあった。事実、経営陣と組合幹部との関係に適切さを欠く部分があったと指摘する関係者も少なくない。また、会社の不祥事が発覚し、組合が経営を強く追及したこともあった。

だが、水島は常に組合との対話を心掛けた。右翼活動家との親交がたびたび取り上げられた水島だったが、自分の意志で「組合潰し」を仕掛けることはなかった。

ストを経たものの、「第一次経営合理化」はあらゆる分野にわたって徹底された。その結果、一九六四年（昭和三九年）時点から約一〇〇〇人の人員削減を行い、一九六五年（昭和四〇年）には二八〇〇人体制へのスリム化に成功した。販売員一人あたりの売上も着実に向上し、対売上比九パーセントを占めていた人件費率は六パーセントに圧縮。これらの取り組みにより、水島は社長就任四期目で、黒字化を達成するのである。

第四章　大躍進の日々

千葉そごうの開店

　社長に就任した水島は、合理化策と並行し、神戸市三宮界隈の将来的な発展も見越して、業績が比較的好調な神戸店の増築に取り組むことにした。そごうにとって、売り場面積が狭いということは三店舗共通の悩みだった。

　一九六二年（昭和三七年）一〇月には通産省に営業床面積増加許可の申請を行い、七二〇〇平方メートルの増床が許可された。ところが、一九六三年（昭和三八年）に入ると、神戸市長・原口忠次郎を社長とする神戸地下街株式会社が、そごう神戸店を含む三宮地下街一帯の開発工事に取り掛かった。このため、地下街建設と歩調を合わせて、隣接地に三宮室町殖産ビルの建設を行うこととなる。

　当初の増築計画は大幅に変更されたが、一九六四年（昭和三九年）一〇月には起工式が行われた。先に取得した増床許可は返上され、三宮室町殖産ビル賃借による営業床面積の増加許可申請が改めて行われた。当初、通商産業省は申請に難色を示したが、一九六五年（昭和四〇年）九月、工事の段階的実施という条件付きながら、一万七六四七平方メートルの営業面積の増床が許可された。

一九六六年（昭和四一年）一〇月、「さんちかタウン」の愛称のもとに、新しい地下商店街がオープンした。それから五カ月後の一九六七年（昭和四二年）三月、三宮室町殖産ビルが竣工する。そごうは室町殖産との間で賃貸契約を締結し、三月末にそごう神戸店が華やかに増築オープンした。

神戸店の増築は成功し、神戸・三宮の賑わいの中核店舗となった。これは、そごうの復興を内外に示すものとなった。同時に、百貨店が地域開発の核となることを水島に実感させた。

神戸そごうの好調に支えられ、経営基盤を安定化させた水島は、次なる時代への飛躍を図るため、積極的戦略へと舵を切ることになる。そのとき、水島は五五歳。当時のふつうのサラリーマンが定年退職を迎える年齢である。ここから水島の大車輪のようなそごう拡大の道が始まる。


神戸の増床計画が進んでいる頃、ある人が水島に言った。

「『レインボーの法則』というのを聞いたことがありますか」

水島には初耳だった。聞けば、アメリカの流通業の出店戦略で、大都市を囲む中小都市に虹を描くように出店していく戦略があるという話だ。いつ、誰から、どのような場面で言われたことだったかは忘れたが、しばらくして水島は、新聞記事を読んで「なるほど、これだな」と合点した。国道一六号線の開通を報じた記事だ。開通と言っても、神奈川県の横須賀から千葉県の富津まで、東京を虹のように囲む一続きの道路が改めて国道一六号として統合されたというのである。一九六三年（昭和三八年）四月のことだった。

有楽町のそごう東京店は、家賃問題が解決したとはいえ、結局のところ、売り場面積の狭さと集客力の弱さは解決しなかった。水島は、首都圏への進出をさらに進めない限り、そごうの発展はないと考えていた。だが、東京都心に進出する体力は、当時のそごうにはなかった。それなら、東京を取り囲む都市に出店してみてはどうか。

最初、横浜駅前あたりに出店できないものかと考えた。だが、横浜駅前には高島屋も三越も、繁華街の伊勢佐木町には松坂屋もある。それを凌ぐ店を出す力は、そごうにはなかった。

横浜以外の都市は、と考えていた一九六五年（昭和四〇年）初め、旧知の塚本素山から、塚本が千葉駅前に建設中の塚本總業のビルにテナントとして入ってくれないかと打診があった。

当時、政界のフィクサーとして、また創価学会の重鎮として、また事業家としても成功していた塚本だが、この千葉駅前の大型ビルの建設は、いささか目論見が狂ったようである。というのも、当時の千葉駅は、戦前からの駅が一九六三年（昭和三八年）に移転したものである。ほかの不動産業者よりも先に情報を得ることができた塚本は、その後の発展を見越して駅前に土地を取得していたわけである。だが、駅は繁華街からは遠く、周囲はぺんぺん草が一面に生えた野原であった。ここに、店舗やオフィスをわざわざ構えようとする企業は現れなかった。

完成までにテナントが決まらなければ、竣工引渡し時に支払う建設代金も間に合わない。工事を担うゼネコンも、支払いを心配しだした。塚本はテナント獲得のために、連日、親しい元芸伎が経営する料理屋に政財界の知己を招いて依頼したが、なかなか手を挙げる者は現れなかった。そのような中に、水島がいた。塚本にとっては、最初からそごうを考えたわけではなかったが、最後は藁をもつかむ気持ちだった。

水島は興銀時代に何かと世話を焼いてくれた塚本に恩を感じていた。塚本は、水島がいずれ政界に出て栗栖赳夫のように興銀の総裁か大蔵大臣になるものと期待していたのに、二流のデパートであるそごうの社長になり、「自分の夢が壊された」と文句を言ってきたこともあった。水島としては、興銀にそのままいても、塚本の夢を叶えられたかどうかわからないが、多少気の毒にも思ってもいた。塚本が困っているなら、何とかしてやりたいとも思った。

もちろん、恩義だけで無理な投資はできない。水島は、旧知の財界人たちに千葉の出店の可否を相談した。その中には、興銀時代から知り合いの新日鐵・永野重雄、日本精工・

今里広記らは、みな親切に考えてくれたが、ほぼ全員が無理だと言った。

「そんなところに百貨店をオープンさせても、三年すれば潰れるよ」

だが水島は、反対されるたびに、いけるのではないかと思い始めていた。

まず投資である。建物は塚本總業がすでに建てており、そごうはテナントとして家賃を払えばいい。だから、開店資金はあまりかからない。そして、既存店の奈良屋、扇屋、田畑の各百貨店をしのぐ二万三〇〇〇平方メートル以上という地域一番の大きさにできる。千葉というところは東京に近い。今は交通の便が悪いが、計画中の京葉臨海工業地帯が隣接しており、将来は必ず発展し、人口も一〇〇万人を超える。それに、レインボーの法則の一六号線沿いではないか。

「千葉で実験を試みよう」

水島は出店を決めた。


一九六六年（昭和四一年）七月に取締役会で新店舗開設が承認され、直ちに準備が始められた。九月には、通産省に営業面積二万四六五五平方メートルの申請を行った。しかし、千葉市内の百貨店としては面積が巨大だっただけに、地元の同業店からの猛反対が始まった。商業活動調整協議会でもなかなか調整がつかず、地元の政治家たちも反対した。

当時の千葉県知事は友納武人だった。戦後の社会保険の再建に尽力し、その後の健康保険制度設立の最大の功労者といわれている。その後、千葉県知事・柴田等に招かれ副知事に就任、後任知事の加納久朗が就任した後も留任した。その在任中に加納が急死し、一九六三年（昭和三八年）の後任を決める県知事選で当選する。

友納は副知事時代から、東京湾の大規模な埋め立てを推進し、京葉工業地帯やその後の東京ディズニーランドなど湾岸開発の基をつくり、「開発大明神」「千葉県中興の祖」といわれた。そごうの千葉進出で接点を持つ水島と友納は、その後親密な関係となり、お互いの人脈の交換で数々のプロジェクトを進めていく。友納は知事退任後は衆議院議員となるが、所属する派閥は、水島が懇意にしていた福田赳夫率いる清和会である。

営業面積の問題が難航する中、友納から意外な提案があった。

「水島さん、そごうは本社が大阪だから地元に反対されるんだよ。千葉の会社にしなさい。それなら雇用も増えるし、税金も千葉に落ちるから地元は納得するよ」

「なるほど」と水島は、従来の百貨店のような支店形式ではなく、業界では初となる独立会社方式で出店することを決めた。出店にあたって、これまでのそごうとは別会社となる「株式会社千葉そごう」を設立し、水島自らがその株式を引き受ける。それとともに、野村證券の瀬川、リッカーミシンの平木などにも声を掛け、資本金一億円を調達した。融資は、水島が所属する社会奉仕団体・キワニスクラブの仲間だった杉浦敏介が常務を務める日本長期信用銀行（長銀）に頼んだ。大和銀行に頼むわけにもいかず、興銀はまだ流通への融資には消極的だった。

千葉そごう設立後、銀座の塚本素山ビルに千葉そごう開設準備委員会の事務所が置かれ、大成建設が内装工事に取り掛かった。

だがそれでも、面積の調整は決着していなかった。当時、千葉市には三つの百貨店があったが、その総売場面積は二万四〇〇〇平方メートル。千葉そごうはその三店分をいっぺんに申請しており、商業活動調整協議会では申請通りの面積の確保は非常に難しい状況だった。水島ら幹部は、連日、千葉の有力者らを回り、大型店舗開店が千葉の発展につながることを説いて歩いた。

こうした中で、一人の有力な支援者が現れる。元千葉県知事の柴田に紹介してもらった中江静枝である。戦後、初代の千葉県婦人団体連絡協議会会長を務めた中江は、この頃、千葉市商業活動調整協議会の委員でもあった。中江の追想録に、水島は書いている。

昭和四一年には商業活動調整協議会の柴田元知事の奥様や中江静枝様のお宅をお訪ねし、営業面積の拡大を悃願申し上げました。静まり返った中江様の広大なお屋敷に伺った時は、もう午前一時を廻って居りましたが、中江様は私共の来訪を起きてお待ち下さっていました。

「そごうさんが出て来られることは、千葉の発展に繋がります。最も大事な問題です。

ご承知の通り六ケ敷い（難しい）現状ですが、私共は柴田さんらと一緒になってできるだけの応援をさせて頂きます」。条理整然とした厳しいお話の中にも、極めて温かい言葉を頂きました。

（『追想　中江静枝』一九九五年発行）

地元有力者らの後押しもあり、最終的には一万七一〇〇平方メートルの売り場の許可が下りた。一九六七年（昭和四二年）三月に開店した千葉そごうは、千葉市内では最も後発ながら、一番大きな百貨店となったのである。

独立別会社方式

千葉駅前に完成した千葉そごうは、当時の高度成長の追い風も受け、大成功を収めた。この成功が、それからの水島そごうの事業展開の一つのモデルとなる。

日本の百貨店史上初めての独立別会社方式による出店だった千葉そごうは、外部からの干渉を受けることがなかった。外部とは、大阪本店のそごうの株主などである。地元資本ということで、現地の裁量での店舗づくり、店舗運営ができる地域密着型の法人となった。税金も地域に還元されたため、地元からは大いに歓迎された。

千葉そごうは水島の実質的なオーナー会社であり、その後、多店舗化における親会社としての役割を担った。新たに出店するそごう各社の株式は、千葉そごうが担保しながら別会社として独立現地法人を設立する。そして、現地の社長、店長以下のスタッフによって店舗づくり、店舗運営が行われる、という方式である。

これは、水島の浮動担保の研究から生まれた企業担保法そのものを、自ら実践した出店戦略といわれた。いわば、親が子を産み、子が孫を産む、互いに担保し、独立自歩する百貨店づくりである。

千葉そごうの成功により、そごうには全国各地の都市から頻繁に出店要請が来るようになった。こうした出店は、各地の都市再開発・交通開発計画と連携することで、良い立地を確保しつつ、出店費用も圧縮できる。

こうして水島そごうは「十合＝一〇店舗体制」を目標に掲げ、多店舗化推進を始動させるのである。

より広い売り場面積とともに、水島が百貨店に求めたものは「立地」である。水島は社長就任早々の業界新聞のインタビューで、こう語っている。

ターミナル（駅の百貨店）の方はですね、これは早く言えば魚をたも網ですくうようなものだとよくいわれるんですが、とれた魚は同じで、デパートは立地条件が九九パーセントを制するんじゃないか。なんぼサービスがよくてもそれにはかなわないんです。立地条件がいいところであればある程度はいくので、立地条件は六〇パーセントや八〇パーセントじゃなくて、私はもう九九パーセントでいいんじゃないかと思いますね。

（『デパートニューズ』一九六二年五月三〇日号）

水島はターミナル駅と一体化した店舗づくりの夢も持っていた。そのような中で、四国・松山市の伊予鉄道から、百貨店経営の提携話が持ち込まれた。

伊予鉄道はターミナル駅・松山市駅に百貨店建設を決定し、提携先を探していた。千葉での別会社方式の成功もあり、伊予鉄はそごうと合弁のいよてつそごうを設立した。こうして一九七一年（昭和四六年）七月、そごう五番目の店舗・松山店、いよてつそごうが開店した。

一九七〇年代初頭は、全国で開発ブームが起きていた。ピークは一九七三年（昭和四八年）の第一次オイルショック直前までの「列島改造ブーム」である。都市開発においては駅ビル百貨店建設も、その軸の一つとなった。オイルショックでいったんは収束したかに見えたが、東京郊外のベッドタウン化や地方都市の開発はその後も活発に行われた。多くは、自治体が後押ししたのである。そごうの多店舗化も、この波に乗って行われていく。

首都圏において「レインボーの法則」を実践することに並々ならぬ思い入れがあった水島のもとに、千葉県柏市の駅前開発の情報が入った。一九六九年（昭和四四年）に施行された「都市再開発法」適用第一号の再開発事業である。水島は首都圏の次の店舗として、一六号沿いの柏に進出することを決めた。

一九七一年（昭和四六年）、常磐線が地下鉄への乗り入れを始め、我孫子から都心の大手町まで直通運転されるようになっていた。柏が東京のベッドタウンとして発展することは確実だった。

当然、百貨店各社が出店に名乗りを上げ、当初、そごうはほとんど相手にされず、市側からの事前のアプローチなどもない状況だった。そごうは各社のなかで最後に申し込みを行ったが、そこには水島自らが出向いた。それ以前に申し込んだ百貨店各社は、副社長や担当専務を出向かせていた。

申し込みの後、水島は柏市長の山澤諒太郎に呼び出された。

「水島さん、失礼ながら私はそごうという百貨店を知らなかった。申し込んだ百貨店の責任者にはみなお会いしたが、一番気に入ったのはあなただ。社長自らが来たのはそごうだけだ」

こうして、そごうは柏駅前の開発における核テナントとしての出店が決まった。競合を差し置いて選ばれた大きな理由は、水島の熱意もさることながら、水島が柏に本社を置く別会社方式の現地法人により、地元密着の営業体制を敷く計画を提案したからである。

このような経緯で、地下二階、地上一四階、延二万二〇〇〇坪の建物である柏そごうが、一八カ月の突貫工事で一九七三年（昭和四八年）一〇月に開業した。当時工事を担当したゼネコン社員の橋本喬（元大成建設副社長）は、「水島社長は毎日のように現場視察に来て、工事関係者を激励していた」と述懐している。

柏そごうは、再開発された柏駅周辺の核店舗として大きな成功を果たした。またこの開発は、首都圏郊外のベッドタウン都市や地方都市の再開発のモデルともなり、そのこともあって、そごうには、日本全国の行政から再開発の話が頻繁に持ち込まれるようになっていった。


一九六二年の社長就任から一〇年余りの間に三店舗を開業させ、しかもそれぞれが順調に営業成績を上げていることに水島は自信を深めていた。多店舗化の方針は誤りでないと考えていた。だが、多店舗化を進めるには、そごうの体力はまだまだ弱かった。大和銀行との決別以降、メインバンクとして手を挙げてくれる銀行はなかった。千葉そごう設立時に長銀が融資してくれたが、まだまだ水島の事業拡大構想である「十合＝一〇店舗体制」を行えるほどの支援には応じてくれなかった。

この頃、水島がそごうに招聘したのが、中央大学同期の井上盛市である。井上は大学卒業後、全国購買農業協同組合連合会に入った。そのときの直属の上司が、後の全国共済農業協同組合連合会（全共連）の専務理事・山中義則だった。山中は、井上が「親分」と慕う人物だった。

井上から山中を紹介された水島は、何度となく訪問して次のように訴えた。

「そごうでは地域一番店の多店舗化を計画しています。これによって事業規模を拡大し、共同仕入れによってメーカーと直結することになれば、取引先からも有利な条件で商品供給を受けられます。それはそごうだけでなく、国民経済全体への貢献にもつながると確信しています」

さらに、地域大型店出店の具体的構想と、千葉そごうの増床や、横浜、大阪・阿倍野の土地購入などでの資金需要を説明した。

「横浜、阿倍野については目下のところ誰にも洩らしていないので、その点は含んでいただきたい。銀行からの融資は現状ではとうてい見込めない。私は銀行出身だから銀行のことはよく承知している。全共連では長期資金の確保が十分であるように聞いています。ついては六五億円の融資をお願いしたい」との申し入れを行った。

全共連の常任理事会、全体役員会では、「二、三流の百貨店であるそごうに対して、想像もできないほどの多額の融資をするのはいかがなものか」との声が上がり、意見の取りまとめは難航した。それでも山中は融資を決断した。一九六九年（昭和四四年）に三〇億円の融資が実行された。

後年、山中はそごうへの融資実行の理由を、次のように語っている。

「水島氏の人間像に直面し、その人間的気魄が心胆に徹した。どん底から立ち上がろうとする強烈な意志。水島氏を通じて、さらには未来を追う拡大転換構想計画を信頼したためだ」

ジャパンライン事件

千葉そごうの成功で実業界で一定の評価を受けるようになっていた水島だが、そこに政界のフィクサーとの接点が生まれる。

「興銀にいた岡庭博を知っているか」

一九七三年（昭和四八年）、年明けの頃、稲葉修が電話でいきなり聞いてきた。

「よく知っている。今は三光汽船にいる」

岡庭は同い年だったが、大学入学が遅れた水島より二年早く興銀に入行していた。九州帝国大学卒で、在学中に高等文官試験に合格していたが官僚にならず、銀行員となった。最初は調査部に配属され、水島が入行したときは大阪支店勤務だった。その後、東京の本店で少しの間一緒だったことがある。やがて岡庭は銀行を辞め、融資先の三光汽船に転職する。三光汽船の創業オーナーである河本敏夫とは旧制姫路高校の先輩後輩の仲であり、その河本に見込まれたという。

戦後、一九四九年（昭和二四年）に河本が代議士になると、岡庭は会社業務全般を仕切るようになっていった。昭和三〇年代から四〇年代にかけて、財界では「興銀出の経営者はやり手」と言われたが、それは当時の水島や岡庭らの活躍を指したもので、水島も岡庭もお互いを意識しないわけではなかった。いや、経済学博士として大阪産業大学で教鞭をとり、海運業や海運金融史などの著作も発表していた岡庭は、相当に水島を意識していたはずである。東京帝大出が幅をきかす興銀を飛び出した者同士の、親近感のようなものもあった。

「そうか、知っているか。ちょっと頼みがあるんだ。児玉誉士夫の秘書の太刀川という男を行かせるから、話を聞いてやってくれ」

そう言って、稲葉は電話を切った。

児玉は当時、銀座の塚本素山ビルに事務所を構えており、水島も塚本の紹介で児玉と名刺交換程度はしたことがあった。しかし公私でそれ以上の関係はなかったので、太刀川という秘書の名も知らなかった。

有楽町の社長室に現れた太刀川恒夫は、中曽根康弘代議士の秘書の名刺を持つ三〇代後半の男だった。後に総理大臣となる中曽根は、当時、河野一郎亡き後の派閥を引き継ぎ「将来の総理大臣候補」と目されていた。その秘書として児玉事務所から送り込まれた太刀川は、右翼事務所の人間とは思えない柔らかな物腰で、依頼の趣旨を理路整然と話した。それは次のようなことだった。

昨年来、三光汽船が地場証券を通じてジャパンライン（以下、ジ社）株を買い占めている。ジ社側も防衛策を講じたが、当初五〇円ほどの株価は九〇〇円台にまで跳ね上がった。もともとジ社は、昭和三〇年代後半の海運不況対策として政府が進めた海運集約によってできた会社である。政府は、疲弊した日本の海運業界を六グループに再編成し再起を図らせようとしている。しかし三光汽船はこの集約に参加せず独自路線をいき、さらには集約会社の乗っ取りを図ろうとしている。国士を任じる児玉としては、日本の海運業の将来のためにも、このまま捨てておくわけにはいかない、ということであった。

実際には、ジ社の社長・土屋研一が「河本原爆に対するには児玉水爆しかない」と判断し、児玉による仲裁を秘書の太刀川に頼み込んだというのが実情だった。一方の三光汽船側も買い占め批判の中で身動きできない状態にあると踏んだ太刀川が、どこに落としどころを見い出すかの思案をしているときに、中曽根派の稲葉が岡庭と旧知の水島に仲介させようと提案したのだという。

水島はこの依頼を二つ返事で引き受ける。ジ社や児玉に恩を売るという気は毛頭ない。ただ岡庭がどういうつもりでこの買い占めを行っているのか、まずそこに興味があった。

そして、ジ社のメインバンクは古巣の興銀である。興銀は防衛策のために随分とジ社に貸し込んでいるようである。興銀に多少恩を売る、いや古巣への恩返しをする必要がある、と考えた。

早速、岡庭に会うことにした。三光汽船の秘書室に「興銀時代の友人の水島だが、専務に会いたい」と電話を入れると、しばらくして岡庭が電話に出た。「しばらく」と挨拶を交わしたが、用件はわかっていると言いたげだった。「やはり、落としどころを探している」と水島も思った。そして「頼みがある。一席設けさせてくれ」と言った。

水島が用意した席でまず興銀時代の知己の消息を交換し、最近の経済について雑感を語り合うと、岡庭は現在の自身の業界について語り始めた。

「今の政府の政策じゃ、日本の海運業界は強くならん」

岡庭によれば、政府が進める海運集約は船舶調整などによる一種の談合システム。競争を抑制して体力を消耗させないようにしようというだけの、まさに護送船団方式だという。海運業界はこれからますます国際競争にさらされていく。そんな中で、官の規制と保護で経営していこうという考え方はまったくなっていない。それはオーナーの河本敏夫も同じ思いだという。

三光汽船は、河本の義兄が飯野海運から独立して一九三四年（昭和九年）に設立した。その後勃発する日中戦争で天津航路が活況を呈し経営が安定したが、敗戦後の計画造船や規制では不利な立場に置かれ苦しい経営をしてきた。昭和三〇年代になりようやく規制が解かれ世界へ羽ばたこうとしている時期に、今度は海運不況となった。業界は政府に保護を求め、そして海運集約となるが、三光汽船はそれに組みせず、いわば一匹狼の道を選んだ。集約体制に加わらないことで船舶建造に関する自由を手にし、タンカーやバラ積み船など一気に船腹を増強。一九七〇年（昭和四五年）頃には日本のトップクラスに迫り、世界有数の船会社となっていた。

「ジャパンラインも、あのままだとダメになる」というのが、岡庭の考えである。だから三光汽船が飲み込むのだという。岡庭は「反官僚」「反統制」という河本の主義を、ビジネスの場で具現化していた。また「反官僚」には、「東大出」に対する怨念も感じられた。

船腹の増強などの拡大策のために、三光汽船は二、三年前から、株式の時価発行や第三者割当増資を繰り返して多額の資金調達を行っていた。その結果、三光汽船の株価は、一九七〇年（昭和四五年）には額面とほぼ同じ程度の六五円だったが、わずか二年後の七二年には二五〇〇円台に乗せていた。時価総額で新日鐵を上回り「企業価値日本一」と言われていただけに、岡庭も自らの高株価経営については自信満々だった。水島は岡庭の経営論に諸手を挙げて賛同するわけではなかったが、経済の論理から経営手法を導こうとし、また旧弊を打破するために戦っているかつての同僚に好感を持った。

「しかし、そうは言っても少しやりすぎだな」と水島は言った。そのときすでに三光汽船に対しては、政府筋から相当の圧力が掛けられていたようであり、ことさら官僚批判をする岡庭は相当参っているようにも水島には思えた。落としどころを見つけるのも友情だ、と考えたのである。そして「ジ社も興銀も弱っている。何とかならんか」と伝えた。

岡庭との会談は、その後秘密裏に何度か持たれた。水島が描いた絵を岡庭に示し、岡庭が河本を説得し了承を得た。水島が提示した内容は、三光汽船が買い占めた一億四〇〇〇万株をジ社が総額五〇〇億円で買い戻すというものであった。水島は、河本がオーケーしたと太刀川に伝えた。

「先生、お見事ですね」

太刀川は、「法学博士」の名刺を持ち、母校で教鞭もとっている水島を「先生」と呼ぶようになっていた。太刀川は和解の内容をジ社の土屋らに伝えた。有無は言わせなかった。

一九七三年（昭和四八年）四月、三光汽船の河本とジ社の土屋は和解の協定書を交わした。この買占め事件はマスコミでも報じられており、和解劇に「政界のフィクサー」である児玉誉士夫の名が取り沙汰され、「仲介者はそごうの水島廣雄」と経済紙や週刊誌が取り上げたことから、水島は「政財界の黒幕」扱いを受けるようになってしまう。さらに後日談がある。この件に関する「御礼」にまつわることである。

ジ社が児玉に対して贈った多額の御礼については、その後マスコミを賑わすことになるが、水島に対するジ社の「御礼」は、水島の取締役就任であった。表向きは、経営者として優れた能力を持ち政財界に広く人脈を持つ水島に経営陣に加わってもらい、大所高所から助言してもらいたいということであったが、「御礼」の意味合いで、非常勤取締役として継続的に報酬を支払うというもの。三光汽船が約束を反故にして再び株買い占めをしないための保険の意味もあったのかもしれない。

この話を聞いた太刀川は、すぐに「先生が船屋とうまくやれるはずはない」と思った。案の定、任期満了を待たずして、ジ社から太刀川に「水島さんに役員を辞任するよう話してくれ」と言ってきた。事件以降、三光汽船のアウトロー的な動きは収まり、「保険」は必要ないと判断したともみえる。

ジ社の誤算は、報酬を払うためのお飾り役員になってもらうつもりだった水島が、役員会であれこれと発言し始めたことだった。

水島は海運会社の経営に興味を持っていた。岡庭らの三光汽船が業界の旧弊を打ち破って急成長したことに刺激を受けたのかもしれない。また、水島は銀行員時代から飯野海運の俣野健輔と親しくしており、海運業界をまったく知らないわけではなかった。飯野海運も海運不況で苦しんだが、海運集約で定期航路を分離させるという方法で俣野は会社を存続させた。俣野自身は会長に退いていたが、水島は中央大学南甲倶楽部の会合で、俣野と定期的に会っていた。さらに、水島がそごうに入るきっかけとなった親戚の板谷家の本業は、板谷商船である。博士号を取る前の銀行員時代には、船舶の抵当権に関する論文をいくつか書き、海運業界の専門誌に発表したこともあった。それらから、水島は自分なりに今後の海運業界のあり方についてのプランを持ち、役員就任を機に、海運会社の経営にも参画しようと考えていたのかもしれない。

役員会での水島の発言は、筋は通っているが海運業界の常識からは外れることも多かった。学問つまりは論理の世界を知り、流通業という売り買いが目に見える商売の世界にいて、しかも金融を熟知している水島から見れば、海運業界の「常識」とは「旧弊」そのものであった。しかし、ジ社の役員たちにとっては、水島の肩書である「法学博士」も「百貨店の社長」も、そして「元銀行員」も、「船の素人」であることに変わりはなく、その言を聞こうという気はなかった。

予想通りの展開だと思った太刀川は、「仕方ないな」とジ社の役員からの依頼を引き受けた。

事件以来、中央大学の先輩後輩として親しくしていた太刀川は、水島を訪ねてこう切り出した。

「先生、今日は嫌な話をしにきた」

太刀川から役員辞任を依頼された水島は、「そうか、わかった」と応え承諾した。「太刀川君、ふぐ食べに行こうか」と外套を取ると、それからはジ社の話も、海運業の話もしなかった。

ジ社が買い占め対策で泣きついたのは児玉だけではなく、政財界のさまざまな伝手をたどった。野村證券会長の瀬川美能留や政治家・福田赳夫らの名も挙がっている。しかし、誰も河本を翻意させることができず、困り果てて児玉を頼った。児玉としては、そんな難題を可愛がっている太刀川が見事解決したことで面目躍如だった。また、太刀川の報告によれば、水島という「法学博士の名刺を持った銀行出の百貨店経営者」が、いとも簡単に解決したということが面白かったらしい。児玉は水島に大いに関心を持った。

太刀川を通して、児玉から御礼をしたいと言ってきた。児玉からの御礼がどういうものであるかはわかっていたので、最初、それは辞退したいと伝えた。すると稲葉がやってきて「御礼したいと言っているのだから、もらえ。お前がもらわないなら、俺がもらってやる」と言う。もらわねば誰かが困るのかと受け取った。

児玉からの「御礼」は二〇カラットのダイヤモンドの指輪だった。時価一億円。「まったく児玉という人はどういう人なんだ」と水島は笑いながら周囲にそのことを話したが、後に、「所得として申告しなければなりません」と国税当局に指摘され、追徴課税を支払うことになってしまう。

水島も児玉という人物に興味を持つ。児玉は戦時中、上海で海軍の特務機関を組織していた。水島の軍関係といえば、戦後、義父のつながりで旧陸軍軍人らと少し縁ができたぐらいで、戦前戦中、そして終戦以降も児玉らとはまったく接点がなかった。しかし、この事件をきっかけに親交が始まり、それもあってその後の水島は、戦後最大のフィクサーと呼ばれた大谷貴義や後に総理大臣となる福田赳夫との親交がいっそう深まることとなるのである。

「中央の政財界に強い人脈がある」という水島の噂は、やがて「中央財界の黒幕の一人である」という形で独り歩きした。それは水島が必ずしも望んだ評判ではなかったが、このことは、自身が構想する多店舗化戦略には非常に有利に働くこととなる。地方の首長や議員、有力者たちが、水島の知己を得たくてさまざまな情報を持ち込んでくるようになったのである。それは、ジ社事件を解決した還暦を過ぎた頃から顕著になってくる。

ダブルそごう

「十合＝一〇店舗体制」を掲げた水島は、六〇歳を過ぎた一九七三年（昭和四八年）に六店目の柏店を開業した後、次の出店として、中国地方の中核都市・広島と、同時に北海道・札幌、千葉・木更津、北九州を計画する。四国・松山のいよてつそごうと合わせ、北海道、本州、四国、九州のすべてに店舗を持つという計画である。

まず広島だが、水島の持論である「立地と広さ」の条件を満たす良い場所がなかなか見つからなかった。しばらくして大成建設の役員から紹介されたのが、広島市中区基町だった。

候補地の周辺には県庁や広島球場がある。広島電鉄「紙屋町」の駅前であるが、広島駅からはかなり離れている。広島の繁華街、三越や福屋が店舗を構える八丁堀を通り越して、原爆ドームのある平和公園に向かったところである。当時は「場末」であった。

水島の計画は、広島市内、いや中国地方で最も大きい百貨店を出店することだった。そのための敷地をいろいろ調べたが、やはり基町しかなかった。水島は、友人の広島市長・山田節男に頼みに行った。

「広島で一番大きな百貨店をつくりたい。ついては、広島球場の横のバスセンターの土地を貸してくれないか」

山田は驚いた。

「水島さん、あんなところへ出してもダメだ。あんたが失敗するのを見ちゃおれん」

この計画を聞いたオンワードの樫山純三も、「ダメだダメだ」と反対した。

三越呉服店の丁稚奉公からスタートし、昭和の初めに独立した樫山は、この頃は自社ブランドや海外ブランドのライセンスなどで衣料品業界のトップリーダーであった。百貨店業界にも影響力が強く、特に、一回りほど年下の水島を可愛がっていた。樫山は有楽町のそごう東京店が苦戦していた時期、当時、国内トップブランドであったオンワード樫山の商品を優先的に回すことで売上増を支援してくれたこともある。そごうと水島を心配しての忠告だった。

水島は繁華街から外れた基町を、バスセンターでターミナルにしようと考えた。「広さ」を確保できる土地の「立地」条件を変えようということである。

市長をはじめとする人脈を通じて広島市議会の説得にあたった結果、バスセンターをそごうの一階に移設することで話がまとまった。このときも、別会社方式で広島市に本社を置く現地法人として出店する形をとったことが、地元の理解と支持を得ることにつながったのである。

一九七四年（昭和四九年）一〇月、七店目の広島そごうが開店する。規制や諸事情で、当初の売り場面積は九七六八平方メートルにとどまり、その点は水島としては不本意だった。ビルの一階にはバスセンターを抱え込み、一〇階には百貨店法の規制を受けない六〇〇〇平方メートルの一大名店食堂街が設けられた。

この食堂街も、計画段階では周囲から猛烈に反対された。当時、日本商工会議所の会頭で広島育ちの永野重雄も、水島に友人として「無理だ」と忠告してきた。反対は社内からもあった。

「食堂は百貨店のサービス部門だ。名店食堂街をつくるのは狂気の沙汰だ」

　ところが水島は、こう言い返した。

「それじゃあ、みなさんの意見と正反対の、バカでかい名店食堂街を一〇階につくることにします」

　一〇階フロアに集められたのは、竹葉亭、天一、神田藪蕎麦、浜作など、東京の有名店ばかりだった。これが大成功を収めた。

　その後、新館の建設や増床を重ね、一階のバスセンターを百貨店内の三階に移設するという日本初の試みも行われた。

　一九八三年（昭和五八年）には売り場面積が三万八三九平方メートルとなり、「水島方式」と言われた紙屋町タウン化構想を実現させて、広島そごうは中国・四国最大規模の店舗となった。今日では、広島そごうの周辺は広島市だけでなく中国地方で最高の一等地であり、商業地としても好立地となっている。


　柏店、広島店は開業から早い時期にともに黒字を達成し、業績は好調だった。合弁会社である松山店を除き、千葉、柏、広島のそごう別会社各社は、その後出店する新店舗・現地法人の出資会社となっていく。

　この現地法人方式で、一九七八年（昭和五三年）九月には北海道初の札幌そごうが札幌駅前に、さらに一〇月には千葉県の木更津そごうの開店が続いた。

そして一九七九年（昭和五四年）には、一〇店舗目となる、九州初進出の黒崎そごう（北九州）を開店させ、念願の「十合＝一〇店舗体制」を達成する。ナショナルチェーン体制が確立したことで、そごうの仕入れ交渉力も強まり、三越や高島屋などをライバルとして明確に意識できるようにまでなってきた。水島は六七歳になっていた。

全国に一〇店舗を構えた翌年の一九八〇年は、そごう創業一五〇周年だった。この記念パーティーの席上で水島は、

「千葉そごう開業のときは資金集めに大変苦労しました。でも、その後の都市計画と連動した地域一番店の出店が次々に成功すると、大銀行の頭取さんが自らが足を運んで来るようになりました」

と語っている。古巣の興銀も、多店舗化が始まった一九七〇年（昭和四五年）頃から、そごうの将来性を見込んで融資に応じるようになっていた。

一〇店舗を達成し、もはや資金供給の心配がなくなった水島は、次に二〇店舗化、「ダブルそごう」の目標を号令した。

まず、一九八一年（昭和五六年）四月に船橋そごう、一九八三年（昭和五八年）六月には長野そごう、一〇月に四国二店目の徳島そごうが開店する。

木更津、千葉、船橋、柏と国道一六号線沿いに展開した「レインボーの法則」の出店で

は、一九八三年（昭和五八年）一〇月に八王子そごう、一九八五年（昭和六〇年）九月に横浜そごう、さらに一九八七年（昭和六二年）三月には大宮そごうを開店させ、その完成を見ている。

加えて、海外への出店も意欲的に進められた。一九八四年（昭和五九年）一月にはシンガポール開発銀行と合弁でそごうシンガポールの会社設立を行っている（ラッフルズ・シティー店の開店は一九八六年一〇月。その後同国内で合計三店舗）。そして同年一二月にそごうタイランド、一九八五年（昭和六〇年）五月に香港そごうが開店した。さらに、一九八六年（昭和六一年）一〇月には、シンガポールそごうに隣接する二店目が開店し、一九八七年（昭和六二年）一一月には台湾の台北に太平洋そごうを出店することで「二〇店舗・ダブルそごう」を達成した。もはや国内だけでなく、グローバルネットワークの百貨店網を構築したわけである。

第五章　水島王国の完成

大ヴァチカン展とディズニー

「竹下課長、すぐに電通へ行ってくれ」

一九八〇年（昭和五五年）一〇月の初め、有楽町勤務でそごう本社宣伝課長だった竹下八郎（後に横浜そごう店長）は常務の岩村榮一からそう言われ、築地の電通本社に向かった。電通の会議室では、専務の山田恭一や電通の常務・成田豊（後に社長・会長）以下十数名が待っていた。水島が陣頭指揮を執って進めているそごう創業一五〇周年「大ヴァチカン展」の実行委員会のメンバーである。

そごう創業一五〇周年を迎えるにあたり、水島は「どこもやったことがない文化催事をやりたい」と周囲に語った。そんな水島のもとに、電通が「大ヴァチカン展」の企画を持ち込んできた。「本邦初の公開」というところが水島の気に入った。

早速、実行委員会が組織されたが、すべては水島が差配した。自らヴァチカン市国に出向き、ローマ法王パウロII世に謁見。とにかく希少性の高い、それまで国外へ出たことのない秘宝を展示したいとヴァチカン市国側に依頼した。また、ローマ法王パウロII世の写真を宣伝に使う許可も得るなど、望み通り、前代未聞の文化催事を開催できることになった。

ところが、開催の二カ月前になってでき上がってきた広告デザインが、どうも水島の気に入らないらしく、実行担当者は頭を抱えてしまっていた。

大ヴァチカン展の広告デザインは、いかにも「そごう創業一五〇周年の記念催事」にふさわしく、法王が両手を広げたもので、神々しく、堂々として、その上親しみを感じさせる仕上りだった。しかし、水島が首を縦に振らないのだ。担当者らは水島が納得しない理由がわからず、途方にくれていた。

広告デザインが気に入らない水島は、だからといって「どこが」ということが、自分でもはっきりとは言い表せない。そこで岩村に「なんとかならんか」と言った。岩村は、宣伝課長の竹下なら水島が気に入らない理由が分かるかもしれないと、電通に向かわせたわけである。

デザインを見せられた竹下は、水島がなぜ気に入らないかの理由がすぐにわかった。

そごうのマークがヴァチカン、ローマ法王に押し潰されるかのようで貧弱な印象がある。竹下はその点を指摘すると、マークを拡大してバランスを変えることを提案して本社に戻った。

一同は、それだけでいいのかと思ったが、時間がない。とにかく電通のデザイナーが急ぎ修正原稿を作成し水島に届けると、ＯＫが出た。

水島はそごうのマークや包装紙をとても大切にしていた。そのうえ、創業一五〇周年の記念事業だったから、余計に「そごう」を大切にしたかった。その思いが、実行委員会のメンバーに伝わっていないように思えたことも愉快ではなかった。

水島のマークや包装紙へのこだわりについて、竹下は次のようなエピソードを語っている。

「水島社長は、鱗柄のショッピングバッグや包装紙がかなりお気に入りだったようです。このショッピングバッグと包装紙は、社長就任した後に水島社長が選んで採用したものです。その後、各地に新規出店した全店舗で使用され人気がありました。でも、横浜そごうの開店前に横浜や商圏の神奈川エリアで調査したところ、この地域では従来のショッピングバッグや包装紙は不評でした。私や岩村店長は、横浜店の開業に合わせて新しいものに変えたいと申し上げたのですが、『今までのでいいじゃないか』と取り合ってもらえず、結局、横浜も同じものを使うことになりました」

横浜そごうオープン後、ショッピングバッグも包装紙も、やはり不評だった。

ある日、岩村と竹下は水島に呼ばれた。

「水島社長が『亀田病院の亀田先生に言われたのだが、そんなにそごうのショッピングバッグは評判が悪いのか。どこのそごうでも人気があるのに……』。で、その後『どうだろう、新しいのにするなら、カモメをモチーフにしてみては』とおっしゃいました。社長は社長で、バッグのことを考えておられたんですね」（竹下）

水島の命で、カモメをモチーフに、横浜のイメージを丸ごとデザインした「カモメＹＯＫＯＨＡＭＡ」ショッピングバッグのデザインが二案、電通から提案された。

「社長にどちらが良いかを伺ったら、いとも簡単に『両方採用したら良いじゃないか。最後はお客さんが決めることだよ』とおっしゃって、一同とても感心しました」（竹下）

一九八一年（昭和五六年）一月四日、水島、ローマ法王庁大使のマリオ・ピオ・ガスパリ、ガリーナ大司教らがテープをカットし、「大ヴァチカン展」が幕を開けた。会場となった東京店の五階は押すな押すなの大盛況で、入場の長蛇の列は五階の催し会場から階段下へ、さらに店外の地下三階コンコースまで続いた。その後も連日超満員の賑わいで、人が入れば売上も鰻登りである。気を良くした水島が自らニコニコ顔で、行列したお客様に大ヴァチカン展のパンフレットを販売するハプニングも見られた。

テレビ、新聞、雑誌も連日のように大ヴァチカン展を取り上げ、そごうは一気に知名度を全国に広めることとなった。大ヴァチカン展は東京での開催後、翌二月には広島、続いて神戸（三月）、札幌（四月）、名古屋（五月）、船橋（六月）、福岡（七月）、大阪（八月）と全国八会場を巡回した。

各地の会場も超満員となり、総計一〇〇万人もの人が大ヴァチカン展に足を運んだ。イベント自体の採算が取れたのはもちろんのこと、有楽町店など開催された店舗では大きな売り上げ増となった。また、多くの日本人にヴァチカンを知る機会を与えたことで、水島は一九八一年（昭和五六年）三月にイタリア政府からコマンドール（芸術文化）勲章、一九八二年（昭和五七年）六月にはローマ法王から聖シルヴェステル勲章を受章した。このように、そごう創業一五〇周年記念で取り組んだ大ヴァチカン展は、大成功に終わったのである。

水島はいつも、「初めて」「一番」「最大」「最高」を好んだ。そこは電通をはじめ広告代理店も心得たもので、彼らはそのようなアプローチで、その後もさまざまな催事や企画を持ち込んだ。

一九八三年（昭和五八年）四月一五日、アメリカ以外では初となる「東京ディズニーランド」が千葉県浦安市に開園した。このとき、数あるアトラクションの中で最も人気の高い「It's a Small World」のオフィシャルスポンサーにそごうの名があったことが世間をあっと驚かせた。

ディズニーランドのアトラクションの提供は一業種一社に限られ、超一流企業にしか認められない。だからこそ水島は、東京ディズニーランドのオフィシャルスポンサーとしての参加に並々ならぬ思いを持っていた。そごうグループを日本一、世界一の百貨店グループプにするという大望があったからだ。東京ディズニーランドへの参加は、そごうグループを日本一の百貨店として世間に周知させる絶好の機会につながるものだった。

水島がこのような決意を持ったのは、三井不動産社長・江戸英雄の影響である。江戸は戦前に三井本社に入り、戦後、解体された三井財閥の再結集を図った三井グループ首脳の一人である。戦後の三井不動産は筑波研究学園都市開発を担ったことでも有名で、その指揮を執ったのが江戸である。また江戸は、クラシック音楽の財界の有力スポンサーとしても知られている。その江戸から、アメリカ以外で初のディズニーランドを日本に誘致し、日本最大で最高のレジャー施設をつくるという話を聞き、自らもそこに関わりたいと考えた。まだ「テーマパーク」という言葉はなかった時代である。水島は東京ディズニーランドの成功を予見するとともに、その「世界的な」広告価値を理解したのである。

そもそも、アメリカ本国のディズニーランドは三越との関係が深かった。このため、百貨店業界のスポンサーは三越ということでほぼ決まっていた。また、浦安の東京ディズニーランドは、三越のグループである三井不動産が中心になって開発することになっていた。

三井不動産は千葉県知事・友納が推進した湾岸開発の多くの部分を担った。三井不動産・江戸と友納との癒着ともいえる親密さは当時評判だったが、二人の間を取り持ったのは水島だとされている。

計画は湾岸開発が始まる昭和四〇年代後半から進められたが、数百億円の建設資金をどう調達するかという問題が持ち上がった。このとき、水島は江戸に、古巣の興銀へのプッシュを買って出た。

水島の熱心な要請もあり、興銀は一九八〇年（昭和五五年）八月に協調融資団を結成し、東京ディズニーランドの建設が大きく動くことになった。このことで、そごうは三越を差し置いて、百貨店としてのスポンサーのポジションを得たのである。

計画が具体的に動き出すと、七〇歳を目前にしていた水島は、どうしても自分でということでアメリカに出向き、ディズニーランド本社との交渉を重ねた。水島が希望したのは、アトラクションの中で一番人気の高い「It's a Small World」のスポンサーだ。これにはディズニー側もかなり難色を示したが、最終的には、水島の思い通りの結果に決着した。

こうして、そごうが東京ディズニーランドのオフィシャルスポンサーになったことで、国内でのそごうの評価は飛躍的に向上することとなった。そごうグループ各店には、「東京ディズニーランドを上手く使ってそごうの宣伝をするように」との大号令が発せられた。

これに即座に対応したのが、開店前の横浜そごうである。開店一年前、一九八四年（昭和五九年）五月に行われた「横浜みなと祭り」で、そごうは「It's a Small World」をイメージした「横浜そごうのフロート」を登場させ、横浜市民の喝采を浴びた。

横浜そごうはそれ以前から、新店舗の広告宣伝に東京ディズニーランドのオフィシャルスポンサーとして、「It's a Small World」の活用をさまざまに検討していた。開店を二年後に控えて、横浜そごうのスタッフが右往左往している中、水島は新店舗の正面玄関に「からくり時計」をつけるというアイデアを出した。具体的にどのようなものにするかは、現場が考えろという。社内で議論を重ねたが、うまい案が浮かばない。開店準備の担当課長だった竹下八郎が、水島が苦労して契約してきた「It's a Small World」を使おうと提案し、早速、乃村工藝社にデザインを依頼した。完成予想図のプレゼンを見た水島は即座に許可を出した。

プレゼンは通ったが、キャラクター管理の厳しいディズニー本社の許可を得るのは大変だった。東京ディズニーランドの運営会社であるオリエンタルランドに出向していたデザイナーのデイブ・シンプソンやオリエンタルランドのスポンサー担当の佐藤哲郎の協力を得ながら、ようやく「It's a Small World」のキャラクターをイメージしたデザインの了解を得ることができた。デザインをもとに実際のからくり時計を制作したのは、服部セイコーである。同社の部長・青田晋のもとに持ち込まれたデザインは、構想から二年を経て、「世界の人形時計」として横浜そごう開店と同時に時を刻み始めた。

この「世界の人形時計」は、単なる横浜そごうのシンボル以上のものとなった。全国各地からわざわざ「世界の人形時計」を見に来る人は年間三〇〇〇万人を超え、横浜の新名所ともなったのである。

水島は、この「世界の人形時計」を国内外のそごう全店に設置するよう命じた。特に台北や上海の海外そごうでは大変な人気を博した。

横浜そごうオープン

横浜そごうは一九八五年(昭和六〇年)九月三〇日にオープンする。「レインボーの法則」を掲げ、国道一六号線沿線への出店を進めた水島だが、横浜店開設の構想は、一九五八年(昭和三三年)に、四六歳でそごうに副社長として入社した頃から持っていた。大阪と神戸、そして東京の次は横浜と考えた。社長となり神戸店の増床計画を進める頃の一九六五年(昭和四〇年)に、横浜市が「横浜市総合開発計画」を発表し、都市部強化事業の一環として東口開発がスタートしたことを知る。だが、当時のそごうには横浜出店の体力はなく、千葉への出店となったのは前述の通りである。

それでも、横浜の状況は常に注視し、一九六九年（昭和四四年）五月には「株式会社横浜そごう」を資本金一億円で設立している。「開設準備室」は横浜駅東口の横浜スカイビルに置かれ、同年六月には通商産業省に「横浜そごう」の出店を表明。申請面積は七万三九七三平方メートルと、まさに空前の巨大百貨店の営業許可申請であった。

翌七月には元神奈川県知事の内山岩太郎が会長となり、「横浜駅周辺地区総合開発協議会」が設立された。都市計画と連動しての巨大百貨店計画であり、世間からは実現不可能と揶揄された。しかしそのことが結果的にプラスに作用して、五回目の商業活動調整協議会であっさりと了承を得ることができた。「できるはずがないから認めてもいい」だったのである。

そのとき、水島は一九五八年（昭和三三年）から横浜駅西口で店舗を構える高島屋の社長・飯田新一からは、倉庫と海しかない東口での巨大店舗建設計画について「魚相手に商売するのか」とからかわれたという。

「広さ」と「立地」は、水島が出店の必須条件としたものである。だが、その「広さ」のスケールは桁違いであり、しばしば「非現実的」と言われた。

いくつかの例がある。

一九七一年（昭和四六年）、東京・池袋にあった巣鴨拘置所が小菅に移転する。その跡地を三菱地所が再開発することになると、そごうの東京本社から林敏夫が再開発事業に派遣された。しかし、水島が強く設置を望んだ「池袋駅からの地下道による動く歩道」の計画が採用されないことになり、そごうは出店を断念した。そして一九七八年（昭和五三年）四月には、この再開発事業の柱となるサンシャイン60が竣工した。

一九八七年（昭和六二年）の国鉄民営化以降、旧国鉄が保有している土地の再開発が進められたが、東京・新宿駅周辺では、日本国有鉄道（国鉄）の山手貨物線沿いにあった新宿貨物駅の跡地を、日本国有鉄道清算事業団の子会社が再開発することになった。そごうも再開発事業に名乗りを上げ、高島屋、伊勢丹、西武、丸井の計五社が競争入札に参加した。このとき、水島は新宿駅南口と渋谷駅を結ぶ長大かつ巨大なデッキの建設計画を提案した。この計画は一度は検討されたものの、巨大すぎて頓挫してしまったため、池袋同様、そごうは出店を断念した。この開発は、新宿への進出が長年の悲願であった高島屋が落札し、一九九六年（平成八年）十月、高島屋が入居したタカシマヤタイムズスクエアがオープンしている。

水島による横浜の巨大計画は、その後、横浜駅東口開発公社が設立され進められることになったが、一九七三年（昭和四八年）のオイルショックで事業計画が大幅に縮小される。数年を経て、一九七八年（昭和五三年）に横浜駅東口開発公社の理事長・細郷道一が横浜市長に返り咲くと、一九八〇年（昭和五五年）一一月、横浜駅と出島地区をつなぐ東口地下商店街「ポルタ」がオープン。同年一二月には横浜新都市センター株式会社が設立された。一九八一年（昭和五六年）には「みなとみらい21計画」が発表され、計画が大きく進展した。また、横浜から京浜工業地帯へかけての臨海部再開発計画も動き出していた。

一九八三年（昭和五八年）一〇月、ようやく横浜そごうが入居する「横浜新都市ビル」の建設が始まった。

これだけの巨大百貨店が一挙にオープンするというのは海外も含めて初めてのことで、百貨店史に残る一大事業となった横浜そごうの開店は、世間の注目を大いに集めた。「店舗が大きければいいのか」という議論が外野席で盛んに行われてはいたし、新聞記者も水島によく同様の質問を行った。しかし、都市開発の将来を見据えていた水島にしてみれば、むしろ将来は面積が足りなくなるかもしれないとの危惧さえあった。横浜そごうの立地は、横浜駅と新都心の「みなとみらい21地区」を結ぶ扇の要となる地点だからだ。

ともあれ、水島は常務の岩村に「世界中の百貨店の面積を調べなさい」と指示した。何しろ「世界一」を標榜したかった。国内はすぐに調べがついたが、海外には日本のような売り場面積という概念がない。英国のロンドンにあるハロッズに関しては、坂倉芳明（元三越社長）の文献で面積がわかったものの、ニューヨークのメイシーズはわからなかった。実測するわけにもいかず、結果、水島の指示で、開店のキャッチコピーは「世界最大級の百貨店」で決定した。

一九八五年（昭和六〇年）九月二六日、横浜新都市ビルが竣工した。横浜駅とは地下街の横浜ポルタでつながり、東口バスターミナルやタクシープラザを抱え込んだ横浜市の中核ともいうべき利便性の高いビルである。同日、横浜そごうはグランドオープンに先駆け、業界関係者や取引先を招待し、開店披露宴を催した。その席で、水島は感慨深げに挨拶をした。

「実は、よその百貨店の社長さんから、『水島さん、あんまり大きいものをつくって海に落ちないようにしてくださいよ』と言われました。そのときは『いやいや、そごうの人間はみな泳げますからご心配なく』とお答えしました」

そして、営業申請してから一六年、一九八五年（昭和六〇年）九月三〇日、売り場面積六万八四一三平方メートルの「世界最大級の百貨店　横浜そごう」が横浜市のみなとみらい21計画の橋頭堡として、横浜駅東口に一挙オープンした。

地下二階正面入り口、二階ペデストリアンデッキには、朝から開店を待つ来店客で長蛇の列ができ、午前九時からは東京ディズニーランドのミッキーマウスやミニーマウスなどによるオープニングイベントが繰り広げられた。当日の入店者数は五三万人、売上は二〇億円と、百貨店史上に残る記録的な開店となった。

その後も横浜そごうは、初年度の売上で目標を一〇〇億円上回る八〇〇億円を達成するなど好成績を記録した。水島にとっては、多店舗化戦略を進める中で最大、最高の感動を覚えた成功だった。

そごう美術館

横浜そごうのラジオＣＭはＦＭ横浜で流された。当時、ＦＭ放送の聴取者は学生や若いビジネスマン、ＯＬが多かった。その影響もあってか、横浜そごうは「ヤング・キャリアの店」と受け止められた。一方で、従来からの百貨店の主要ターゲットである主婦層は、そごうでウィンドウショッピングはしても、買い物は横浜高島屋という図式だった。前述したように、開店当初、横浜そごうのショッピングバッグもほかのそごうと同じものであり、横浜の主婦にとってそれは有楽町そごうのイメージだった。有楽町そごうより、高島屋のほうが格上というのが、当時のご婦人方の感覚である。

他店で成功したのと同様、横浜そごうも一〇階名店食堂街に高級店、有名店を集めた。だが、ホテルオークラ、寿司幸、天一、サバティーニなどで食事するご婦人たちは、ほとんどが高島屋のショッピングバッグを持っているという光景が続いた。

そのような中で、不評だったショッピングバッグが「カモメＹＯＫＯＨＡＭＡ」のデザインに変更された。これが評判となる。このバッグを持って歩いている人は横浜、湘南方面に住んでいる証になるというわけで、「ハマっ子」には特に人気となり、都内でも持ち歩く姿が見られた。

この新しいショッピングバッグには仕掛けがあった。高島屋のショッピングバッグがすっぽり入る変形スタイルにしたのである。名店食堂街でも、高島屋のバッグを持つ人よりもカモメのバッグを下げる人が増え始めた。その後、カモメのデザインは包装紙にも採用され、横浜そごうは「おしゃれなお店」として認知されるようになってきたのである。

水島はそごうの店舗数を増やすと同時に、「格」を上げることにも執念を持っていた。百貨店はものを売るだけでなく、文化を発信する場所だと考えていた。

一九八三年（昭和五八年）、水島は開店準備を進める横浜そごうの店内に「本物の美術館をつくるように」と命じた。「そごう美術館」である。

百貨店が文化発信の拠点であるという考え方は従来からあった。文化催事は集客にもつながり、週ごとに開催する百貨店も少なくなかった。だが、百貨店に本格的な美術館を併設するという前例はなかった。

早速、横浜そごうの副社長・上原國男をトップとするプロジェクトを立ち上げ、百貨店業界初の美術館運営の「財団法人」設立の検討に入った。そして、美術館を横浜店六階に配置する計画を立て、文化庁と折衝に入った。

ところが文化庁は、「百貨店の中では財団法人の美術館は認められない」と言ってきた。理由は「火災の際に、百貨店の消火はスプリンクラーによる散水だから」というものだった。

そこで、そごう美術館は単独のハロンガスによる消火構造を採用した。それでも、文化庁からは「雑居ビル内での国宝展示は罷りならぬ」との指導まで入った。国内で国宝指定文化財が展示されている場所は、神社仏閣はじめ単なる事務所ビル、個人宅など多岐にわたり、消火に不備のあるところは山ほど存在していた。だがそれでも、そごうは国宝の展示を断念することとした。

最終的には文化庁の認可が下り、財団法人そごう美術館が認可された。理事長は水島が務め、そごう美術館館長には上原、事務局長には毎日新聞から招請した牧一夫が就任した。こうして横浜そごうの六階に百貨店業界初の「財団法人そごう美術館」が開設され、横浜そごう開店と同時に開館した。

開館後は、神奈川県と縁の深い日本美術院展を招聘。毎年恒例の展覧会を開催するとともに、海外からはヴァチカンや英国のウェールズ美術館、米国のボストン美術館、ドイツのマイセン美術館、チェコスロバキアのプラハ美術館などの秘宝をはじめ、国内外の代表的な重要美術品の展覧会を開催した。

一九九三年（平成五年）には、横浜そごうの美術館としての価値をさらに高める出来事があった。「平木浮世絵美術館」の開設である。

リッカーの創業者、平木信二は浮世絵の収集家としても有名であった。戦前、浮世絵では「松方コレクション」、「斎藤コレクション」、「三原コレクション」が三大コレクションと言われていた。戦後、松方コレクションは維持され、その後は東京国立博物館に所蔵されるが、斎藤・三原のコレクションは海外流出の危機に瀕した。それが平木の所有により免れる。平木は銀座のリッカー本社ビルに「リッカー美術館」を開設しコレクションを所蔵・展示するが、平木の死後、盟友であった水島がリッカー美術館の理事長を引き継ぐこととなる。

ミシンメーカーのリッカーは、ミシンの需要のピークが過ぎた頃から、家電メーカーへの転換を図るがうまくいかず、粉飾決算を繰り返すなどして、平木の死から一三年後に倒産する。リッカーの再建支援はダイエーが行い、本社ビルもダイエーグループの所有となった。

ダイエー側は、「ダイエーオーナーの中内㓛をリッカー美術館の理事にするように」と要求してきた。これに理事長の水島は猛反対した。水島は中内とそりが合わなかった。水島とともに戦後の流通業の雄といわれた中内は、水島よりも一〇歳下だった。南方戦線の激戦地から奇跡的に生還した後、神戸で「主婦の店・ダイエー薬局」を創業した。過酷な軍隊経験が中内のその後の人生に大きな影響を与えたことは自他ともに認めるところである。

水島には軍隊の経験はない。一九一二年（明治四五年）生まれの水島は、太平洋戦争開戦時の一九四一年（昭和一六年）は二九歳だった。大学から興銀に入り、終戦まで兵役に就くことはなかった。戦争遂行の重工業への融資を専門とする興銀の行員たちは、徴兵を免除されていたのである。このあたりも、水島と中内の大きな違いの一つである。中内から見れば、水島は「戦争で苦労していないやつら」の一人だった。

中内はスーパーマーケットの業態で「価格破壊」を標榜。事業を大いに拡大し、一九七二年（昭和四七年）には百貨店の三越を抜き、小売業売上高トップとなっている。その後もグループを拡大するとともに、他の流通業者や情報産業のリクルートなども傘下に収め、一大グループを築いた。

一九九一年（平成三年）には経団連副会長に就任するなど、日本経済を代表する地位に就いたが、バブル経済崩壊と阪神淡路大震災で拠点に大きな被害を被るなどした後、ダイエーグループは苦境に陥る。長期にわたるワンマン経営が批判され、二〇〇一年（平成一三年）にグループ代表を辞し、二〇〇四年（平成一六年）、自宅を差し押さえられるなど失意のまま八三歳の生涯を閉じている。

倒産したリッカーの支援を行った頃は、中内の絶頂期である。経済誌などは昭和三〇年代の後半頃から、流通業界に新風を吹き込む経営者として、水島と中内をしばしば比較して評した。だが、水島は中内と比較されることを好まなかった。百貨店業界の旧弊を批判していた水島であるが、やはり百貨店業界の人間である。スーパーを一段低く見ていたような節も見受けられる。また、価値のあるものを相応の対価で買うことが豊かさだと考える水島にとって、中内の言う「価格破壊」は相入れないものであった。

美術館問題は、ダイエー側を代表する副社長・川島博が、「中内社長の理事就任を認めなければ、美術館には即刻出て行ってもらう。また、そのような事態になれば、今後『リッカー』の名称使用は遠慮してもらう」と通告。それが最後通牒の形となり決別した。

水島は横浜そごうでリッカー美術館を受け入れることを指示。六階そごう美術館横の美術画廊を移転させ、そこに第二美術館を美術館仕様で開設して、受け入れスペースがつくられた。名称は「平木浮世絵財団」、「平木浮世絵美術館」に変え、一九九三年（平成五年）三月にオープンとなった。

なお、横浜そごうでの美術館の開館後、千葉そごうはじめ、そごう各店にも美術館が開設されたが、財団法人を取得するには至らなかった。そごうの倒産後、横浜のそごう美術館は財団法人として存続するが、他店の美術館は撤収される。平木浮世絵美術館は水島の中央大学の教え子の一人である鈴木修（スズキ会長）や、中央大学陸上部からリッカーに入社し平木の秘書として水島と平木の関係をよく知っている佐藤光信（平木浮世絵美術館館長）らの尽力により移転され、その後も財団は維持されている。

バブル経済

水島の百貨店経営の集大成ともいえる横浜そごうが開店した一九八五年（昭和六〇年）、

水島は七三歳になっていた。

横浜そごう開店直前の九月二二日、ニューヨークで開かれたG5で「プラザ合意」がなされる。不安定なドル相場下での経済危機を回避するために、協調的なドル安を図ることで各国が同意したわけだが、実質的には、アメリカの対日貿易赤字を減らすための円高誘導であった。

これにより急激に円高が進行し、一ドル二四〇円前後だった為替相場は、一年後には一ドル一五〇円台まで高騰した。深刻な円高不況となり、輸出産業は大打撃を受けて中小企業の倒産が続出し、製造業の国外流出が顕著となった。

これに対し政府は、公共投資拡大などの積極財政策をとるとともに、日銀は公定歩合を引き下げ、長期的に金融緩和を続けた。また、税制改革により法人税や所得税を引き下げ、物品税も撤廃された。可処分所得が増大したため、今度はそれが土地や株式の購入に向かい、その結果、地価や株価が急上昇した。さらに、円高により原油価格が急落し、日本の経済に好影響を与えた。これらにより名目金利が低下し、資産価格は上昇。このような背景でもたらされた好景気は、一九八六年（昭和六一年）一二月から一九九一年（平成三年）二月までの五一カ月間続いた。後年、「バブル景気」と呼ばれた空前の好景気である。

一方、日本の金融機関の資金量は、一九八五年（昭和六〇年）からの五年間で九〇パーセント拡大しており、銀行は貸出先の開拓に追われていた。矢継ぎ早に多店舗化や海外出店を進めていたそごうグループは、設備投資を積極的に行っていたため、低金利の追い風と興銀、長銀をはじめとする金融機関の貸し出し競争もあって、資金を潤沢に調達できた。

そごう各店は出店の際、事前に周辺の土地を購入した。これは水島の指示で行われたもので、開店後は店舗周辺地区の価値が増加し、購入した土地も高騰する。この手法により、そごうは総資産価値を大幅に高めていった。水島が自ら理論化した企業の価値「企業担保」は、バブル時代になって「所有する土地の価値」に偏重した感もある。「土地神話」に支えられていたのである。土地に対する需要が高まるにつれて、個人も企業も資産価値が向上し、それによって消費が刺激された。また、企業収益の向上とともに個人所得も増加し、さらに消費需要を押し上げることとなった。

一九八七年（昭和六二年）に入ると、株式も高値を更新した。一九八九年（平成元年）一二月には、株価は三万八九一五円の最高値を記録。すでに地価や株価は実体経済に見合う価格を超えて高騰していたが、それが「いつ破裂してもおかしくないバブル経済」に突入していると気づき警鐘を鳴らす者はわずかだった。含み益を抱えた企業は経営の多角化を進め、ハイリスクなリゾート開発やゴルフ場開発の事業にも手を出すようになった。そしてそれはさらに、リゾート会員権やゴルフ場会員権の高騰などを誘発した。

海外投資へと進む企業も多かった。多くの日本企業が欧米各都市やハワイなどリゾート地のホテルや不動産を買いあさった。「ジャパン・アズ・ナンバーワン」の呼び声とともに、三菱地所がニューヨークの象徴的なロックフェラーセンターを買収すると、日本脅威論が噴出する。円高により世界を闊歩する日本人が目立つようになり、傲慢な日本人像が世界に蔓延していった。

こうした時代にあって、日本企業は収益率を高めるのではなく、総資産の増加を第一義的な目標とするようになった。

水島はダブルそごうの達成後も、さらに「三〇店舗・トリプルそごう」をめざして、積極的に出店を進めた。好景気に支えられ、国内外へ積極的な投資を行ったのである。その中には、採算が厳しい新規出店や、無謀と思える投資案件も目立つようになった。「放漫経営で大きな損失を出したわけではなかった」と水島や当時の側近たちは後に振り返っているが、それでも多店舗化、設備投資による借り入れは一兆円を超すことになった。

水島は借金をすることに躊躇はなかった。自らが銀行員であった経験から、「銀行は金を貸すのが商売だ」と周囲に言い、「借りなければ事業は拡大しない、停滞する」と持論を展開した。一方で「銀行は芸者と一緒だ。金の切れ目が縁の切れ目。旦那にそれだけの器量がなければすぐに見限る」とも言った。借りた金で必要な敷地の倍の土地を購入し、その値上がりで資産を増やす。それがこの当時は、銀行に器量を見せることになったわけである。

土地の高騰は過去にもあった。水島が高く評価した政治家の一人、田中角栄が首相に就いた一九七二年（昭和四七年）頃。「列島改造ブーム」で全国の地価が高騰した。その後沈静化したが、地価が暴落することはなかった。

水島は田中角栄を高く評価していた。一九七二年（昭和四七年）に総理大臣に就任した頃の田中は、支持率七〇パーセント以上といわれ、人々は「コンピューター付きブルドーザー」とその頭脳と行動力を称えた。だが「金脈問題」で首相在任八八六日で退陣し、一九七六年（昭和五一年）の「ロッキード事件」で逮捕される。このとき、田中逮捕のゴーサインを出したのが水島の古くからの友人である稲葉修である。法務大臣であり、田中と同じ新潟県の出身で選挙区も近かった稲葉は、田中流の政治を快く思っていなかった。所属する派閥の中曽根派が田中擁護であったにもかかわらず、反田中を鮮明にした。逮捕によって田中は、その後、総理へ返り咲く道を閉ざされる。一審の有罪判決後も議員を続け、「闇将軍」として政界に影響力を維持するも、一九八五年（昭和六〇年）に脳梗塞で倒れた後は政治活動は不能となる。

田中逮捕を知ったとき、水島は稲葉に電話して「田中は日本のために必要な政治家だ」と声を荒げた。電話を切った後、「だから法律バカは困る」と言った。

自ら「小学校しか出ていない」と言う土建屋政治家の田中は、稲葉からすれば教養がなく見えていたかもしれない。だが、水島から見ると、明晰な頭脳で東大出の官僚たちを顎で使い、日本中に高速道路をつくり、橋を架け、トンネルを掘り、新幹線を全土に張り巡らせるという構想を打ち上げる田中の姿は痛快であった。田中が求める豊かな日本、とりわけ地方都市のイメージは、そごうの全国展開を始めようしていた時期の水島の、地方の都市開発イメージと一致していた。

一九八〇年代の後半、田中の失脚からすでに一〇年以上が経過していたが、それでも地価は一貫して上がり続ける。「土地は上がり続ける」ということは、「神話」ではなく、当時は「事実」だった。多くの日本人同様、水島もまた、それを信じていた。

トリプルそごう

国内では一九八八年（昭和六三年）一〇月に豊田そごう、一九八九年（平成元年）九月に加古川そごう、一〇月には奈良そごう、多摩そごう、一九九〇年（平成二年）三月に呉そごう、一〇月に西神そごうを相次いで出店。海外では一九八九年（平成元年）一二月にマレーシアにペナンそごう、一九九〇年（平成二年）三月にインドネシアそごう、一二月にはタイにエラワンそごうを出店した。一九九一年（平成三年）一〇月には、海外店も含めると悲願の三〇店舗目となる川口そごうが開店する。「三〇店舗・トリプルそごう」が実現し、ここに日本最大の百貨店グループが誕生した。

「いつ潰れてもおかしくないと言われたそごうが、日本一のデパートになった。次は世界一を目指す」と水島は周囲に語った。わずか三〇年余で日本最大のナショナルチェーンを形成することができたのは、時代も良かったが、水島の先見性と人脈とが結実した成果ともいえる。人々は水島の功績を称えたが、巨大化したそごうグループの現場では、組織に問題も生じていた。もう水島の目が届かなくなっていたのである。

もともと水島は、自分に寄って来る人は拒まなかった。自分を利用しようとする人間だとわかっていても、それを承知でつき合った。人の悪口は好まなかったが、「悪い人間」は見抜き、相応につき合っていた。だが、七〇代後半になってくると、その目が曇ってきたのではないかと、周囲が心配するようなこともあった。多くの人の尊敬を集め称賛を浴びるうちに、そこに交じる甘言や追従を区別することができなくなってきたのではないかと心ある人は心配した。しかし、水島本人にそれを進言できる者はもういなくなっていた。それでも、空前の好景気を背景に、そごうの事業は拡大を続けた。

そごうが二〇店舗を実現し、売上日本一を達成した頃から、水島の関心は店舗数の多さに移っていった。川口そごうの開店で「三〇店舗・トリプルそごう」を達成すると、次の目標を五〇店舗と定めた。それを自身の目の黒いうちに達成したいとの思いに駆られていた水島は、側近の役員が持ち込んだ出店計画を、二つ返事で承認していた。担当役員を信頼していたからこそともいえるが、かつて自らが掲げた経営理念、出店理念を曲げて、採算の合わない店舗展開に乗り出すことも目立つようになった。

また、店舗展開の途中で、条件面、採算面などで問題や無理が生じても、担当役員の巧言に惑わされがちになり、撤退または閉鎖という選択肢は考慮されなかった。「五〇店舗達成」が最優先であり、撤退・閉鎖を水島の前で言い出すことはタブーになったのである。

性善説に立ち、面倒見が良かった水島は、取り巻きの役員を信じた。任せれば必ず応えてくれると思っていたし、力量不足で失敗しても自分が補えばいいと考えた。


水島は、性善説に立っていても、人に私利私欲があることは十分承知していた。しかし、それを上手に利用すればいいとも考えていた。部下が私利私欲で暴走しても、自分が抑えればいいと考えていた。さらに自分に「目が届かない」ということはないとも思っていた。

実際には、一〇店舗を達成した時期、水島は手痛い不正事件に直面している。一九七七年（昭和五二年）に起きた「大和ランド事件」である。そごうの部長が不動産会社に信用を供与したことによる架空不動産取引が発覚し、そごうは三三億円の特別損失を計上せざるを得ない事態となった。この取引をめぐって裁判が起こり、国会でも取り上げられた結果、一九七八年（昭和五三年）五月に行われた一九七七年度株主総会は大いに揉めた。新規出店を加速させようとしていたそごうにとって、大きな痛手となったのである。

同年九月一日の札幌そごう開店を前に、水島は次のように社員に訓示した。

「三〇年間、年一億円の授業料を払って、この会社の安全を保つことにしましょう。もう二度と焼け火箸は握らないという自覚が身につけば、大和ランド事件はまさに天の恩沢です」

だが、水島の願いとは違い、この教訓は安全の担保にはなっていなかったようである。そごう各店の現地法人社長や店長、幹部は「地元で骨を埋める覚悟で」という考えのもと、開店時から一度も人事異動がないことがほとんどだった。これが、不正や腐敗の温床にもなっていた。

水島は利を与えて人を懐柔、説得することはあったが、人を攻撃し排除することはほとんどしなかった。そんな水島にとっては、そごうの役員・幹部は、やんちゃな子供のようなものであり、多少の問題があっても、自分が一切を差配すればいいと考えていたのかもしれない。

そごうが大躍進する中で、「水島王国」を築いた本人が「裸の王様」になっていったのではないかという指摘を、後になってする人もいる。だが水島自身は、組織が巨大化する中で、自身の考えが正しく伝わらなくなっていることに心を痛めることもあった。水島は『経営綱領』を書き上げ、全社員に配布した。それはそごうの歴史と経営の基本、そして自身のものの考え方とあるべき人の生き方についてをまとめたもので、以下の八条からなっていた。「各社」とは、独立別会社方式のグループ会社のことである。

第一条　各社は自らを重んじ独立自歩すべし
第二条　各社はその地における雄たるべし
第三条　各社は地域密着、対應蔓全永久にその地位を保持すべし
第四条　出店に當っては最良の場所に最大の店舗を造るべし
第五条　経営上のチャンスは勇気をもってこれを掴み、臆病によりこれを逃がすべからず。故に各社は明朗、沈着、果敢を旨とすべし
（1）素早く情報を捉え対策恒に時運に先んずべし
（2）不断新たなる多様的個性価値を創造すべし
第六条　各社の毎日は数字との闘争にして数値は各社の總てを決す
積極消極両面より冷厳に認識すべし
第七条　取引は王道に立ち恕を旨とすべし。覇道は何れ滅びるものと識るべし
第八条　各社は恒に同心そごうの旗の下に団結し
全面的相互扶助を鉄則とすべし

（『経営綱領』そごう本社、一九八七年）

開業した横浜そごうが好調で、さらに「トリプルそごう」に挑戦しようという時期の一九八七年（昭和六二年）、水島七五歳のときにまとめた綱領だった。

バルセロナ開発

そごうでは多店舗化を進める中で、海外展開が論議されていた。バブル経済の時代は、高度経済成長期の主役であった重厚長大産業の伸びが鈍化し、「軽薄短小」がもてはやされ、サービス業が経済の主役に躍り出た。不動産や流通業はどこも大きく伸長し、流通業の頂点であった百貨店は地域開発の核となることから、不動産業界にとっても重要な業態となっていた。

水島の古巣の興銀や、同じく重厚長大産業を相手としていた長銀などは、融資先のターゲットを不動産業界や流通業界にシフトし積極的に貸し込んでいく。特に興銀は、そごうの海外進出を巨額の融資により強力に支援する。

水島はそごうの海外展開について、バブル到来以前、一九八一年（昭和五六年）の組合との団体交渉後の懇談会でこう語っている。

「まず、国内を固めておきたい。それというのも国内は、良い場所がなかなか手に入りにくい。それに比べ、東南アジアについては、場所の心配はそれほどない。むしろ、出店する国の政情、パートナー選びなどに慎重にならざるを得ない。このため、これらの調査、確認に時間をかけたい。しかし、やるとなったら果敢にやる。同業他店より大きな店で、三つ、四つは連続して展開したい。これによって、最大のメリットが生まれてくるだろう」

水島はすでにこの段階で東南アジアへの展開を決めていたようだ。国内のほかの百貨店は、一九七〇年代後半に入るとすでに海外への店舗展開を始めていた。しかし、日本人向け免税ショップや小規模な路面店としての進出が大半だった。

水島はそごうのグローバル企業化をめざし、一九八〇年代半ばから、東南アジアや欧米に百貨店事業、レストラン事業、ディベロッパー事業などで多角的展開を図っていった。中でも、成長性が期待できる東南アジアには矢継ぎ早の出店を行った。海外で開店させた百貨店第一号は、タイのバンコクである。

一九八四年（昭和五九年）一二月、タイ・バンコク市内の一等地に建設された複合ショッピングセンター「アマリンプラザ」に、面積一万二〇〇〇平方メートルのタイそごうがオープンした。出店方式は国内と同様、タイ・バンコク経済に貢献すべく、タイ資本との合弁による現地法人方式が取られた。一九九〇年（平成二年）には、隣接地にエラワンそごうを開店させ、タイそごうと相互補完しながら、相乗効果を発揮させた。

これ以降も、香港（一九八五年）、シンガポール（一九八六年以降に三店舗）、台湾（台北・一九八七年、台中・一九九五年）、中国本土（北京・一九九八年）、マレーシア（ペナン・一九八九年、クアラルンプール・一九九四年）、インドネシア（ジャカルタ・一九九〇年）などに店舗網を拡大していく。これらは国内での出店と同様、現地資本との合弁により別会社を設立して、地域密着、地域一番の店づくりを進め、地元経済に貢献することを基本的戦略とした。

一方で、経済が成熟した欧米においては、百貨店の成長性についての見通しが難しいため、比較的小規模な小売店、レストラン、ディベロッパーなどの事業に留めた。いずれも、リスク負担の分散を考え、現地資本との合弁による別会社方式での開発に徹することを基本方針とした。

だが、リスク分散の方針がありながらも、金を貸したい興銀と、店舗数を増やしたい水島の歓心を買いたい一部役員らは、無謀な海外投資を次々に水島に提案し、しかもそのほとんどを、水島は採用するのである。

そごうの海外展開の一例を、この頃の水島とそごうの実情の象徴として、少し詳しく述べよう。

現在、世界的に有名なスペイン・バルセロナのホテルアーツも水島によって計画・着工された。四四階建て四八三ルームのホテル、最上階四〇戸の超豪華マンションからなり、一九九四年（平成六年）にオープンした。このプロジェクトはホテルアーツのほか、隣接するショッピングセンター、裏側にオフィスビル、海岸にボート寄も建設されたものである。一九九二年（平成四年）のバルセロナオリンピックに合わせて、二〇〇億円で建設するという計画から始まったものであった。しかし工事は遅れ、また工事費も大きく膨らんだ。さらにオープン後のショッピングセンターの核である売り場面積七四〇〇平方メートルのそごうバルセロナ店は赤字が続くなど、苦難のプロジェクトであった。

当時、経理担当者の一人であった小磯哲朗は、次のように述懐している。

「バルセロナプロジェクトとの関わりは、私が米国でＵＳそごうの公認会計士をしていたことから始まりました。このプロジェクトは、そごう本社とアメリカ人のトラベルステッドという個人事業主との五〇パーセント五〇パーセントのパートナーシップで進められました。トラベルステッドはマネージングパートナーで、資金はそごうが用意する。工事はトラベルステッドが行い、成果は半々という契約でした。トラベルステッドはオランダに会社をつくり、オランダの会社がスペインに三つ子会社を設立し、その三社が工事を行っていました。

資金の大部分はＵＳそごうが興銀から融資を受け、その半分に手数料的金利を付けてトラベルステッドに融資し、五〇パーセント五〇パーセントの資本金にしていました。しかし融資金額がどんどん増えていったので、私はＵＳそごうの山本光宏常務に『山本さん、本社で決済されている事業でも、これほど多額になっているのに、黙って指示に従っていてよいのですか。もしこの状態を続けるのなら、ぜひ会長に事実を話して許可を取っていただきたい』と警告いたしました」

その警告の後、そごう有楽町本社でそごう最高幹部二四人出席の会議が開かれ、小磯も出席した。この時点で、二〇〇億円の予算でスタートしたプロジェクトは約八〇〇億円に膨らんでいたのである。会議では、当時のプロジェクトの責任者がこう説明した。

「トラベルステッドに工事の指揮を執らせていたのでは費用がコントロールできない。それで、そごうがマネージングパートナーになるために五〇〇万ドル支払い、トラベルステッドにジェネラルパートナーの権利を放棄させるために約四〇〇億円の債権放棄をしました。今後完成するホテル最上階四〇戸のマンションに関しては、彼らに今まで通りのオプション権を与えました」

この報告を聞いた小磯が「誠に恥ずかしい質問なのですが、債権放棄というのは融資している四〇〇億円を返してもらわないということでしょうか」と尋ねると、担当者は「はい、そうです」と簡単に言う。水島も「君、本当に債権放棄をしたのかね」と問うと、再びその担当者が「はい、いたしました」と返事をした。

小磯を含め、みな水島を見た。以下、小磯の述懐である。

「水島会長はしばらく間をおいて、『ううん……君は僕にもできないことをするなあ』とおっしゃいました。しかし、それで終わりです。自分は許可していないとか、何らかの非難叱責をすることもありませんでした。会議終了後、水島会長は私に、『お聞きの通りだ。解決を図りたいので、君、申し訳ないがライフワークのつもりで山本さん（山本常務）と一緒に私を助けてもらえないか』と依頼されました。この方のスケールの大きさと、その確固たる信念を感じさせる人柄に心を打たれたので、少しでもお役に立てればとお引き受けして、山本常務と二人三脚でバルセロナプロジェクトの立て直しに献身いたしました」

小磯らは、まずトラベルステッドとベニスで会い、バルセロナプロジェクトの件で水島が直接話し合いたいので来日してほしい旨を伝え、東京に呼んだ。一九九四年（平成六年）の初め、ホテルアーツは最上階のコンドミニアムを除いてすべて完成。リッツカールトンによって運営され、客室稼働率九七〜九八パーセントという好成績だった。しかし、隣接するショッピングモール、特にそごうデパートは毎月かなり多額の赤字を続けていた。

工事は、ホテルもショッピングセンターも完璧に行われ、建物は最高級の仕上がりだった。実は投資家・トラベルステッドは建築家で、ニューヨークでビルを数件建設したという経歴の持ち主。建築に関しては常に妥協せず超一流の建物をめざしていた。

「彼は知識が広く、信念と技術で超一流の建物をつくるという狂気さえ持つ天才といえるような男でした。山本常務と私は、この男には二人がかりでないと相手できないと呟いたくらいです」（小磯）

トラベルステッドは、費用がかさんだ原因はオリンピック開会に間に合わせるために建設資材、人件費、工事費などがウナギ昇りに急上昇し、費用のコントロールができなかったからだと説明していた。実際、このプロジェクトを聞いたスペイン事情に詳しい水島の知人が、プロジェクトはオリンピックが終わってから取り組むべきだと進言したほど、バルセロナオリンピックまでは現地経済はバブル状態であった。

東京での水島とトラベルステッドとの会談の結果、最上階の四〇戸の超豪華マンションはトラベルステッドが工事を完成させ、彼が持つ取得権のオプションは放棄することで合意した。小磯らによれば、会談後、トラベルステッドは水島を大変尊敬するようになり、「その後彼がセカンドワイフとの間にもうけた男の子には「ＨＩＲＯＯ」と名づけたと聞いています」（小磯）という後日談がある。

このような経緯で開店したそごうバルセロナは赤字状態を抜け切ることができず、一九九二年（平成四年）の開店から四年後の一九九六年（平成八年）に閉店。ホテルを含めすべてドイツの銀行に売却され、そごうはこのプロジェクトから撤退した。

このときのドイツの銀行への売却の条件は悪かった。これらは銀行や銀行からそごうに出向してきた役員が主導して行った。銀行は無謀な投資を持ちかけて巨額の融資を行い、バブルが弾けるや回収に奔走したわけである。

バルセロナの投資は、ロサンゼルスのＵＳそごうが興銀から融資を受けたと書いたが、アメリカ本土には、そごうの百貨店は建設されなかった。ビバリーヒルズのショッピングセンターにわずかな期間出店しただけである。当時、競合他社に負けまいとアメリカをはじめ海外の不動産投資を盛んにやっていた企業の一つが、興銀の子会社である興和不動産である。興銀が駐在員事務所程度のＵＳそごうに巨額融資し、その資金をあてにした興和不動産がヨーロッパなどの開発物件を物色した。そごうの海外展開の実務の多くは、興銀・興和の人間たちにより行われていたのである。そごう関係者が「そごうの海外の赤字は、興銀がつくった」と言う所以である。

これと似たようなことが、海外案件だけでなく、国内案件でも多々あったのである。例えば、一九九二年（平成四年）に開店し八年後に閉店する茂原そごうは、誰もが「あんなところで大型百貨店は無理」と言った店舗である。水島も「成り立ちっこないから、やめとけ」と言い、役員会でもやめると決まったと聞いていた。ところが、当時の千葉そごうの代表権を持っていた役員が市長と意気投合し、再開発に進出する契約をしてしまった。「会社の代表者がサインしてはやめるわけにはいかない」と水島は追認する。

わずか五年前に全社員に配布した水島の思い『経営綱領』に掲げた言葉と精神、そして一九九〇年（平成二年）、七八歳で書き上げた『経営の心』で示した思いは、すでに顧みられぬも同然の状態となっていたのである。

第六章　苦難と屈辱

銀行の介入

平成に入っても、土地と株の高騰は常軌を逸していた。そして銀行は貸し出し競争を繰り広げた。この頃、水島は役員たちにこう言っていた。

「借金は常にしなさい。借金を返すために頑張ろうとすれば意欲や進取の気性が湧いてくる。反対に無借金経営は、企業内に油断と奢りがはびこる。一兆二〇〇〇億円の借り入れは設備費だから心配ない。四〇店舗の箱は一兆二〇〇〇億円ではつくれない。もっと借金をする。後は稼ぐだけだ」

ところが、ある時期から銀行が金を貸し渋るようになった。さらには、回収を急ぐようになってきたのである。

日銀は土地や株の異常な高騰を沈静化させるために金融引き締め政策をとった。一九八九年（平成元年）五月から一年三カ月の間に、五回の利上げが実施され、二・五パーセントだった公定歩合は六パーセント台まで引き上げられた。また、一九九〇年（平成二年）に一一・七パーセントだった通貨供給量の増加率は、一九九二年（平成四年）には〇・六パーセントとなってしまった。土地や株の投機筋が一斉に手を引き始めた。

その結果、好景気は終焉した。バブル経済の崩壊である。市場から株、不動産を買うための資金が一気になくなり、株価や不動産価格が暴落した。株や土地などの資産価値が下落すると、一転して大きなキャピタルロスを抱える個人や企業が増え、資産価格の上昇による利益を当てにして過大な投資をしていた企業や投機家は、多大な損失を抱える事態となった。オイルショック後の一九七三年（昭和四八年）一二月から一七年三カ月間続いてきた安定成長期は、このバブル崩壊とともに終了した。

だが多くの日本人は、まだこの時期、事態が深刻化、長期化するのを予期していなかった。一過性の不景気であり、時を待てばまた好景気がやってくると考えていた。景気動向指数は、一九九〇年（平成二年）一〇月をピークに低下傾向を示し、一九九三年（平成五年）一二月まで低下を続けることとなる。「失われた二〇年」の始まりである。

そして金融引き締め策は、金融機関の破綻をも招いた。一九九七年（平成九年）一一月には北海道拓殖銀行が営業を断念し、山一證券も廃業した。一九九八年（平成一〇年）一〇月には、日本長期信用銀行と日本債券信用銀行が相次いで国有化される。金融機関の多くが不良債権の増加や株価低迷のあおりを受け経営危機となり、事実上の倒産となる銀行も出始め金融危機の様相を呈した。この金融界の危機が、水島そごうの悲劇となる。

一九九一年（平成三年）一〇月、川口そごうの開店でそごうグループは念願の「三〇店舗・トリプルそごう」を達成した。水島は八〇歳を迎えようとしていたが、拡大への意欲は衰えなかった。「五〇店舗を目指そう」というスローガンを掲げ、国内外を問わず多店舗化に拍車が掛かっていた。しかし、この時期すでに、ノンバンクや不動産投資に対しての銀行の不良債権が問題となり、事業拡大のための借り入れは難しくなりつつあった。

一九九五年（平成七年）には住専七社が破綻した。一九九六年（平成八年）の通常国会に不良債権処理問題が提出、審議され、住専処理機構により不良債権が処理されることとなった。この頃、そごうの借入金はすでに一兆八〇〇〇億円程度で、中でも興銀、長銀は巨額の融資をしていた。

両行はそごうを監視すべく、一九九四年（平成六年）に興銀からは名取正、長銀からは阿部泰治を送り込んできた。そして、巨額の借入金の返済計画を中心とする再建計画の策定を要求してきた。金融界が揺れ動き始めていた時期だけに、興銀、長銀としてもかなり踏み込んだ体制で臨んだ。不採算店、不採算事業、海外事業、投資案件に対して厳しくチェックするための体制を敷いたのである。同時にこの時点での興銀は、水島の信頼が厚く、興銀の思惑にも理解を示していると見た常務・岩村榮一の社長就任を強く望んだ。

経営者としての水島のマイナス面として、「後継者を育てなかったこと」を挙げる人は多い。多くのワンマン経営者同様、水島も後継者を育てなかった。また、後継を意識した親族のそごう本体への採用はしなかった。取締役となった甥の水島有一が都市銀行からそごうに移るなどわずかな例があるだけで、周囲の見方はともかく、水島にも親族入社の本人にも、水島廣雄の後継となるつもりなどなかった。

水島は親族による世襲は考えておらず、部下の中から将来のトップをと考えていた。しかし、すべてを取り仕切っていた水島からすれば、どの部下も自分の後継としては物足りなかったのかもしれない。また、五〇歳で社長に就任し、がむしゃらに走ってきた水島にとって、三〇年余はあっという間であった。つまり自分では「長期政権」という実感はなかったのではないか。

そして何よりも、記憶力や気力にまったく衰えを感じていない水島には、自身が引退するという考えはなかった。権力にしがみつくのではなく、経済環境が悪化してくれば、「回収」しか頭にない銀行が介入すれば、自分が描き進めてきたそごうの経営プランは破壊されると考えていた。

一方、興銀は、カリスマとして君臨する水島を排除したかった。というより、拡大主義者の水島がいては、自らが描くリストラを軸とする再建プランは進められないと考えたからだ。興銀の説得に、水島は代表権を保持し続ける条件で応じた。一九九四年（平成六年）五月の株主総会で、本体である株式会社そごうの社長に岩村が就任。水島は代表取締役会長となることとなった。あわせて興銀の名取、長銀の阿部と、プロパーの山田恭一、井上忠次が副社長に就任した。

岩村は「水島そごうのプリンス」として、早くから水島の後継者と目されていた。水島はこの人事を「岩村社長と名取副社長はとてもいいコンビだ。きっと上手くやってくれるだろう」と周囲に語っていた。自分は会長として大所高所からグループ全般を見て、銀行への睨みをきかせればいいと、この時点では考えていたのである。

岩村新社長のもと、リストラの手始めとして、同年一〇月、八王子郊外に一九九二年（平成四年）六月にオープンしたばかりの柚木そごうが閉店した。そごうグループ初の撤退であった。

阪神淡路大震災

岩村体制のもとで第一次再建計画策定の最中、一九九五年（平成七年）一月一七日午前五時四六分、阪神淡路大震災が関西を襲った。マグニチュード七・三の地震で震度六を観測した神戸市内のそごう神戸店も、甚大な被害を受けた。

神戸店は一九三三年（昭和八年）に開店したそごう本体直営の老舗店で、グループの稼ぎ頭の一つでもあった。一九六七年（昭和四二年）の三宮駅前開発で増床、一九六九年（昭和四四年）の本館増改築を経て、一九八四年（昭和五九年）に新館をオープンさせていた。

地震により、本館を中心に床が落ち、手のつけられない状態だったが、幸い早朝ということもあって人的被害は免れた。

リストラをスタートさせようとしていたまさにそのとき、そごうは甚大な被害に遭った。再建計画の最大の問題として神戸店復興問題が浮上し、復興策としては二つの選択肢が机上に載った。

一つは、崩れた建物を補修し、耐震構造にして再生するという計画である。これなら復旧に一年もかからず、投資も小さく再建できる。もう一つは、完全な建て替え計画である。建て替えに三年前後はかかるが、その間は、ハーバーランドを撤退した百貨店の跡地を借用し営業を続けるという案だった。

神戸店の土地の大半は阪神電鉄の所有だった。過去、建て替えを申し入れたことがあるが、阪神電鉄からは「建て替えるのであれば返還してほしい」と返答され、改装で凌いできた経緯があった。「大震災による建て替え」であれば、阪神電鉄も拒否できないであろう。これをチャンスに、稼げる神戸店をいっそう大きくしようという考えである。

周囲は、これまでの水島の思考からは、当然、建替え案が採用されると思っていた。水島は『経営綱領』に自ら、「最良の場所に、最大規模の地域一番店」と記している。しかし、水島は「投資が少なく、早く営業再開できる」補修案を選択した。

神戸店の補修は副社長の山田が陣頭指揮を執り、一九九六年（平成八年）四月、営業を再開する。しかし、耐震構造に対応したため巨大な柱が店内各所に出現。売り場を見通すことができず、使い勝手の悪さは否めなかった。それが客足にも影響したのか、神戸店の売上は震災前に戻らなかった。大きな収益源だった神戸店の不振は第一次再建計画を大幅に狂わせることとなる。

店舗の被災はそごうだけではなかった。三宮阪急は、入居していた神戸阪急ビルが全壊し閉店した。また、大丸神戸店は、本館の三階部分が倒壊した。そこで建て直して新館とし、倒壊を免れた西館も全面改装して「復興グランドオープン」として再開した。そごうより一年遅れた一九九七年（平成九年）三月のことである。建て替え後の大丸は好調で、そごうとは明暗を分ける形となった。ある元幹部は「結果論かもしれないが、長期的な視点に立てば、全面建替えを選択すべきだった」と無念がる。

新しい経営体制の下、一九九五年（平成七年）三月からそごうの第一次再建計画が本格的に始まった。計画の骨子は売上を嵩上げし、利益を確保するという従来の考えを踏襲したもので、「甘い」と指摘されても仕方ない内容だった。柚木そごうの撤退以外は、不採算店、不採算事業にメスを入れるものではなかった。そして、後に水島を窮地に追いやる錦糸町そごうも、採算が厳しいと言われる中で出店準備を進めることになった。

「現状のままで再建する。景気は間もなく回復する。臥薪嘗胆、全員で頑張ればこの難局は乗り越えられる、そごうの日本一の座は守る」

　そう水島は社内に号令していた。


　再開した神戸店の不振もあって、第一次再建計画の見通しは立たず、一九九七年（平成九年）からの第二次再建計画を立てることとなった。だがこの段階でも、水島は店舗の撤退には反対だった。

「不採算店を処理すれば多額の損を被る。そのままにしておけば年一〇億円ぐらいの利息分の赤字ですむ。そのうち景気が回復すれば、そんなもの一挙に消せる。柚木そごうの撤退では一六〇億円の損を出した。もう、そんなことはできない」

　そう断言する水島の考えにより、第二次の再建計画でも不採算店処理の問題は先送りされ、相変わらず売上増を期待した再建計画が策定された。しかし、それだけで興銀、長銀を納得させることはできない。従業員は、一律賃金五パーセントカット、役員報酬も五〜一五パーセントのカットということになった。

　これに対して、組合からの強い反対もなかった。「水島王国」の不思議な力である。かつては難渋した組合対策だったが、水島はいつの間にか組合執行部も懐に取り込んでいたのである。王国は完成したが、それが王様である水島を、ある面で裸にしていったのかもしれない。

長銀破綻

グループ挙げてのリストラの中、都内二店舗目の錦糸町そごうが開店した。有楽町に次ぐ二店目の都心店の開店は、そごうにとっての悲願であった。一九九七年（平成九年）二月、水島がそごうに入社し三九年の歳月が経っていた。しかし、このときに興銀から借り入れた錦糸町そごうの開店資金二〇〇億円に対し水島が個人保証したことが、後日大きな問題となる。

新たな都心店誕生という華々しさの一方で、翌三月、そごうグループの各店長は第二次再建計画の説明会を各店で開き、社員の理解を得るべく説得に努めた。同時に金融機関に対しても再建計画の説明が行われたが、「こんな計画ではダメだ。我々は損を覚悟している。抜本策は出ないのか。主力行の興銀、長銀は了解しているのか」と各行担当者から詰め寄られた。

再建計画がスタートした直後の四月から消費税が三パーセントから五パーセントに引き上げられ消費が冷え込み、景気はさらに悪化した。そごうは賃金カットや経費の徹底した削減などのリストラ策を講じたが、一九九八年（平成一〇年）二月期決算も、その後の八月のそごうグループの中間決算も惨憺たる結果に終わった。

一九九八年（平成一〇年）一〇月、予期せぬことが起こった。主力行である長銀が破綻したのである。

長銀破綻に対して、岩村は「尋常な再建策では、そごうはもうこれ以上もたない」と判断し、会社更生法の適用を視野に入れた緊急対策を検討した。そして岩村は決断した。「今、会社更生法が適用されれば、現経営陣は退陣しても『そごう』の名は何とか残る。新しい役員の下で再建を進めれば、そごうは生き残ることができる。水島会長の立場も何とか守ることができる」

そう周囲に語り､水島のもとに向かった。だが､岩村の対策案は採用されることはなかった。岩村は水島に会社更生法による再建策を説明したが、水島は拒否した。手塩にかけて築き上げた日本一のそごうグループを突然に、そう簡単に手放すことはできないと考えるのは当然である。また、水島は興銀のことを考えた。

この時点でそごうが会社更生法を申請し受理されれば、興銀はそごうに対する巨額の債権を放棄せざるを得ないし、貸し手責任の追及は免れない。会社更生法が適用されれば、興銀自体がおかしくなる。興銀は会社更生法には反対だろう、と。水島は古巣の興銀のことを思ったし、功労者である自分を興銀が見捨てることはないと信じていた。興銀と異なる考えの岩村の案は受け入れることができなかった。

水島から再建案を拒否された岩村は、「万策尽きた」との思いか、社長を辞任した。若いときから水島の覚えめでたく、「そごうのプリンス」として水島の後を継いだが、社長としての重大な決断を会長の水島に否定され、もう何もできないと感じたのだろう。

新たに副社長の山田が社長代行となり、今後の再建計画を推進するために組織された「事業改革委員会」の座長となった。「事業改革委員会」が一九九九年（平成一一年）三月に策定した再建計画は、グループ全体で二〇〇〇人の人員削減と資産売却が主な方策だったが、相変わらず不採算店、不採算事業にメスを入れることはなかった。当然、関係金融機関からは「これでは融資は続けられない」と批判された。


こうした中、四月、社長代行の山田が正式に社長に就任した。水島が山田の社長就任を了承したのは、それが興銀の意向だと判断したからである。興銀と一緒にやっていくということが、水島が描く再建の道筋だった。実際、その年の一二月に、水島は山田から「興銀の西村正雄頭取に呼ばれ、『あんたをそごうの社長に置いておくから、安心して頑張れ』と言われた」という報告を受けている。

水島も山田も、「興銀がついていれば大丈夫」と考えていた。だが、興銀サイドの思惑は違った。長銀破綻後のそごうのリストラは完全に興銀の掌握下に置かれた。しかし、興銀も長銀破綻を目のあたりにして大混乱をきたしていた。明日は我が身である。

このとき、すでに国会では民事再生法が審議されており、法制化は目前だった。会社更生法適用の場合、裁判所から指名される管財人が更生に対しての権限を有するが、民事再生法の場合は当該経営陣、債権者の意向が反映される。そごうの緊急事態を打開するのにどちらが選択されるべきか。興銀幹部は、そごうの都合ではなく興銀の都合で検討した。

当然、興銀の西村頭取も松本善臣副頭取も民事再生法の法制化を熟知していた。民事再生法の申請ということになれば、債権者である興銀の意向が尊重される。つまり、現状のそごうの最大の債権者である興銀が主導して再建計画を進めることができる。そごうの再建は、岩村案の会社更生法ではなく、民事再生法でいくという方針が、どこかの時点で興銀内部では意思決定されていたのであろう。だが、この時点では水島も山田も、そのことを知らない。


水島は、興銀は必ず自分を支えると信じていた。ましてや自分を裏切ったり騙したりするなどとは考えもしなかった。それは、単に自分が興銀出身だからというのではなく、自分はこれまで、興銀に多大な貢献をしてきたという自負があったからである。

かつて、敬愛する元上司で、退職後も親交があった中山素平ですら「流通に回す金はない」と言っていた重厚長大産業の時代が終わった。一九八〇年代以降、融資先の獲得に奔走する後輩の興銀マンたちのために、水島はそごうだけでなく、人脈を駆使してさまざまな大型プロジェクトを紹介した。それだけではない。前述したジャパンライン事件のように、興銀が感謝してもしきれないほど役に立ってきたはずである。

水島は興銀から、多大な貢献の御礼として「金杯」をもらっている。中山素平が頭取の時代である。興銀の歴史の中で、ほかに金杯を贈られた人物は、日産自動車を立て直した川又克二、興和不動産を創設した佐藤悟一しかいなかったといわれている。あまり酒を飲まなかった水島だが、正月は必ず、この金杯でお屠蘇を飲んだ。金杯はジャパンライン事件の際にもらったが、それだけの功ではなく、それ以前のことも含めた功績でもらったものだと水島は言っている。そのうちの一つは、次のようなことである。

ジャパンライン事件と同じ頃、興銀マンの寺田某が、三菱銀行との間でトラブルを生じた。彼は三菱銀行を相手に個人として訴訟を起こすと息巻いていた。

三菱銀行側は「一行員を処分できないようであれば、興銀と取引をやめ、今後興銀債は買わない」と、この訴訟に猛反発した。当時、三菱銀行は興銀債の最大の引き受け手であった。三菱銀行が興銀債を引き受けなければ、興銀は資金繰りができず、経営が立ち行かなくなる。このため、興銀内部では、彼に訴訟を取り下げるよう説得した。しかし頑として譲らない。さまざまに説得を試みたところ、旧知の水島が間に入るなら、事態収拾を考えてもいいと言い出した。

こうして興銀は水島に仲裁を依頼。間に入った水島は、当人に対し善後策を講じるとともに、退職後の身の振り方も提示した。結果、当人と三菱銀行、そして興銀の三方が納得する形で話を収束させた。

この一件も、金杯授与の功績の一つである。この金杯がある限り、いつまでも興銀は味方だと思っていたのである。

会長辞任、そごう倒産

一九九九年（平成一一年）九月、希望退職者への説明会が始まった。一一月には第一次希望退職者五〇〇名前後が退職に応じた。それでも翌年二月の決算も惨憺たるもので、第二次再建計画初年度の目標達成には至らなかった。計画はまたもや見直しを迫られ、いよいよ国内外一七店舗の整理を行うことになった。

そごう再建のためには、まずは全金融機関にそごうに対する債権を放棄してもらうしかなかった。しかし、それには水島に経営責任を取ってもらい、権限や影響力を完全に放棄させなくてはならないというのが、再建案を練る「事業改革委員会」の一致した考えであった。また再建計画のイニシアチブを取っていた興銀も同意見で、水島を説得するために常務の池田輝三郎を担当にあてた。そごう出身の委員会のメンバーは、「全金融機関にそごうに対する債権を放棄してもらうこと」を前提として水島を説得せよと興銀側が要請することについて、誰も異議を唱えなかった。

池田は、①水島が責任を取って全役職から退任すること、②水島が保有する千葉そごう、川口そごうの全株式をそごうに差し出す……の二点を提示し、それを受け入れてもらえれば、金融機関は六三九〇億円の債権を放棄してくれると水島を説得した。水島はなかなか応じなかったが、池田の辛抱強い説得に折れた。

二〇〇〇年（平成一二年）二月、水島は金融機関の債権放棄を条件に、自身の持ち株すべてを興銀に差し出した。続いて四月には経営責任を取る形で会長職を辞した。そごう入社から四二年。自身が育て、分身のように思っていたそごうから、完全に身を引くこととなった。そごうを再建するにはそれしかないと、水島も最後はそう判断したのである。

水島の会長辞任と同時に、そごうは金融機関七三行に対して債権放棄を要請した。四月六日に発表した再建計画は、このほかに不採算店一〇店の整理・撤退も含まれていた。また、山田以下の現経営陣は当面再建計画を推進するために在留するが、そごう再建に目処がついてから辞任することも併せて表明した。金融機関は債権放棄に応じざるを得ないという形となった。

金融機関への債権放棄要請のうち、旧長銀のそごうに対する債権を引き継いだ新生銀行は、預金保険機構に判断を委ねた。六月三〇日、機構はそごうに対する債権二〇〇〇億円を買い取り、そのうち九七〇億円を債権放棄することに応じた。

こうして、そごうグループは何とか生き残ることができると関係者は思った。また水島も、自分は身を引いても、そごうを残すことができたと少し安堵した。ところが、預金保険機構がそごうの債権放棄に応じた途端に、「税金でなぜ私企業のそごうを助けるのか」という国民的規模での批判が沸き起こったのである。批判の急先鋒であり、報道を一貫してリードしたのは読売新聞である。

読売はこの問題を大々的に取り上げ、水島の経営責任を追及した。さらに号外まで出して「金融機関はそごうに対する債権放棄には応じるべきでない」と報じたのである。そして「そごうには民事再生法が適用されるべきである」と突然主張し始めた。

水島は最初、なぜ急に読売が騒ぎ始めたのかと思った。だが、そごうを去り北沢の自宅にいる水島には、読売の意図を確認するルートが途絶えていた。読売の報道で世間が騒ぎ始めると、テレビ各局や新聞各紙もそれに追随し、次第に報道は過熱した。呼応して世間もヒートアップし、ついにはそごうの不買運動にまで発展した。さらに、税金による一私企業の救済は許されないとして、国会でも与野党挙げて論議されるに至り、政府も関与してきた。そごうと銀行の問題が、政治問題化してきたのである。後の新聞報道によれば、政府与党首脳と興銀との間で、そごうの処理について何度も意見交換されていたようである。

思わぬ展開に、山田をはじめそごう経営陣もただ狼狽していた。そのような中で社長室の山田に奇妙な電話が入る。相手は興銀頭取の西村で、七月一一日のことである。

「後で自民党の亀井静香政調会長から電話が入る。それで事態が変わるだろう。席にいてほしい」

そう電話で西村に言われた山田は、「わかりました」と電話を待った。政調会長とは面識がないし、水島との接点も聞いたことがない。警察官僚出身の政治家が、そごうの再建計画や債権放棄についても知るはずもなく、預金保険機構に対する権限を持つ立場にもないはずだった。だが、当時の自民党の実力者であることだけは確かだった。いぶかる山田のもとに亀井から電話が入る。電話は「預金保険機構に要請した債権放棄要請をそごうから取り下げてほしい」という趣旨だった。

話の内容がよく理解できなかった山田は、「興銀の西村頭取と相談します」と答え、すぐに西村に電話をかけた。西村はこう言った。

「債権放棄要請を取り下げ、民事再生法の適用を申請すればすべてが上手くいく。現経営者の経営責任も問われることなく、現状のままでそごうを再建することができる」

以上は、後日山田やその場にいた役員が水島に報告した事情である。興銀頼りの山田は、西村に言われるままに急遽臨時取締役会を招集し、民事再生法適用申請を説明、出席者の賛同を得た。当然、そこに水島が出席する資格はなく、また相談を受けることもなかった。そして電話の翌日、そごうは債権放棄要請を取り下げ、民事再生法適用を申請し、事実上倒産。七月二六日、再生手続きが開始された。

民事再生法下でのそごう再建は、旧経営陣を一掃し、西村が要請した和田繁明によって進められる。和田はバブル崩壊後に危機を迎えていた西武百貨店の改革の陣頭指揮を執り、メインバンクの第一勧業銀行と対立して西武を追われたという経歴を持つ。

水島は百貨店の社長同士ということで和田のことは知っていた。だが、特段親しいという関係ではなかった。むしろ、和田が第一勧銀と対立する一方で、その放漫経営を批判した相手である西武百貨店・セゾングループのオーナーである堤清二とは長いつき合いがあった。東大時代は共産党の党員であり、その後転向し辻井喬のペンネームで作家としても活躍。若い頃は女優との浮名を流した堤について、水島は特段親しかったわけではないが、堤が中央大学で経済学の博士号を取得したことは知っていた。水島がそごうに入った頃、堤は西武百貨店の取締役池袋店長であり、その頃新卒で入社したのが和田であった。

その和田と西村は、すでに水島が社長から会長となった頃から接触していたようである。和田は、そごう再建では一度会社を潰した上で、公的整理などによる債権の大幅削減をすべきと考えていたようで、民事再生法適用は彼の考えに合致していた。そして東京地裁が民事再生法の開始決定を下したことを受け、和田は次期社長含みのそごう特別顧問に就任する。山田もそごうを追われるのである。

和田の古巣の西武百貨店とセゾングループは、第一勧銀の負の遺産の最大なものの一つであった。グループの中核企業である西洋環境開発の不良債権問題は、同じこの年の七月に東京地裁に対して同社の特別清算を申請したことで一応の決着がつけられた。

そして、和田社長体制のそごうは、関連会社の架空取引や違法配当などに関して、水島に一一三億円の賠償を要求した。二〇〇〇年（平成一二年）一二月八日、東京地裁は水島を含む旧経営陣一七名に対し、六〇億円の支払いを命じた。

和田はその後、債務超過に陥った西武百貨店にそごうの社長のまま特別顧問に就任する。二〇〇一年（平成一三年）一月三一日、（株）そごう、（株）新千葉そごう、（株）柏そごう、（株）横浜そごう、（株）大宮そごう、（株）川口そごう、（株）八王子そごう、（株）千葉そごう、（株）西神そごう、（株）廣島そごう、（株）廣島そごう新館、（株）呉そごう、（株）徳島そごうの一三社について、債権者集会での賛成を得て、再生計画が認可された。

そごうと西武の経営危機の状況は、その後実態が明らかになるにつれ、西武のほうがより深刻だったという見方も出てきた。だから両社の合体は、結果的にそごうの資産による西武の救済だったとする向きもある。実際、その後の旗艦店、主力店が横浜や千葉など旧そごうの店舗であることなどから、旧そごう幹部ではそう考える人も多い。水島もそう見た。それでも和田新体制の布陣は旧西武で占められた。水島からすれば、「西武にそごうを乗っ取られた」と思わざるを得ないこととなってしまったのである。

和田体制のそごう・西武の再建策は、水島にとってはどれも腹立たしいものばかりだった。例えば、文化的建造物ともいわれた村野藤吾設計の心斎橋本店（大阪店）は、市民から保存要望があるにもかかわらず、二〇〇三年（平成一五年）に解体される。跡地に二〇〇五年（平成一七年）に新装開店した大阪店は、わずか四年で閉鎖され、隣接の大丸に売却される。かつて「せめてお隣の大丸さんの、後塵を拝するところまで追いつきたい」と思い、そしてついに追いつき、追い越したと自負していた水島からすれば、このニュースを知ったときは辛かった。

再建にあたり設立された「十合」の商号は、旧大阪店が解体された年に、ミレニアムリテイリングに変更される。その後、興銀、第一勧銀などが合併してできたみずほフィナンシャルグループなどの主導により、会社自体の売却が行われる。最初の候補は、岡田卓也が率いるイオングループだったともいわれている。四日市の老舗の当主であり、地方の流通小売業者を糾合し一大グループをつくっていく岡田を、水島は高く評価し親しくしていた。岡田は地方の多くの百貨店の救済を手掛けていた。だが、そごう・西武との交渉の経緯は水島のあずかり知らぬことであり、岡田が引き受けることはなかった。

そして結局は、水島の中央大学の後輩として旧知の鈴木敏文が引き受けることとなる。みずほや和田の持つ株が売却され、そごう・西武は二〇〇六年（平成一八年）に鈴木が率いるセブン＆アイ・ホールディングスの完全子会社となり、本当の意味での再スタートを切るのである。

銀行はどうなったのか。

一九九八年（平成一〇年）に破綻する長銀は、特別公的管理銀行として国有化される。そして二〇〇〇年（平成一二年）三月にアメリカのファンドであるリップルウッドらの投資組合に売却され、「新生銀行」として再出発する。だが、この売却契約の中には新生銀行が引き継いだ債権が三年以内に二割以上下落したら、国に買取請求を行うという瑕疵担保条項が含まれていた。新生銀行はこの条項を使い、有効期限内に不良債権を一掃しつつ貸倒引当金戻入益を計上した。その結果、そごうや信販のライフ、第一ホテル、エルカクエイ(角栄建設)などが次々と倒産に追い込まれたという見方もある。「ハゲタカファンド」という言葉は、リップルウッドらのこうしたやり方を批判して生まれた言葉である。

この見方に立ち、そごうの倒産は国民を欺く問題のすり替えで、問題は長銀をリップルウッドに売った契約にあるとするジャーナリストの田原総一朗は、そごうが倒産した二〇〇〇年七月発行の週刊誌のコラム（『週刊朝日』「そこが知りたい！　田原総一朗のギロン堂」）にこう書いている。


経済学者の一人は「そごう倒産というのは、国民だましのための、問題のすりかえ」だと言い切った。「マスコミのミスリードもあって、国民の批判は、なぜそごうという一私企業を救うために国民の税金が使われるのだ、という一点に集中した。」(中略)

繰り返し記す。国民の税金が一私企業そごうに投入されるかどうか、という問題提起自体が間違いなのである。

（『日本のカラクリ』二〇〇一年、朝日新聞社刊に収録）

一方の興銀は二〇〇〇年（平成一二年）、第一勧銀と富士銀行とともに金融持ち株会社・みずほホールディングスを設立し、興銀の業務の大半は、みずほコーポレート銀行として再出発することになる。仮にそごうの債権放棄に応じていたら三行合併は成立せず、長銀と同じ道を歩んだといわれている。みずほコーポレート銀行は興銀救済のための銀行とも言われたが、西村は興銀の破綻を防ぎ、組織延命を果たした。

水島とそごうとは、自らの存続を第一義とした興銀に見捨てられたのである。そのシナリオを西村らはいつの段階から描いたのか。最初、債権放棄のためにと水島の権限を取り上げた。その後に、債権放棄を撤回させ民事再生法適用を申請させた。それをさせたのはマスコミのバッシングと政治家の電話だった。西村は政治家・安倍晋太郎の異母弟である。

逮捕

二〇〇〇年（平成一二年）四月に会長職を辞した水島は、その年の一一月に記者会見を行っている。世論のバッシングに対し、「社会人としての責任は感じる」が、世間の誤解を解くとともに、興銀と和田の不正義を糾弾したいという思いがあった。またその後も、旧知の経済記者や雑誌記者のインタビューにも応え、自らの主張を展開した。

会見や記事で表明した水島の主張は、経営破綻についての責任は感じているが、バブル経済の崩壊や長銀の破綻は想定できなかったということ。世間には乱脈経営だったという批判があるが、そごうの多店舗化は地域の再開発事業とともにあった。どの店も出店当初はバランスが取れていた。

莫大な資産を隠しているという誤解があるが、指摘されている報酬の半分以上は税金である。世間が言うような財産はないし、それもすべて差し押さえられている。

そごうの私的整理のために保有する株を差し出した。ところが興銀は公的整理を進めた。裏で和田氏と通じていたことをはじめ数々の裏切り行為があった……などである。

水島は言う。

「バブル時代、銀行はトップ自ら『カネを借りてくれ』とやって来た。ところが、バブルが弾けたら貸し渋りと回収。しかも銀行は公的資金を受けた。貸した銀行は良くて、借りた企業が悪いということになっている。銀行は金を貸すのが商売。銀行に貸手の責任がないなんていうことは許されない」

ことに、錦糸町そごう開設にあたっての借り入れでの個人保証について、債務履行を求める興銀に対しては、その嘘を明らかにしたかったのである。

世間では都心店である錦糸町そごうの開店は水島の悲願であり、水島が強引に進めたと見ていた。だが、水島の言い分は違う。水島は「ソロバンが合わなければやめろと言った」という。そして当初は興銀も消極的だった。だが、墨田区との間で開発計画を進めていて、中止するとそごうの所有する土地を区が強制執行するという話になり、このことで興銀、長銀が急に貸すと言ってきたという。

だが、「貸すけれど、二〇〇億円の個人保証をしろ」と頼んできた。「個人としてそんな巨額の保証はできない」と水島が拒むと、「大蔵省の検査で担保不足を指摘されたときの言い訳のためだ」と言う。何度かのやり取りの後、「決して迷惑はかけない」と言うので判をついたという。これについては、池田修一（元八王子そごう社長）ら何人かも、まだこの問題が表面化する以前に水島から聞いている。

「『興銀・長銀の担当役員から、取締役会を通すための形だけのもので、絶対に迷惑をかけないから』と言われてサインしたら、家内に、『そんな財産どこにあるの』と叱られたよと苦笑されていました。この話は私一人だけでなく、多くの方が耳にしています」（池田）

水島は、この頃、興銀頭取の西村、副頭取の松本善臣、後に長銀頭取となる常務の鈴木恒男らが「絶対に迷惑をかけない」と言ったことを、日時と場所を示して記者らに話した。無論、いくら水島がそう主張しても、法学者でもある水島が、口約束を信じて債務保証に判を押すのはいかにも迂闊ではないかという指摘はあった。

だが当時、水島と興銀、長銀のトップの三人は、毎月同じ柄のネクタイを締めて食事会をするほどの仲。だから水島は、彼らが約束を守らないはずはない、嘘をつくはずはないと考えたという。

これらは水島にとっては、「言っておきたいこと」であり、「真実」であった。だが、世間からはかえって「往生際の悪さ」に映った。水島を何としても悪人に仕立てなければならない勢力があったのである。例によって読売新聞は、「そごう水島元会長、投信一億、自ら解約」と水島が差し押さえ逃れをしていると書き立てた。それを読んで義憤に駆られたのか、あるいは何かの意図を持った者の指図か、北沢の自宅に何度も嫌がらせがあり、複数の脅迫状が届いた。

水島は二〇〇〇年七月、そごうが債権放棄による自力再生を断念し、民事再生法の適用に進むと山田から連絡を受けて、「これでまったくの無収入になる」と思った。また、当然、裁判もあるだろうと考え、生活費と裁判費用として五五〇〇万円を銀行口座から引き出し、さらに一〇日後に投資信託を解約して一億円を現金にした。こうした行為が強制執行妨害にあたるという認識は、水島にはなかった。

「ずっと刑法とは無縁でやってきた。後で調べたら、強制執行妨害罪は私が卒業して五年後の、昭和一六年に制定された法律だと知った」と笑った。だが笑い事ではなかった。

現金一億円は自宅の二重に鍵がかかる納戸に置いてあった。後日、弁護士に渡すためである。任意の取り調べで執行妨害の疑いを指摘されたとき、水島は警視庁で家の間取りを描き、「ここに置いてあるから見に来てください」と言ったという。

刑事は見に行くと言って水島の車に乗ったが、途中、なぜか「急用ができて」下車した。このとき、自宅に現金が置いてあることがわかれば、「隠している」ことにはならなかったはずである。水島は執行妨害の意図はなかったと主張する。

それでも、二〇〇一年五月二五日、水島は強制執行妨害罪で逮捕された。八九歳で初めて味わう屈辱だった。

水島の逮捕以前から、教え子をはじめ多くの法律家が、水島に対するさまざまな嫌疑について法的に問題がないことを理論構成していた。当時の日本の法曹界を代表するメンバーが集まった「水島大弁護団」は、世間の話題となった。預金保険機構や和田体制下でのそごうからの訴訟そのほか民事については阿部三郎が、そして強制執行妨害などの刑事は木川統一郎が弁護人を務めた。

阿部は一九九二年（平成四年）に日本弁護士連合会会長に就任。この頃は宗教団体オウム真理教の破産管財人を務めたことでも有名だった。また、水島の裁判の時期は、中央大学の理事長も務めていた。また木川は弁護士であると同時に、中央大学や早稲田大学で教鞭をとった法学博士である。

木川は、水島が逮捕されたときを振り返る。

「我々は毎日拘置所に面会に行き、『自白はダメですよ』と繰り返し伝えた。ところが水島先生はある日、ある一点について自白した。『実は家内が自白し、ここに調書があると言われ、これ以上家内に迷惑をかけたくないので自白した』と。その結果、強制執行妨害罪という予想もしない罪名で起訴された。無罪を主張したが、裁判所は我々弁護人の論点には触れることなく有罪とした」

当時は、刑事事件で検察から告訴されれば、九分九厘有罪という時代だった。

民事と刑事で、いくつかの裁判があった。

そのうちの一つは、民事再生手続きの開始決定を受けた和田体制のそごうから、損害賠償請求権の査定申し立てをされ、約一八億円の損害賠償債務が認定されたものである。経営者であった水島が、他の役員とともに、会社が債務超過で配当利益がないことを容易に予想することができたのに違法な配当をしたというもの。水島らはこれを不服として異議を申し立てた。これについては、水島らの主張が通った。

東京高裁は、水島らの売上の伸びを見込んだ収支計画に甘さがあったが、経営再建のために金融機関からの人的、資金的協力もあり、経営改善の努力を怠ったとまでは言えない。結果的に計画は達成できずグループの経営は破綻したが、水島らには、企業経営者としての裁量権を逸脱した注意義務違反はなかったとして、損害賠償査定を取り消したのである。だが、二〇〇三年（平成一五年）一〇月には、錦糸町の借り入れに対する個人保証の件で興銀から履行請求を受けた。そして二〇〇五年（平成一七年）一〇月には、預金保険機構から弁済を求められていた六〇億円の支払いも確定した。

この裁判の過程で、水島は興銀の当事者に「裁判で本当のことを言ってほしい」と手紙を書いたが、無視された。

二〇〇六年（平成一八年）八月、強制執行妨害罪で懲役一年六カ月、執行猶予四年の判決が確定する。執行が猶予されたのは、高齢であり、そごうを成長させた功績もあるからと説明された。九二歳であった。

水島は逮捕後に雑誌に寄せた手記（「特別手記・善悪は存知せざるなり」『新潮45』二〇〇一年九月号）の冒頭にこう書いている。

「これほどの非難を浴びることを、私はしたのか。親鸞は書いている、是非善悪を論ずるのは、すべてそらごとにすぎないと」

第七章　一〇〇歳の日々

愛妻家

そごうを去ってから一〇年以上が経ち、一連の騒動が収まった二〇一二年（平成二四年）四月一五日、水島の「百寿をお祝いする会」がホテルオークラ東京別館で開かれた。

この会は、「先生の一〇〇歳をお祝いしよう」という声が誰からともなく上がって、有志が集まり、発起人会が結成され開催となったものである。発起人代表は当時の中央大学理事長である久野修慈。発起人には、次のメンバーが名を連ねた。海部俊樹（元総理大臣）、塩川正十郎（元財務大臣・東洋大学総長）、髙木丈太郎（三菱地所会長）、鈴木修（スズキ社長・会長）、足立直樹（凸版印刷会長・南甲倶楽部会長）、木川統一郎（元中央大学教授・弁護士）、瀧野秀雄（元中央大学評議委員会議長・元日本弁理士会会長）。

水島の誕生日の正午に開宴した祝賀会は、二五〇名が参集した。会の司会進行は、かつてそごう新店舗のオープニングイベントで司会の多くを務めた俳優・山口崇が行った。お祝いに一〇〇本のバラの花束を贈られた水島は挨拶した。

「あっという間の一〇〇歳でした」

裁判が終了した頃、水島は九〇歳を超えていた。身体も頭もしっかりしていた。北沢の自宅で友人、知人、教え子、元部下などと語り合う平穏な毎日を過ごした。傍らにはいつも、妻の静がいた。

静との結婚生活は、六七年に及んだ。前述したように、水島とそごうとの出会いは、静との結婚によりもたらされたのである。水島は愛妻家だった。

軍人の娘として育てられた静は、夫の仕事や交友関係では「出過ぎぬよう」にしていた。海外店舗のオープニングイベントなどに夫婦同伴で出向くこともあったが、自分から行きたがることはなかった。社用などで黒塗りのキャデラックが迎えに来ても、「こういう大袈裟な車は嫌だわ」と言った。水島のほうは、静を伴っての旅行を好んだ。二人の最初の旅は新婚早々の大阪への赴任であり、まだ道路が整備されていない時代の故郷・成生にも、海岸の道を二人で歩いて向かったこともある。

五〇代からの忙しい時代も、二人はよく一緒に出かけたが、水島は賑やかなことが好きだったので、いつも大勢での旅やパーティーがほとんどだった。晩年はそういうこともなくなり、北沢で二人で過ごす時間が長くなった。

「日々のつましい暮らしを飄然と、かつ清々しく過ごされていた」とは、晩年よく北沢を訪ねた友人の一人、狩野伸彌（太平ビルサービス会長兼社長）の印象である。それが、そごうを去った後の水島のために静が整えた晩年の「家庭」の姿である。

水島が親しかった市村清も愛妻家として有名だった。市村は会社行事の多くに妻の幸恵を伴った。まだ水島が銀行に勤めていた頃、南甲倶楽部で市村が笑いながら大きな声で話していた。

「あのときは本当に弱った。川奈に芸者を連れてゴルフに行ったら、女房からホテルに電話が入ったんだ。フロントが『社長様は今、奥様とコースをまわっておられます』って言いやがった。慌てて帰る羽目になった」

この話は、市村はいろいろなところで話しており、水島も何度か聞いた。明治・大正の男にとって、そういう話は隠すようなことではなかったのである。親友の平木信二の妾宅は、二軒や三軒ではすまないと言われていたし、本人もそう言っていた。

周囲のそういう話を微笑んで聞いている水島自身はどうだったのか。水島も明治の男である。だが一点、水島が徹底したのは、つまらないことが静の耳に入り、彼女を不快にしたり恥をかかせることはしないということだった。

静は水島が一〇〇歳を迎えた年、二〇一二年（平成二四年）一一月二六日、水島を残してこの世を去る。出棺に際し、「ありがとう、ありがとう」と何度も声を掛ける姿が、参列者の涙を誘った。

人間ドック同窓会

水島は明治生まれとしては大柄であった。柔道で鍛えた身体は強かった。

本人は「若い頃はスポーツ万能だった」と語っている。興銀時代の前半は戦時中ということでスポーツどころではなかったが、戦後は銀行の野球大会にも参加し、社交スポーツとしてのゴルフもやった。そごうの社長になってからは「再建まではゴルフを断つ」ことにし、その後やらなくなっていた。

事業が軌道に乗った頃からは、大相撲などのいわゆるタニマチのようなこともさせられていたが、学生スポーツに対しては興銀時代から大きな支援を行っていた。母校・中央大学の柔道部や陸上部などへの支援は大学関係者の間で有名だが、一九八〇年代に全日本の大会を連覇する漕艇部にも随分と肩入れした。「何でも一番でなければいけない」という水島は漕艇部の活躍に喝采し支援した。ボート選手や関係者の告別式では、オールを三本、櫓に組んで祭壇や葬祭場の入り口に飾って弔意を表す習わしがある。白門艇友会（中央大学漕艇部ＯＢ会）では、水島の葬儀にあたり「三本組を飾りたい」と申し入れたが、諸般の事情で果たせなかった。

身体は強かったが、若い頃から目は悪かった。それでも、大きな病もなく、銀行員と研究、経営者と大学教員をこなしていた。

八九歳で逮捕される直前、心筋梗塞の症状で入院する。警察は詐病を疑ったが、以前にも似たようなことがあった。

「あれはいつの頃かはっきりしませんが、叔父様がお盆に帰省した折、お墓のある桂林寺で突然胸が苦しいと言って倒れられたことがありました。大慌てで運転手さんを呼びに行き市内の芦田病院に運びました。検査の結果心臓の病気で点滴を受けて、その日は治まりましたが、まさに九死に一生というところでした」（姪の平田祐美子、村井恭子）

九〇歳を過ぎてからは、身体も頭もしっかりしていたものの、通院の回数が増えた。透析も必要となり、九〇代後半からは入院生活となる。入院先は聖路加国際病院である。

聖路加国際病院は一九五四年（昭和二九年）に「人間ドック」を日本で初めて実施した病院の一つである。当初は、「短期入院精密身体検査」と呼ばれたが、ある新聞記者が船の修理の「ドック」から「人間ドック」という言葉で記事を書いた。やがて、それが一般的な呼称となった。

水島は聖路加国際病院が人間ドックを始めた翌年、一九五五年（昭和三〇年）七月に初めて受診する。その後しばらくして、「人間ドック同窓会」の会長となり、亡くなるまで務めた。

「人間ドック同窓会」の目的について、水島は一九六四年（昭和三九年）に同病院で開催された「健康の祭典」で次のように述べている。

「目的の一点目は、人間ドックでお世話になった聖路加国際病院の医師、看護師等の職員に対する感謝の思い。二点目は、人間ドック同窓会会員が聖路加国際病院の医師等とコミュニケーションをとりながら気軽に健康等の相談をする機会を持つこと。三点目は、人間ドックを社会に普及させること。この三点目が最も重要です」

水島らのさまざまな活動が、人間ドックが今日のように普及する大きな力となったとする福井次矢（聖路加国際病院院長）は、こう言っている。

「多くの方々が知る水島氏の功績は、学者あるいは経済人としてのものであろうかと思います。しかし、水島氏は医療界にも功績をあげておられる」

聖路加国際病院の名誉院長・日野原重明は水島とほぼ同い年で、四〇代の頃から親交があった。一〇〇歳を過ぎた頃、水島は周囲によくこう言った。

「人間は一〇〇歳まで生きるようにできています。私や日野原さんがそれを証明しています」

京都帝国大学医学部を卒業し京都や大阪で勤務医をしていた日野原は、一九四一年（昭和一六年）に上京し聖路加国際病院の内科医となる。一九七四年（昭和四九年）まで勤め、院長補佐で定年退職。その後、聖路加看護大学学長などを務め、一九八〇年（昭和五五年）には聖路加国際病院の法人理事に復帰した。さらに、一九九六年（平成八年）には聖路加国際病院の理事長に就任する。理事への復帰、理事長就任は水島らの強い推挙によるものである。

水島も日野原と同じ一九八〇年（昭和五五年）に同病院の法人理事となり、二〇〇七年（平成一九年）まで務めている。現在、築地・明石町にそびえる四七階建ての高層ビル「聖路加タワー」の建設にも、水島が関わっている。

一九九〇年代に入り、病院経営が苦境にあったとき、水島は明石町の土地の画期的再開発を提案した。理事会での決定により、一九九二年（平成四年）四月には新会社が設立され、開発資金を調達してタワー建設が始まった。だが問題は、それだけの投資をしたビルに、果たしてテナントは集まるだろうかということだった。すでにバブルは弾けていた時期である。

水島は、大ヴァチカン展を一緒に企画推進した電通の成田豊に話を持ち込む。成田は電通の社長になっていた。

当時、電通は築地の本社ビルが手狭で、築地界隈の多数のビルに分散入居していた。これらを聖路加タワーへ集約することになった。これによって、聖路加タワーの事務所ビルの大半は電通が借用することになり、聖路加タワーの運営管理は安定を約束された。

電通の入居が発表されると、そのほかのテナントも集まり、投資回収の見込みが立った。電通の入居は二〇〇二年（平成一四年）に汐留の本社ビルが完成するまでの間であったが、賃貸経営の形ができ上がることで、病院経営も安定化に向かったのである。

「この病院の人たちは、みんなとても親切にしてくれる」

最期を迎えるまでの数年を過ごした聖路加国際病院の医師や看護師たちに、水島はとても感謝し、訪れる見舞客にいつもそう言っていた。

水島は酒をあまり飲まなかった。宴席でも少し口にする程度。飲めないわけではなかったが、飲んで帰れば勉強ができない。就寝前に最低でも二、三時間は必ず本を読むという習慣を崩したくなかったようである。夜遅く寝る分、朝は比較的遅かった。歳をとれば朝が早くなるというが、水島は八〇歳を過ぎても「宵っ張りの朝寝坊」だった。そして自ら「健康法」であると言っていた朝風呂を、若い頃から日課とした。毎朝、ぬるい風呂にゆっくりと浸かるのである。

酒はあまり飲まないが、自他ともに認める美食家であり健啖家であった。晩年に聖路加国際病院に入院した後も、食欲は衰えなかった。病院のそばに寿司割烹店を持つ「喜代村」の木村清は、水島が来店していると従業員から連絡が入ると顔を見に行った。いつも元気で、楽しい話を聞かせてもらったと言う。

「いつも夢とロマンの楽しいお話。驚くのは、同じ話はなさらないということです。一〇〇歳を過ぎてからは病院からの外出の回数も少なくなりましたので、私はお弁当をお持ちするようなりました」（木村）

若い頃から、鰻、とんかつなどを好み、一〇〇歳の祝賀会でも、出されたステーキを残さず食べた。

水島は一流店を選んで足を運んだ。そごうの各店舗の名店食堂街も、一流店を集めた。百貨店は「暮らしの豊かさ」を追求する場所である。食でもそれを表現しようとしたのである。

「銀行員になれば、帝国ホテルのレストランでカレーライスが食べられる」と学生時代に思った水島は、本店勤務となると、毎日、昼食を銀行の食堂でとらず、帝国ホテルや東京會館に行くことが行員の間でも評判だったという。後年、有名店を好んだ片鱗はこの頃からあったが、わざわざホテルまで出向いたのは、学生時代の夢を叶えるのと同時に、「銀行の食堂で同僚とまずい飯を食べるより、帝国ホテルに通って常連の著名人と親しくなるほうが得だと考えた」とも本人は語っている。

水島の思い出を語る人の多くが、高級店や一流店でご馳走になった話をする。築地のふぐ源、銀座の久兵衛や天一、上野精養軒や日比谷松本楼、神田藪蕎麦などの老舗。水島は、人に食事をもてなすことが好きだった。

「何を食べたかよりも、誰と食事をするかが大切だ」と、ご馳走になりながら言われた教え子も多い。

故郷

漁師となることを拒み故郷を出た水島だったが、趣味としての魚釣りは生涯楽しんだ。毎年、成生に帰省すると必ずといっていいほど弟の忠雄に船を出させて釣りに出た。また、忙しい時間を縫って北海道や伊豆・下田、隠岐島などまで海釣りに出かけることもあった。釣果を誇る写真を撮らせ、部屋に飾り来客に見せていた。

旅行や社用で海辺に行っても、釣り人を見つけると、わざわざ車を止めさせ、何が釣れるのかと尋ねていた。

美食家の水島だが「故郷の秋の初イカの味は忘れることができない」とも言っている。水島は故郷・成生を生涯愛した。

銀行に勤めるようになってからは、盆と正月の年二回は必ず帰省した。帰省時は、甥や姪と会うことを楽しみにしていた。前述の二人の姪は、若くして亡くなった水島の姉・豊子の娘たちである。

「私たちの実家に来られたときは、一緒に映画館に行ったものです。叔父様は東映の時代劇が大好きで、市川右太衛門、市川雷蔵、片岡千恵蔵などを観ました。末っ子の恭子がまだ小さくて映画館に入れないときでも、映画館の人に頼んであげるから一緒に行こうと連れて行ってくれました。とにかく明るく豪快でした。また、私たちの家の近くの商店街の夜市にも連れて行ってくださり、いろいろな物を買ってもらったことを記憶しております。とにかく叔父様は賑やかなところが大好きだったと思います。夏休みには、私たちを生まれ故郷に連れて行き、海で泳いだり魚釣りをしたりして面倒をみて楽しませてくれました。イギリスに行っているときに、エリザベス女王の写真入りの絵葉書で便りを何回かくれたこともありました。九十九里の松林と砂浜の風景が壺に手書きで描かれた甘納豆などもよく送ってくださいました。本当に私たちのことをいろいろと心配してくれていました」

姉の豊子は六人の子を残して亡くなった。水島は、いつも「六人が無事成長して、結婚するまでは自分の務めだ」と口癖のように言っていたという。

昭和四〇年代になると、水島は帰省する際は大阪本社から自動車を使っていた。だが当時、水島の社長車である黒いキャデラックは、成生までの海岸沿いの狭い道を走ることができなかった。水島は舞鶴まで来ると、市役所の駐車場で待たせていた中型の国産車に乗り換えた。雪の多いときは、田井で降りて雪道を歩いた。

「叔父は舞鶴に帰る前に、福知山や天橋立などに立ち寄って人と会ったりしていたようです。そこからこれから行く、と電話を入れてくれました。あるとき、すき焼きが食べたいから一番いい肉を買っておけと言われました。肉屋で『一番いいのをください』と言って買ってきたのですが、叔父はこんなものしかなかったか、と。当時の舞鶴には、叔父が言うような高級肉はありません。とにかく一番いいものを食べ、いいものを見なければいけない、といったことをよく言っていました」

と、甥の水島宣典も思い出を語っている。

帰省前に立ち寄り、よく会っていたのは、福知山の谷垣専一や宮津の前尾繁三郎ら、同世代の議員らであった。

池田勇人内閣のブレーンと言われ、池田の死後、宏池会を引き継ぐ前尾とは、年に二回会食をする会の仲間だった。春の鰈、秋の鰤を味わう「かれぶり会」という集まりで、一九五八年（昭和三三年）に発足し、水島は最初から幹事だった。発足当初から、福知山の芦田均（元首相）ら京都府出身の政財界の大物が集う会で、今も谷垣専一の息子である谷垣禎一（衆議院議員）らをメンバーに継続している。

「人と人のつき合い、いわゆる『顔』は、人間が持つ最大の財産です。顔という財産は、無限に増えていきます。一〇〇億円持っている財産家より、顔のある人には一〇〇億円どころか、一〇〇〇億円、三〇〇〇〇億円、五〇〇〇〇億円もの仕事がどんどん入ってきます。これが本当の資産家なのです」

と、人脈の大切さを語る水島は、学校、仕事という枠だけでなく、郷里というキーワードでも知己の絆を広げ、深めていた。

そごうの全盛期、水島は故郷の舞鶴市や関係先からのさまざまな応援要請に応えた。二〇一六年(平成二八年)に老朽化のため閉館し取り壊しが決まった舞鶴市民会館は、一九六八年(昭和四三年)に市政二五周年事業として建設された。そのステージの緞帳には、そごうのロゴマークと、俣野健輔の飯野海運の社名があった。「故郷に錦を飾る」というよりも、自分を育ててくれた故郷に恩返しをしたいという気持ちが強かった。

再び成生へ

水島は海を見に行くことが好きだった。あるとき、房総の小さな入り江が見える道を通ったとき、急に車を止めさせた。降りた水島はしばらく景色を眺めてから「僕の故郷にそっくりだ」と言った。晩年は、車椅子で九十九里の浜に行き、ただ黙って海を見ていることもあった。

若い頃、二度、満州に渡り、戦後四〇代でイギリスに留学した水島は、生涯で国内はもちろん、海外のさまざまな地を旅した。大半は商用であったが、水島は旅を楽しんだ。晩年、車椅子となっても、親しい者とドライブや小旅行に出かけた。

自分がそうであったように、若者にも大いに旅に出よと勧めた。ユースホステル運動への支援も、そのような考えからである。

ユースホステルは、プロイセン（ドイツ）のリヒャルト・シルマンが始めた運動で、青少年の旅に安全で安価な宿を提供するというもの。日本では、一九五一年（昭和二六年）に日本ユースホステル協会が設立され、スタートする。この発起人の一人が、作家で新理研映画社の社長となる中山正男である。中山とは市村清らを通じて知り合う。水島のそごう社長就任をめぐる大和銀行との争いでの応援団の中心人物の一人である。

日本ユースホステル協会が定めたユースホステル会員やホステラーが守ることを求められる誓いは「私たちは、簡素な旅行により、未知の世界を訪ね見聞を広めよう」「私たちは、規律を守り、良い習慣を身につけよう」「私たちは、ともに助け合い、祖国の繁栄に努めよう」「私たちは、国際人としての教養を高め、明るい社会を建設しよう」の四つである。水島は、日本ユースホステル協会が描くあるべき若者像に共感し、その後長く支援することとなる。

毎年帰省するたび、墓参りを欠かさなかった。水島家代々の墓は、成生の西徳寺にある。そして姉・豊子や親戚筋の墓がある、一四〇一年（応永八年）創建の古刹・天香山桂林寺にも必ず参った。また、途中にある妹・房枝の家にも立ち寄り、昔の思い出話を楽しんだ。

神仏に対する考え方について、水島はこう言っている。

「私はやっぱり神や仏に頼っております。何も効果はありません。それでも、何かほっとした安定感を持つ。心棒を持つと、心の安らぎを覚えます。なるほど、何か知らないけれども、あまり御利益がないけれども、神を信じると心が休まる。決して現実の御利益はないかも知れないけれど、経営の中で安定した精神状態を保つことができる」

水島は神仏を大切にしたが、特定の宗教に対するこだわりは持たなかった。旅先に神社仏閣があれば、いつも丁寧にお参りに立ち寄った。水島の家の仏壇には、謁見したローマ法王パウロII世の写真も飾られていた。塚本素山に頼まれて日蓮宗や創価学会の寄付や支援に応じることもあったが、距離は保った。「商売」のためにどの宗教ともつき合うのではなく、宗派を問わず真面目に信心する人を応援したのである。

水島がローマ法王に謁見する機会をつくったカトリックイエズス会神父のアルツーロ・マルティンはこう言っている。

「聖路加病院に入院されてからも、何回かお見舞いの機会がありました。いつもいろいろなお話をしましたが、カトリックである私は、水島さんに洗礼をお勧めすべきだったかもしれません。でも、私はしませんでした。水島さんは先祖代々の仏教を大切にされていました。そして『仏さまも天国に連れていってくださるでしょう』と言いました。私も『そうかもしれませんね』と笑ってお答えしました」

水島は生前に御殿場・冨士霊園に墓地を購入している。一九六四年（昭和三九年）に造成が始まってすぐに、友人らと「死んだら地下で麻雀をやろう」と一緒に買った。その一人は神田駿河台の中村洋服店の主人である。水島の教え子たちは、「水島先生の講義の教科書は、なぜか旧正門前の洋服屋で売っていた」と覚えている者も多い。その主人は、水島の親友の一人だった。

水島を評する人の多くが、その気前の良さや面倒見の良さをあげる。気前の良さが仇となったこともあるが、本人はそれほど気にしていなかった。面倒をみることの内容が金で解決できることであれば、できるだけのことをしようという心意気である。

若い頃に苦学した水島は、お金の大切さをよく知っていた。だが、吝嗇ではなかった。稼ぐことができれば、惜しむ必要はないと考えていた。そして、金銭には非常にきれいな人だった。「人に施しを与えても見返りはとらない、人から施しは受けない、人のために尽くす」を鉄則としていた。逮捕事件で、水島を守銭奴のように書き立てるマスコミがあったが、それらの記事は本人や周囲をまったく取材していない証拠だと、身近な人は言った。

面倒見の良さと同時に、人づき合いにマメな人であった。贈答には必ず返礼をした。手紙を受けると必ず返信を書く。気配りの人でもあった。人を受け入れ、人を信頼し、信頼したら任せることを信条としていた水島は、部下や教え子らに「恕」という言葉についてよく話した。

「孔子とその弟子・子貢の問答で、子貢が孔子に『人生でいちばん大事なことを一言で教えて下さい』と問うと、孔子曰く『それ恕か』と答えた。恕とは推し量る、思いやるの意味だ。孔子は『己の欲せざる所を人に施す勿れ』と言った。つまり、思いやり。『恕』とは、人の心を推し量ることです。思いやることです。思いやるとは、許すということです。そこで、寛恕（寛く許す）という日本語が出てきます。『王道』の本髄は、『人の心を推し量る』ことなのです」

自分には厳しかった。一九九一年（平成三年）、三〇店舗達成記念パーティーで七九歳の水島は「私共は、常に平凡な原則に従って、非凡の努力を続ける」と挨拶した。「私共」とは「私」である。常に目標を高く掲げ、その達成に向け努力し、掲げた目標のほとんどを実現してきた。

水島は「大河はゆっくりと流れる。幸せはゆっくりとやって来る」という言葉も好んだ。だが、自身は晩年のわずかな期間を除けば、大車輪で全力疾走するような人生だった。

一〇〇歳を超えて、聖路加国際病院の病室で暮らしていた水島のもとには、親戚、元部下、教え子、年下の友人たちなど、ほぼ毎日のように来客があった。経営の相談を持ち込む者、人の紹介を頼みに来る者もいた。水島は人に会うことを厭わなかった。一時間以上話し込むこともあり、身体に障るからと、手伝いの者たちが心配することもたびたびだった。

元気だった水島も、二〇一四年（平成二六年）夏になると、少し食欲が落ちてきた。ベッドで眠っていることも多く、本を開くことも少なくなっていた。

そして七月二八日、静かに一〇二歳の生涯を終える。

水島の遺骨は、冨士霊園に愛妻・静とともに納められた。そして分骨は、成生の西徳寺に納められる。その墓は、生まれ育った村と日本海とを見渡すところにある。

第二部　追想文

本書発刊にあたり、縁《ゆかり》の方々からいただいた追悼文・追想文を以下に掲載します。掲載にあたっては、原文のままを原則に最小限の編集にとどめました。掲載順は不同です。また、追想文の内容の一部は第一部「評伝」の基礎情報として追加取材とともに使用しました。

なお、各文末の肩書き等は、追想文執筆時点（二〇一五年末）で執筆者が記載したままとしています。

水島廣雄先生との思い出

塩川 正十郎

文部大臣（現文部科学大臣）在職中の昭和六二年のことであったが、水島廣雄先生から大臣室に一本の電話が入った。それは東洋大学創立百周年記念式典への出席要請の電話であった。水島先生の要請であり、また、役目上私立大学の状況等を把握する絶好のチャンスであったため、出席を快諾した。よもやその翌年に東洋大学の理事長に就任することになるとは夢にも思わなかったが、今にして思えば、水島先生はそのことを予見されていたのかもしれない。

水島先生と私とは、裏千家最高顧問の大谷貴義先生の葬儀がきっかけでお互いをよく知るようになったのだが、東洋大学とのかかわりでは水島先生は私より先に教員として学生の育成に力を注がれ、教員退官後は理事として法人の運営にご尽力をいただいたのである。

後年、水島先生が東洋大学の役職を退かれた後は、東洋大学の田淵常務理事とともに「三人会」と称して折りあるごとに集まって会食をしたり、楽しいひとときを過ごさせていただいた。

水島先生は私より一〇歳以上も年上であったのに、その年齢を感じさせないほどの健啖振りであった。当時を偲び、一〇二歳の人生を豪快に終えられた水島先生のご冥福を心からお祈り申し上げます。

（東洋大学 総長）

追記

誠に残念ながら、塩川正十郎先生は平成二七年九月一九日にご逝去されました。塩川先生からの追想文のご寄稿は、すでに平成二七年七月七日にいただいていましたので、水島廣雄追想録出版委員会では寄稿原稿をそのまま掲載させていただくことといたしました。

塩川先生の墓前に「評伝 水島廣雄」を献上し、ご冥福を心よりお祈り申し上げます。

水島廣雄追想録出版委員会

水島廣雄氏回顧

日野原 重明

水島廣雄氏は明治四五年四月に京都府舞鶴市にて出生されました。福井県立小浜中学を終えて上京し、中央大学法学部の英法科を首席で卒業して日本興業銀行に就職されますが、その後、そごうに入社、一九六二年に社長に就任されました。そして一九八〇年以後、聖路加国際病院の理事として長年奉仕していただきました。

一九八〇年代半ば、聖路加国際病院は新病院建設に向けて取り組み始めました。病院所有の土地の一部を某団体に売却する計画については、私と井原泰男チャプレン（司祭）とがそれに反対を唱え見直しを求めたのですが、水島氏も私たちの意見に賛成され、病院の直面した危機に際して人知れず大きな力をお貸しいただきました。以後、建設本部委員会の副本部長を務める私とともに、同じく副本部長の役を担っていただき、今日の聖路加国際病院の礎を築くのに大きく貢献されました。

また、当院は一九五四年に当時の国立東京第一病院（現・国立国際医療研究センター）とともに日本で最初に人間ドックを開設し、当院ではその時以降、毎年人間ドック同窓会を催してきました。水島氏はその同窓会会長も長く務めてくださいました。同窓会の折には必ず見えられて、午餐会では多くの会員の方々と親しく会話を楽しんでおられました。同窓会には高齢ではあってもなお矍鑠としておられる方々がいつも大勢参加されますので、関係者としては「人間ドックを利用していただければ、いつまでも元気で長生きできます」と大いに宣伝する機会ともなりました。聖路加国際病院の百年史には、一九六七年第一四回同窓会で挨拶される水島氏のにこやかな写真が紹介されています。

水島氏は二〇一二年に百寿をお祝いされましたが、その一年前に同じく百寿を祝ってもらった私とともに、お互いの長寿を喜びあったものでした。

水島氏は百歳を超された頃から高度の腎不全症になられ、やむなく当院に入院して人工透析を受けられるに至りましたが、百歳を超えて人工透析の処置を受けられるなど、人生と向かい合う積極的な態度は終生変わらぬものがありました。そして二〇一四年七月二八日、心不全により死去されました。百二歳でした。

聖路加国際病院が今日あるのは、水島氏の法律および経営についての深い学識と経験によってその一端が築かれたことをここに記し、厚く感謝する次第です。

（元聖路加国際病院理事長・院長。聖路加国際大学名誉理事長・名誉学長）

恩師水島廣雄先生と私

小林 秀年

水島廣雄先生は、東洋大学では学部二コマ（特殊担保法、銀行および信託法）そして大学院二コマ（特殊担保法特論、特殊担保法特殊講義）を担当されておられました。

水島先生との初めての出会いは学部三年生の時でありました。特殊担保法の講義内容は、民法を通じて大陸法に馴染んできた私にとって、とても難解な法理論でした。我妻栄先生は、「近代担保物権制度の進展は、ついには企業自体を担保化するに至るであろうことが考えられるが、これは資本主義経済の進展を支える法律制度の一環として理解することは難しく、担保的な作用を営む人的・物的のすべての制度を統合し、企業の維持・発展という理想と関連させながら、新たな構成を与えることを試みる時となっている」と、後述の著書で指摘されていました。

水島先生の特殊担保法の講義では、各種財団抵当制度の法的考察をはじめ、イギリス浮動担保の概要そして我妻先生の課題に応えるべき企業担保法の理論の講義を拝聴して作成したノートを見ても、テキスト（当時は、我妻栄『新訂擔保物権法（民法講義Ⅲ）』岩波書店、昭和四三年）を読み直しても理解できない事項がたくさんあり、一週間悩んでも解決することができないまま講義に出席するような日々でありました。あるとき、意を決して講義終了後に先生に質問をさせて戴いたことを今でも鮮明に覚えております。先生は、民法理論を基に私に確認の質問をされながら、何処が理解できていないかという点を分かり易く丁寧に説明して下さいました。目から鱗が落ちるではありませんが、そのとき企業を担保の客体とする理論の基礎的な考え方が少しではありますが、理解することができたように思われました。法律を学んでいて、このような清々しい気持ちになれたことが不思議でもありました。講義に於いて、先生は「この書物は、古い書物である。新しい書物は頭の中にある」とおっしゃられて、私たち学生に企業担保の理論の展開を託されたように思われました（その後、昭和五四年四月に『特殊担保法要義—企業担保法制論綱』（八千代出版）、平成三年に『増補特殊担保法要義—企業担保法制論綱』（八千代出版）を刊行）。

銀行および信託法では『信託法史論〈英法講義第一巻〉』（学陽書房）をテキストに、信託の起源すなわち use, Statute of Uses(1535), use upon use そして trust についてご教授を賜りました。両講義とも学部の三年生そして四年生と二年間聴講させて戴きましたが、すべて理解することができたわけではありませんでした。学部の三年生の秋に「そごう」へのお誘いを先生から戴きましたが辞退を申し上げ、企業担保の理論を進展させる前提でもある企業担保制度とその構造について研究するために、大学院への進学を決めたのでありました。

先生は、学部での最終講義で「神はすべての人間を衡平に創っている。他人を羨むことはない。生きると言うことは、素晴らしく力強いことであり、それはまったく美しいことである」と、人生訓として私たちに与えて下さいました。そして教壇から降りられて教室を去って行く時の先生の後ろ姿がこんなにも小さく見えたのは初めてでありました。同時に、水島法学の魅力を少しでも伝えていくことができるならばと、思いを新たにした瞬間でもありました。

大学院時代には学問ばかりではなく、先生のおそばで多くのことを学ばせて戴きました。そして、法学者や経済界をはじめ多くの方々をご紹介下さいましたし、ご紹介をいただいた方々からは若輩の私に対しても水島の弟子ということで、ご厚誼を賜りました。研究については細かなことは何も言われませんでしたが、夜中に電話を戴き刊行されたばかりの論文についての感想を求められたりすることがありました。

昭和五五年春に西ドイツに行かれた先生は、書斎で脚立に立ち多くの本を抱えて研究に専念する「本の虫」の絵画を求められ、その写真を下さいました。その額の裏面には「この絵から何かを認識して下さい」と記されていました。東洋大学への就職が決まった時に先生から戴いた色紙には、「不窮の学説は、学徒の人格から生まれる」「認識の道は無限である。随って学徒に満足はない。歓びは毎日の研鑽だけである」というお言葉が書かれていました。

学問に対しては厳しい先生でしたが、銀座でご馳走をしてくださると、家で待つ妻へとお土産を用意してくださったり、学外でお目にかかると開口一番に「奥さんはお元気ですか」とお気遣いを戴いたりと、いつも慈悲の愛を戴いていたと思います。夫婦で初めて先生にご挨拶に赴いたときには、「奥さん、インスタントはやめて下さい。学者の発想がインスタントになっては困りますから」などと気さくにお話をされたりして、学者の道を示してくださりました。それをご縁に、家内は先生とお手紙の遣り取りをさせて戴いておりましたが、いつも文末には「御元気でまたお目にかかりませう」と書かれていました。

先生は、いつも奥様を大切になされておられました。最愛の奥様が他界され御出棺の折、先生は奥様に何度も「ありがとう、ありがとう」とおことばをかけておられました。何歳になっても、ありがとうの言葉を言うことができる先生を素晴らしいと思い、同時に、奥様もお幸せだなあと思いました。

イギリスを起源とするFloating charge（浮動担保）を研究するために法務省と最高裁判所の委嘱により渡英されて、企業担保法を研究され、日本の企業担保法制の発展に多大な貢献をされた先生が、平成二六年（二〇一四年）七月二八日、百二歳で逝かれてしまいました。私にとって水島先生は、いつでもいかなる時でも、先生でありました。先生の学問を継ぎ、その考え方を少しでも多くの若い法学徒に伝えそして発展させていくことができればと思って、先生の講座を担当させて戴いております。「時間ができたら銀ブラをして絵を見て、のんびりしたいですね」と言われて東洋大学を退職されましたが、なかなかご自分のお時間を持つことは難しいように見受けられました。

百歳のお誕生日をお祝いするパーティーが先生を慕う多くの身近な人々が集い開催されましたが、先生の「気がつけば百歳、感謝の一言です」と言われた眼鏡の奥の優しい瞳は輝いていました。

そして、今でも耳元に聞こえてきます、「小林さん」という先生の優しいお声が。

（合掌）

（東洋大学副学長 法学部教授）

水島廣雄先生との思い出

田淵順一

私にとって水島先生との思い出と言えば、すべてが御世話になったことばかりになります。先ず思い出されるのが昭和六二年、東洋大学百周年記念に当たり、当時文部大臣であった塩川正十郎先生の出席願いについてでありました。当時有楽町そごうの中五階であったと思いますが、社長室に伺い水島先生に塩川先生の東洋大学百周年記年式典への出席をお願いいたしたわけですが、即座に文部省（当時）大臣室に連絡していただき、昭和六二年一一月二三日の式典にご出席いただくことができ、盛大に式典を終了させることができたことです。

続いて思い出されるのが塩川正十郎先生の理事長就任についてであります。私は当時日本体育大学学長に就任された岩間英太郎先生（元文部事務次官）に、東洋大学理事長についてご相談させていただきました。当時現職の事務次官でありました阿部充夫先生に相談していただき、阿部先生から「私の文部省での長い経験から推薦できるのは塩川正十郎先生である、話を進めてもいいか」という問い合わせがあり、学内で相談させていただきましたが、もちろん誰一人反対する者はなく、阿部先生に一任させていただきました。私にとって、塩川先生については頭にも浮かびませんでした。私の想像をはるかに越える次元で話が進んでいきました。

そして昭和六三年一一月一八日、当時の清和会事務総長室に於いて塩川先生に面会させていただき、理事長就任を約束していただきました。続いて一一月二四日、大学側正式使者として、水島先生他二名で塩川先生を訪問され、私は有楽町そごうの社長室で三時間ほど留守番をさせていただきましたが、あまりにも長い時間でしたので状況をお聞きしますと、塩川先生はじめ福田赳夫先生、安倍晋太郎先生にも了承をいただいて来たのだとお聞きいたし、さすがは水島先生と驚くばかりでした。

そして昭和六三年一二月六日、塩川先生の理事長就任が決定した訳ですが、塩川先生は、在任中無報酬を通されるということでしたので、理事の有志で平成元年一〇月二三日に塩川正十郎白山会を設立しました。当然会長には水島先生にご就任いただき、以来一昨年の解散まで二五年間微力ながらご支援を続けさせていただきました。

私の脳裏に塩川先生が始めから浮かんでいたら、直接水島先生から理事長就任について相談させていただきましたが、先にも述べた通り私の想像をはるかに超えるもので、随分遠回りをしたものだと思ったこともありました。

東洋大学の現在の飛躍は、水島先生、塩川先生のご指導の賜であることは誰もが認めるところですが、両先生ともに故人となられた現在、ご冥福をお祈りいたしますとともに、先生方の意志を守り抜くことを胆に銘ずる次第です。

（東洋大学 常務理事）

追記

誠に残念ながら、田淵順一常務理事は平成二八年八月二八日にご逝去されました。田淵常務理事からの追想文のご寄稿は、すでに平成二七年一二月一五日にいただいていましたので、水島廣雄追想録出版委員会では寄稿原稿をそのまま掲載させていただくこととしました。

田淵様の墓前に「評伝 水島廣雄」を献上し、ご冥福を心よりお祈り申し上げます。

水島廣雄追想録出版委員会

水島廣雄氏　追悼文

福井 次矢

水島廣雄氏は平成二六年七月二八日、聖路加国際病院にて逝去されました。享年一〇二歳でした。

水島氏は聖路加国際病院の運営法人であります財団法人聖路加国際病院（現・一般財団法人聖路加財団）の理事に昭和五五年に就任され、その後平成一九年三月に退任されるまで、永きにわたり聖路加国際病院のために尽力されました。

また、水島氏には聖路加国際病院の人間ドック事業にも大変なお力添えをいただきました。わが国における人間ドックは、昭和二九年に国立東京第一病院（現・国立国際医療研究センター）と聖路加国際病院で行われたのが始まりですが、水島氏には、昭和三〇年七月に聖路加国際病院の人間ドックを初めて利用していただきました。その後ほどなくして、聖路加国際病院の人間ドックを利用される方々の同窓組織であります人間ドック同窓会の会長に就任され、平成二六年までの永きにわたり務められました。

聖路加国際病院の人間ドック同窓会は、「聖路加国際病院の人間ドックを利用された方々が、人間ドックでお世話になった聖路加国際病院の医師、看護師等を労わること」を目的としたパーティーとして行われたのが始まりと聞いております。この催しは、人間ドックが開始された昭和二九年に行われ、その後、毎年開催されるようになりました。昭和三九年の第一〇回目の人間ドック同窓会の際に、当時、聖路加国際病院の院長でありました橋本寛敏院長がこの催しを「健康の祭典」と命名し、現在に至るまで毎年、行われております。

聖路加国際病院の過去の人間ドックに関する資料を紐解きますと、昭和三九年四月一八日に行われました第一〇回人間ドック同窓会「健康の祭典」の資料が出てまいりました。この際の出席者数は人間ドックを利用された方々である同窓会会員が二九九名、聖路加国際病院の医師、看護師などの出席者数はおよそ一〇〇名であり、合計およそ四〇〇名にて、隅田川河畔にあります聖路加国際病院の庭園「聖路加ガーデン」にて行われています（現在は聖路加タワーなどの高層ビルが建っている土地です）。祭典では、同窓会会員の方々の挨拶や、聖路加国際病院の医師、看護師等の挨拶、アトラクションとしてさまざまな食べ物等の模擬店、音楽演奏の催し等が、盛大に行われています。また、三笠宮崇仁親王殿下のご出席も賜っております。

この「健康の祭典」の際、人間ドック同窓会会長でありました水島氏が挨拶されたなかに、人間ドック同窓会の趣旨として三点を挙げておられます。一点目は「人間ドックでお世話になった聖路加国際病院の医師、看護師等の職員に対する感謝の思い」、二点目は「人間ドック同窓会会員が聖路加国際病院の医師等とコミュニケーションをとりながら気軽に健康等の相談をする機会を持つこと」、三点目は「人間ドックを社会に普及させること」であり、そして三点目が最も重大だと述べておられます。

現在のわが国では、非常に多くの人々が人間ドックや健康診断を受けています。人間ドックが始まったばかりの草創期においては、人間ドックを提供する側の医療者ではなく、水島氏のような利用者の活動こそが、現在の人間ドック、健康診断の広がりの一助になったように思われます。

多くの方々が知る水島氏の功績は、学者あるいは経済人としてのものであろうかと思います。しかし、水島氏は医療界にも功績をあげておられるのです。

水島氏は一〇〇歳を超えてもなお、人間ドック同窓会会長として、聖路加国際病院の人間ドック同窓会「健康の祭典」に出席され、最後まで会長職を全うされました。一〇二歳という水島氏のご長寿もまた、人間ドックの有用性を証明しようという強い意志の表れであったように思われます。

このような水島氏の偉業に対し、心から尊敬と感謝を捧げ、謹んで氏のご冥福をお祈り申し上げます。

（聖路加国際大学学長・聖路加国際病院院長）

水島先生を偲んで

海部　俊樹

水島廣雄先生は、母校中央大学の大先輩であり、ご高名は若い頃から存じ上げておりました。しかし残念ながら学生時代に先生の講義を受ける機会はありませんでした。中央大学予科在学中、私は弁論部である辞達学会に所属しておりました。今から七、八年前、辞達の先輩、堂野達也先生のお葬儀の折、席が隣り合わせになりました。その時水島先生は、後輩である私の健康を気遣っていろいろ話しかけてくださいました。

経済界のみならず政界にも知己が多く、影響力をお持ちだった先生の温かくやさしいお人柄に触れることができました。

先生の満百歳のお誕生祝賀会にお招きいただいた折に楽しいひと時を過ごせたことは嬉しい思い出です。中央大学関係者をはじめ多くの人たちに囲まれ、終始笑顔でいらした先生のお姿が今でも忘れられません。

（第七六・七七代内閣総理大臣）

水島廣雄先生の思い出

高村　正彦

中央大学の先輩たちから、こんなお話を伺いました。水島先生が「本学出身の政治家は数えきれない程いるが、外務大臣になったのは高村さんが初めてだ。みんなで応援してあげなさい」と仰ったとのことです。

挨拶に伺ったこともなかった私を気に掛けてくださっていたことは誠に恐縮の至りでした。また私が若い頃、陰に陽にご指導をいただいた河本敏夫先生、石田博英先生をはじめ多くの政界の先輩たちとご昵懇の間柄であったとも伺いました。そんな先輩方（吉田卓、松本彧彦両先輩）のご紹介により、水島先生に初めてお目にかかったのは、私が一度目の外務大臣に就任して暫くたった頃でした。その時先生が、母校を愛する情熱を吐露され、更に政治に対する示唆に富んだお話を熱く語られたことが強く印象に残っています。

その後は政務に追われてご無沙汰をしてしまったのですが、晩年先生が聖路加国際病院に入院されておられることを知り、お見舞いに伺って一緒に寿司をつまんだことが、今となっては楽しい思い出です。

（自由民主党副総裁 衆議院議員）

非凡

木村 義雄

昭和三五年十二月二三日、かつて私が住んでいた目黒の家の玄関ベルが鳴ったので私が出てみると、水島氏が立っていた。玄関の中に入るや否や、「銀行に勝てなかった」とポツリと話された。この時、父はまだ帰宅していなかったが、すぐに応接間に入っていただき、母と私で話を聞かせていただいた。決して落胆されているのではなく静かな闘志がみなぎっているように感じられた。この日、水島氏は約束されていたそごうの社長の座を、大和銀行のT頭取の横やりで同じ大和銀行出身のW副社長にさらわれたのだった。

思えば、この日から偉大な経営者水島廣雄氏の進軍が始まったといっても過言ではない。水島氏の戦いは銀行に始まり銀行に終わった。最もその背後には国家の政策、時代の流れ、押し留めることが出来ない何かがあったのかもしれない。

水島氏を一言で言えば、それはとても非凡な人である。水島氏の世田谷区北沢の自宅の三階に氏の書斎がある。壁に面した大きな本棚には数え切れないぐらいの洋書や法律書で埋め尽くされている。私が興味本位でその一冊一冊を取り出してみると、どの本のどの頁も赤い線で埋め尽くされていた。日本興業銀行に勤務しながら法学博士の学位を取得した神髄はここに込められているといっても過言ではない。当時の興銀の同僚からは昼間あれだけ忙しいのに、一体何時勉強していたのだろうかと不思議がられたそうである。

太平洋戦争中、水島氏は徴兵免除をうけていた。そもそも水島氏が勤務していた日本興業銀行は戦争国策遂行の為の航空機産業などの重工業融資専門であるが、氏の優秀さが理解できる。近所の人からは、「こんな立派な青年がまだ国内にいるなんて」と頼もしがられていたそうである。

私が中央大学在学中、水島教授の信託法史論を選択し授業を受けた。もっとも、氏の講義は最初の一回だけ本人が現れ、あとは全て愛弟子の関口雅夫氏が代行した。関口氏と私は以前から気やすかったので、私はその安心感から授業にはあまり出席せず、試験の時もなにを書いたか全く記憶にないが、評価は貴重な優を付けてくれていたのはまことにありがたかった。ところで学生の中には猛者が居て、下北沢の水島氏の自宅に一升瓶を持参してなんとか単位をくれと直訴にこられた方がいた。水島氏は帰宅していないが叔母が対応していたのをいまでもおもいだす。もちろん氏は優しく温情な人である。関口氏を書くと氏の腹心である井上盛市氏のことも忘れられません。

平成の時代にあって、明治生まれの最後の気骨ある日本人であられた水島氏を思うと胸の中になにか込み上げてくるものがあるのは私だけではないと思われます。唯々、感謝です。

（参議院議員）

水島廣雄先生を想う

太刀川 恒夫

水島廣雄先生とのお付き合いは昭和四七年の、いわゆる「ジャパンライン事件」からである。国策で設立された海運会社・ジャパンラインの専務・松永壽さんと東京商大の同級生であった曽根啓介さんに、同氏の友人で元東洋精糖の役員であった水谷文一さんのお二人が私のところに見えて、当時、業界の異端児と言われた三光汽船による株買い占めをなんとかしてくれと要請があった。三光汽船のオーナーは河本敏夫代議士。私の師匠である児玉誉士夫は東洋精糖の株買占めの事件を始め、いくつかのこの種の事件を解決して来ていたので、このジャパンラインの件でも何とか力を貸してくれと言うことであった。

児玉にその旨を伝えると、当時既に体調が余り芳しからざるが故か一切はお前がやれという。そこで、前記のお二人を始めジャパンラインの幹部の方々にもお力を戴きながら取り掛かってはみたもののなかなか一筋縄ではいかず、株価は釣り上がるばかりだった。

ある日、元・河野派で旧知の稲葉修代議士に、この問題をどうすべきか思案中だと話すと「河本の番頭格の岡庭博は興銀出身だ。同じ年代で以前興銀にいた人間が自分の中大の同期だから、ちょっと相談してみるか」という。それが、当時そごうの社長であった水島先生だったのである。

ことのあらましを伝えた後の水島先生の差配は見事だった。河本の顔を立てて経済的利益を与え、ジャパンラインの危機も救った。児玉はいたく感心した。「御礼として一億円のダイヤモンドを贈った」と後に週刊誌に書かれたが、それは事実であり、国税にも届けてある。先生と児玉が特に親しくなるのは、それからであったように思われる。

その後、ジャパンラインは先生を取締役に迎える。倒産間際の百貨店を立て直した経営者であり、かつ法学博士の名刺を持つ先生には、海運会社の経営にもプランがあったのだろう。しかし私は、先生が船屋と一緒にうまくやっていけるとは思わなかった。案の定、しばらくするとジャパンラインの幹部が私のところに来て、先生に役員を降りてもらうよう話してくれと言ってきた。「先生、今日は嫌な話をしにきた」と役員退任の話を私が切り出すと、先生は「そうか、わかった」といとも簡単に承諾した。そういうさっぱりとしたところが、あの方の魅力の一つだと私は思っている。

美食で健啖家であった先生には、よくご馳走になった。築地のふぐ源、まだ日航ホテルの裏にあった頃の久兵衛など、名店で季節のものをいただきながら、いろいろなお話をした。私は先生の大学の後輩であるが、その大学への入学の経緯を話したこともある。空襲で家を焼かれ、親戚を頼り山梨に母とともに身を寄せた私は、世に出たいと考え、名前だけを知っているに過ぎない児玉誉士夫に手紙を書いた。そして上京して児玉に目通りし、書生にしてもらった。昭和三五年、二三歳のときである。その後、「児玉事務所の若い衆」となっていた私は、児玉に命じられ中曽根康弘代議士の事務所に秘書として入る。中曽根代議士が主宰する近代政治研究会に連れて行かれると、そこには読売新聞の渡邉恒雄さんや氏家齊一郎さんなど東大出がごろごろしていた。私は遅ればせながら学問の必要を感じ、二六歳で中央大学法学部の夜間部に入学する。働きながらの勉強は予想以上に大変だったが、なんとか卒業することができた。先生は、そんな私の話を熱心に聞いてくださった。若い頃に苦労して学問をしたご自分のことを思い出されたのかもしれない。

聖路加病院に入られて少し疎遠になっていた頃、先生の百歳のお祝いのご案内をいただいた。私は、喜んで馳せ参じた。児玉をはじめ戦後史で記憶すべき人の多くがすでに鬼籍に入っている中で、お元気な先生のお姿を拝見し大変嬉しかった。ただ嬉しさの中で私はふと、人には旬があるのかもしれないと思った。敬愛する水島先生のご長寿はめでたい。しかし、先生がもし、多くの人と同じく八〇数歳の寿命であれば、あの屈辱を味わうこともなかっただろう、と。多くの方からお祝いの言葉を受けて笑顔をみせる先生のお姿を見て、そう思ったのである。

（東京スポーツ新聞社　代表取締役会長）

「かれぶり会」のドンと私の母

中江　利忠

東京で毎年一回、秋に二十数人が集まる「かれぶり会」という、変わった名前の会がある。東京で春のカレイと秋のブリを味わって故郷の丹後（丹波も）を懐かしむ会で、当初の年二回が今は一回になっている。私は生まれは千葉市だが父が丹後町なので、水島さんから声をかけられて入会した。この会のドンが、水島さんだった。

昭和三三年の発足からのメンバーには芦田均・首相（福知山出身）、前尾繁三郎・衆院議長（宮津）らが名を連ね、舞鶴出身でそごう副社長だった水島さんはこの時から幹事を務めていた。現在は小谷昌・京浜急行電鉄元社長（舞鶴）、堀田力・さわやか福祉財団会長（宮津）、小幡裕・東京女子医大名誉教授（舞鶴）らに谷垣禎一・自民党幹事長（福知山）も加わっている。

毎年の「かれぶり会」の席は丹後の懐かしい想い出話に花が咲き、時には六町（峰山・大宮・網野・丹後・弥栄・久美浜）の合併で平成一六年から誕生した京丹後市の中山泰市長を招いて近況報告も聴く。いつも水島さんの采配で、和気藹々のうちに自ずから「温故知新」の集いになっていた。

百二歳の大往生より八カ月前の二五年一一月一二日、私は聖路加国際病院九五五号室に最後のお見舞いをした。水島さんより半年先輩で長らくの友人、最期を看取る役だった同病院名誉院長の日野原重明先生が、私より十八年も先輩ながら誕生日が同じで親しくしていただいたお陰で、水島さんの容態の悪化を伺っていたからだ。

一人で伺ったのには、理由があった。私が朝日新聞の経済記者時代、そごうの驚異的な発展とバブルの崩壊による苦難の連続を取材し見守っていたので、出来れば当時の秘話も聴きたかった。しかし、「かれぶり会」で皆を驚かせていた何十年も前の確かな記憶と大胆な披露も、最後の病床では既に期待の外にあった。

もう一つ、水島さんと私の亡母との仕事の関係で、一言お礼を申し上げたいことがあった。

水島さんがそごう発展の最初の橋頭堡にしたのが、昭和四二年開店の「千葉そごう」。閉鎖的な風土の千葉市では当然、地元の商店街などから進出に猛反対の運動が起こった。千葉市の公選制の教育委員を八年間務めた後、市の商業活動調整協議会委員をしていた母は、この大デパートを受け入れた方が、いつもちぢこまっている千葉市の将来に競争的な発展が望める、と訴えてやっと賛成の空気が生まれ、実現に漕ぎ着けられた。

平成六年に母・中江静枝が九八歳で亡くなって私が追悼本を編集した時、水島さんがどうしても書かせてほしいと寄せた文には「千葉そごうを起爆剤として遂に売り上げ一兆数千億円の日本最大の百貨店グループに発展、静枝様はオールそごうの大恩人と申しても過言ではありません」と過分の謝辞が躍っていた。この気恥ずかしいほどの謝辞に、あらためて「こちらこそ」と御礼を言上したが、最後のベッドの上で水島さんは、私の手を静かに握り返すだけだった。

合掌

（元・朝日新聞社 代表取締役社長）

慈父のようなお方だった

山口 崇

水島先生は、一番がお好きな方でした。

厳しい戦いの場を離れて私生活の場で寛《くつろ》ぎを求められるときでも、そのお言葉の端々から先生の高い理想が透けて見えたものでした。

激務の間をぬって楽しむレジャー一つでも例外ではありません。

本土が梅雨の時期。北海道積丹《しゃこたん》半島でのソイ釣りは、若狭生まれの先生の息抜きの一つでした。淡路島生まれで海に馴れた私は何度もお供をさせていただきましたが、先生はリールを使わず手釣りをやられる。日本古来の海釣り。指先だけの感覚で深海に針を入れて潮の流れを見極めながらソイの食いつきを待つのですが、これには辛抱が要る。深い所で百尋《じん》もありますから、獲物がかかっても二百回以上の手繰りあげ動作が要求される。エサをとられたときの引き上げなどは疲労困憊になってしまいます。

「先生、リールの方が楽じゃありませんか」

気遣う私に、

「北海道の王者ソイと対面してるんですよ。手を抜いちゃあいけません」

このとき先生が上げたソイは体長六四センチ。札幌そごうの地下食品生鮮売り場でもなかなかお目にかかれない逸品でした。時間と手間をかけても一番を釣り上げる。恐れ入ったのを覚えています。

私は、四半世紀にわたって、そごう紳士服「ロージェント」のモデルと宣伝、国内外に展開したそごう百貨店のうち二四店の開店業務のお手伝いをしてきましたが、

「地域一番店をつくる」

が先生の口ぐせでした。

香港そごう開店の日。果てしなく続くお客様の列を店内の窓から眺めながら先生は、

「山口さん。今夜、香港関係者をご招待して無事開店の感謝食事会をやります。いらっしゃい」

ミニとはいえ豪華な満漢全席の末席からメインテーブルを眺めておりましたら、やがて、着飾った料理人たちが現われ、香港と日本の主賓方の前で、練り物を粉を敷いた板に打ちつけ打ちつけ手で伸ばして、包丁を使わずに指だけで信じられないほどの細い麺に仕立てあげてゆくのです。宴席は感嘆の声しきりでしたが、打ちつける練り物に舞い上がる粉で主賓の方々の黒の正装はさながら雪だるまのように頭から真っ白になっておりました。

凄い手技に拍手が湧く中、その雪だるまの一人が立ち上がりマイクの前に立って感謝の辞を述べ始めました。先生です。流暢な中国語。メモ、草稿何もなし。ウイットに富んだ

内容なのでしょう。時に笑いも起きて一〇分ほどのご挨拶が終わりました。満場大拍手です。

宴たけなわの頃、私と同席の法学のお弟子方そろって先生のお席まで行き、お礼のご挨拶もそこそこに異口同音、

「先生の中国語があんなにお達者とは知らなかった」

先生は莞爾《かんじ》として笑われ、

「なんてことはない。あれは若い頃麻雀で覚えたんだよ」

追憶の映像が次々と頭をよぎります。以前いただいた先生のお葉書からはあの温かいお声が響いてきます。

先生。いろいろと有難うございました。

（俳優）

水島廣雄さんとの出会いに感謝して

久水宏之

私は一九五三年に興銀に入りましたが、配属された証券部でまず勉強させられたのが栗栖赳夫（元興銀総裁、法学博士）さんの『担保付社債信託法の研究』でした。毎朝、先輩からその内容について質問があり、鍛えられたのですが、当時の興銀には、公社債市場に対する責任感から私企業としての利益は顧みないという意味で「日本帝国証券部」という気概もあってのことだったと思います。

ですから、銀行の特別調査室で、水島さんが「浮動担保」の研究で大きな成果をあげられたことは強く印象に残っています。法制化された「企業担保法」は、当時成長期にあった日本の産業、特に大企業の長期金融や公社債の発行に大きく貢献したことは間違いありません。

私が直接水島さんにお会いしたのは、証券部当時の上司に誘われ、何人かご一緒に横浜でご馳走になった時のことでした。人なつこく、またごく自然に何ごとも世界というスケールで捉え発想されることに驚き、魅かれたことを覚えています。

その後、時を経て興銀の後輩でそごうインターナショナルの役員を退任していた原田俊克さんから、水島さんのことをお聞きし、何かお役に立つことがあればと思い、下北沢のご自宅に度々原田さんと共にお尋ねすることになりました。水島さんは腎臓を病んでおられ、本当はお辛いはずのところ、いつも笑顔で屈託なく、私の遠縁に当たる河上弘一元興銀総裁のことなどを楽しく話してくださいました。興銀の社内旅行の時、新入行員だった水島さんが熱を出しているのを見て、当時副総裁だった河上さんが気遣われ、帰宅後すぐにペニシリンを送っていただいたのにとても感謝された、といったこともありました。

そごうの社長になられてからの水島さんは、産業界に出た興銀の先輩たちの面倒をよく見ておられたことは聞いていました。また、ジャパンラインの買占め事件の解決や、訴訟問題が起きたために、ある大手の都市銀行の金融債引き受けが危うくなった「寺田事件」の解決など、興銀が思わぬ困難に逢着したとき、水島さんがひと方ならぬ尽力をしてくださったことも、お宅に伺った折、幾度か聞かせていただきました。

私は、一九八三年、高橋佳子という方に師事し、人間を魂と見ることを原点として、経営、医療、教育などあらゆる分野を見直し、新たな文明への道を探求することを志し、銀行を退かせていただきましたので、バブル崩壊に伴う様々な修羅場に関わることはできませんでした。しかし、いきさつはいろいろあるにしても、いただいた恩義は恩義です。組織人である前に一人の人間であり、どんな壁があろうとも、しがらみを超えて理解し合えるのが人間であることを信じ抜かれる水島さんの心情にお応えし、少しでもお役に立てることはないかと思いました。原田さんと一緒に、新橋で折々開かれていた弁護士さんたちの会合にも伺いました。最悪の事態だけは何としても避けなければ申し訳ないと思い、皆様のお智慧もいただき、最高裁に和解を申請する口上書を書いてその場にお届けしたこともありました。

しかし、現実には困難な壁がありました。それは、興銀と共同でそごうに融資した旧日本長期信用銀行が破綻し、預金保険機構が全額出資した整理回収機構がその債権を承継したために、民間での話し合いとは条件が全く違っていたことでした。もし長銀の破綻がなければ、個人保証した社長の個人財産への追求には自ら限度がある、という決着の可能性もあったと思います。興銀側の意向は打診していましたので、その結果はまことに残念なことでありました。

しかし、水島さんはそうした筆舌に尽くし難いご苦労があっても、いつも明るく温和でした。法学をこよなく愛されているだけに、法の限界ということもよくお分かりの上で、事態の一切をご自身に引き受けようとされた強靭な生き方には、深く心打たれました。

水島さんは経営者としては、強い信念と共に、「経営者である前に一人の人間」として、「人情」や「友情」を何よりも大切にされた方だと思います。そこに魅力や畏敬を感じる多くの方々にとって、また私にとっても、満百二歳の天寿とはいえ、もっと長く生きていただきたかった方でした。

水島さんとは「人生の持つ深い意味」についてのお話し合いを共に大切にさせていただきました。試練はマイナスとだけは決めつけられないこと。そして、人情の大切さには想像を超えるものがあること。また、「逃げない、捨てない、諦めない」で逞しく生きることの美しさ、などを私は水島さんから学ばせていただきました。

そのことに深く感謝を申し上げ、この教訓を未来に伝え、私たちがいただいた御恩に少しでもお応えしたい。その願いと共に心よりご冥福をお祈りいたします。

合掌

（元・日本興業銀行常務取締役。久水事務所代表）

水島さんが残したもの

原田 俊克

水島さんが黄泉に旅立って早いもので一年余の歳月が経ってしまいました。しかし、今尚、元気なあの色白な張やかな顔付きは忘れられません。そもそも、私と水島さんとの出会いは、一九八三年夏に遡ります。当時私は興銀のシンガポール支店におりまして、水島さんが彼地での出店について下見に来星されました。何分にも興銀の大先輩ではありますが私とは入れ違いにそごうに転出された方ですので、銀行時代の水島さんについて面識は御座いませんでした。唯、帰国に際して是非この地に地域一番店を考えたいので候補地を探してもらいたいとの強いご要望を頂きました。その折、百貨店を核とする小売業界の将来の有り様についてご意見を拝聴致しました。思えば、事前に仄聞いていた人物像とは桁違いの先見性に富んだスケールの大きな話をされる先輩でした。将に、銀行の枠を超えた教養人で、法律家だとは到底思えない今様の名手だったのです。お話をされる時の目下の相手でも同じ目線で熱く話しかけられる方ですから我々若い者にとっては身動きの出来ない有様でした。考えてみれば、銀行のあの多忙な実務の中にあって、「浮動担保」の研究で博士の学位を取得し、更に「企業担保法」の法制化に尽力することなど普通ではあり得ない事なのです。水島さんが法律の勉強が好きであったということだけでは説明が付かないのです。それに駆り立てる何かがあったのではないかと思いました。

ある時、仕事の関係で海外へお供を致しました際、「銀行に入れば帝国ホテルでカレーライスが食べられると直感的に思ってね、それは全くたわいの無い夢だったのですよ。しかし、実際に官学と私学の給与や色々な事には事情があるのだからそんなに気楽には行けない。この落差は大きくて仕事でもなかなか詰められない。気分としては放埒な気持ちになるのですよ。銀行自体、国策会社として発足したのだから、仕組みが官業と同じになるのは已むを得ないのでしょうが。しかしながら、気分的には満足せずに、此れに逆らっていれば人間は段々無頼になって、心の幅が広くなっていくものですよ」と何気なく話されたのです。何かをしなければ自分の存在はないとの思いがあったのではと思うのです。

多分、未来を見据えて、この硬直したヒエラルキイ社会を変えたいと心の底で無意識に思われたのだと思うのです。カウンターカルチャーを許さない社会ですから大変だったでしょう。後日、銀行の先輩から聞いた話ですが、支店で経理を担当して管理会計の勉強をと上司は願ったのですが全く身が入らない。法律の勉強ばかりして困った奴だったよと。恐らくこの硬直した封建的な保守体制を変えるには法律しかないと考えたのではないでしょうか。

この事をして短絡的に浮動担保を法制化した事とは結びつけるわけにはいきませんが、

しかし水島さんの心の何処かに変化の必要性を感じ其の実現を認めたのだと思うのです。頭の中でその道は一体何かと悩むことだったのでしょう。とは言っても、万人の納得するものを考えなければ意味が無い。何もせずにそのままにしておけないと生来のアフォリズム（Aphorism）、即ち人間としての心の在り方が水島さんを動かしたに違いないと思えるのです。しかし、この問題を深く考えれば考えるほど、方向として、矛盾だらけになる。前進するためには、更なる止揚が必要と水島さんは思ったのでしょう。その心底には、水島さんをして「己」が「他者」との関係で存在するのだから、人々に善哉を与えるのが筋道だと思ったに違いない。思えば、結果として、氏の言動から推察し、自分を高みに駆り立てた原因ではないかと思いました。

そもそも銀行というところは、前例を踏襲する保守的な風土があり、現状を最善と考える所謂「中今の思想」が支配する社会なのです。其の保守性には儒教的な側面があるので硬直的なのです。水島さんは英国に留学してイギリス人の保守性なるものに触れて日本とはちょっと違っているぞと思ったのに違いない。日本で「保守」と言えば「墨守」と同じ意味合いを持ち、昔のものをそのままに、協調性を以って普通通りのやり方で守り抜くと言った感じが強いのですから、全体として形は頑迷固陋になります。新参者が入る余地は狭いのです。しかし、英国の保守主義は変わらざるを得ない状況では変わるが、慎重に、且つ大胆に変わることをその内容に含んでいるのです。理念に忠実であることを基本としながらも、変化に対処し、勇気を以って現実を処理しないと取り残されることを民族として知っているからなのです。状況に適応した変化の必要性を認めるのは、歴史の綾なす流れを知り尽くした保守哲学の本質であり、其の柔軟性や多様性が国全体の本流となって人々に幸福感を与えているのです。現象的にみればあのチャーチルやサッチャー時代に彼らが遣ったことをみれば其の本質は分かります。

恐らく、金融界にあって、貸し金の保全価値論から言って浮動担保は、其の掴みにくさから当時重視されなかったと考えられ、多分反対も多かったと思います。しかし水島さんの絶えなき錐股のお陰で、法制化した「企業担保法」の施行が、その後、銀行の融資の範囲をどれだけ広げたかは知る人ぞ知るところなのです。

後日、潰れかかった会社で水島さんがこの方法で融資を得たのは、今にして思えばご神仏が与えし恩恵であり、ご本人の面目躍如とするところです。

しかし、悲しいかな、時を経て時代の流れには逆らえずに、多店舗展開に限界がきたのです。銀行間の貸し出し競争が激しくなる中、互いに協調して銀行と共に歩んだ時代の終焉を迎えたのです。最後に、水島さんは銀行が内包する残存者利益主義の犠牲になったのです。

水島さんは愛妻と二人の生活でしたから、欲するところはなにもなく、最後は、会社での放伐問題も考えて、釣り三昧の生活に入る事を願っていたのです。しかし、中途で放り出す訳にもゆかず、願いは叶えられないまま、苦悶の日々が続いたものと思われます。

本来、国家は本質的に暴力であり、法律といえども其の一部でしかないのです。統治行為論に見るごとく国体維持の名目さえあれば裁量の可能性があるだけに超法規的に何でも出来るのです。強制権力をも持つことになるのです。法律家である水島さんは法律の限界を充分知悉していたのではと推測します。其れ故か、人間の心にある善の根源性を信じておられました。会社経営でも法律は一部でしかないことを自得して、上下隔てなく、人間関係を大切にする生き方でした。責任ある者が「言《こと》あげ」したことは当然のこととして信じたのも十分理解できるのです。

そこには水島さんが考える先人の『種の論理』が存在していたと思います。即ち、国には、往時、日本社会の産業近代化のため、起業の面からどうすべきかと言う命題があったと考えられます。それ故に、興銀の先輩諸氏は国策に沿った国益の実現のために、高い理念と理想の矜持をもって行動したのです。後輩達も又この精神を大切にして分有化してきたのも既知の事実であり誇りでした。しかし、其の伝統が否定されたわけですから、水島さんにとっては大変悲しい事だったのでしょう。

水島さんは積年の名声、名誉をもかなぐり捨てて木強漢《ぼっきょうかん》（信義を重んずる武骨者）として其の善処を求めたのです。又一方で、人と人との間に通底する惻隠の情を水島さんはなによりも大切にして斟酌する方でしたので、残念な思いでしたでしょう。

百歳を超えて尚、市井の人々の毀誉褒貶の声に挫けることなく、佯狂者（純粋な心をもった賢人）として衰えない其の信念でこの生き様を示しました。

しかし、水島さんには時間がありませんでした。間違いなく、如来さまは孤潔に入り寂しくしている水島さんを憂い、生前の善行を考え、上品上生を以って報いるべく来迎して、極楽浄土へお連れしてしまったのです。

恐らく、水島さんの一生は宮本武蔵の独行道「我事において後悔せず」の生涯ではなかったかと思っています。

水島さんの残したものは我々サラリーマンにとっては余りにも大きいのです。我々はこの生き方を凝視、玩味し、男の一生がどうあるべきか、右顧左眄せず志をもって生き抜くことが、如何に厳しいか、しかし、此処に教訓があり男の本懐があることを学ぶべきだと思います。

不浄造悪の昨今、若い世代に多くのものを残した男の生涯でした。

故人のご冥福を祈りつつ、筆を置きます。


（元・日本興業銀行シンガポール支店長）

心の素晴らしい人

アルツーロ マルティン

水島さんは私の大切な友人でした。彼は心の素晴らしい人でした。ずるいことをしない、いつも貧乏な人とのことを心配する、優しい人でした。長いお付き合いの中で、人のことを怒ったりする姿を見たことがありません。彼のまわりにはいろいろな人が集まりました。日本人ばかりでなく、外国の人もたくさん集まりました。中には、お付き合いしない方がいいような人もいましたが、水島さんはそういう人も受け入れていました。

ファイナンスのやり方に失敗し、あのような大変なことになったとき、心配だった私は水島さんを世田谷のお宅にお訪ねしました。ところが水島さんは、いつもと変わりなくしていました。まわりは相手の銀行のことをいろいろ言いましたが、水島さんはそごうがだめになることで困る取引先の人たちのことばかり心配していました。

はじめて水島さんとお会いするのは、一九八〇年の「大ヴァチカン展」をそごうが企画したときでした。でも私は、それ以前から水島さんの名前を知っていました。一九五二年に司祭の秘書として日本に来た私は、その後、一九六二年に渡米し、アメリカの大学で神学と経済学を学び日本に戻りました。日本での仕事は、イエズス会の会計係です。その仕事の中で、上智大学が麹町の土地を取得する契約書に水島さんの名前があったのです。

大学は気づいていなかったのですが、その契約は大学にとっては不利な契約でした。私はそのことを発見しましたが、もう直すことができません。ですからその時は、水島という人にあまり良い印象を持ちませんでした。しかし、後でわかったことですが、麹町の土地は水島さんの親戚のもので、この土地がほしかった大学のために、水島さんはいろいろ尽力をされたようです。私が上智大学に来た頃、古い先生方は皆さん水島さんのことを知っていました。戦後すぐの頃、水島さんは上智大学で教えていて、法学部設立の協力もされていたと聞いたことがあります。

「大ヴァチカン展」のことで水島さんとお会いし、あの方の素晴らしさに触れました。デパートという人々がたくさん集まるところでヴァチカンのことを知ってもらうという大きな企画でした。そして日本中で開催されたこの企画は、ヴァチカンでも高い評価を得ました。そのことで、ローマ法王パウロII世は水島さんに勲章を授けることになりました。ヴァチカンでの授与式で、法王と水島さんが並んだとき、私ははっとしました。お二人のお顔は、似ていると感じたからです。

聖路加病院に入院されてからも、何回かお見舞いの機会がありました。いつもいろいろなお話をしましたが、カトリックである私は、水島さんに洗礼をお勧めすべきだったかもしれません。でも、私はしませんでした。水島さんは先祖代々の仏教を大切にされていました。そして

「仏さまも天国に連れていってくださるでしょう」と言いました。私も「そうかもしれませんね」と笑ってお答えしました。

（カトリックイエズス会神父）

「さもあらばあれ」の心を偲ぶ

狩野 伸彌

水島会長の往時を思い、ひたすら懐かしさを抱きながら旧古の書類・記録などに目を通していると、当時の大先達のお齢と自らの齢が次第に接近しつつあることを覚え、これまでとは異なった親近感をあらためて水島会長に感じてこの文をつづっております。

平成二〇年の春、水島会長の晩年のことですが、新宿のホテルで私の叙勲記念の会を開きました折、水島会長はご臨席くださり、賓客として親しく励ましの言葉をいただきました。

私と水島会長のお付き合いはほぼ五十年にもなろうとしておりましたが、そのとき脳梗塞で床にありました奥様の過分なお言葉までお伝えいただき、私たち夫婦ともども誠に感激いたしましたことを昨日のように思い出しているところでございます。

水島会長の淡々として、かつ和顔愛語とでも表現すればよいのでしょうか、心のこもったスピーチは、原稿起こしして大切に保存いたしております。

同じくご来賓としてご臨席くださいました私の心の友でもあります作曲家の遠藤実さんとも、水島会長は来賓席で隣り合って何かお話になっていたようですが、私たち夫婦はご来賓のスピーチを伺う席を外せるわけもなく、その後お二人ともに、いくばくもなくご他界され、どのような会話が取り交わされたか伺うことができなかったことは誠にもって残念としか言いようがございません。

水島会長は、そごうの豊かな人材に囲まれ、この人も、あの人も、と人を大切にし、そごうを日本一の売上高を誇る百貨店に育て上げられました。しかし、長い眼で見ますと、「この人も」「あの人も」の眼力のうえにさらに、「この人が」という究極の人材を見抜く眼力をお持ちでございました。

井上忠次副社長兼秘書役は、そのような水島会長のお目に適った方でございました。井上様は常に「そごう色」という言葉を口にされ、外部からの様々な圧力に敢然と立ち向かっておられたとお聞きしております。平成八年に井上様がご逝去の際には水島会長がお別れの言葉で、「あなたこそ、そごう人の真骨頂」と称されております。

その井上様に、水島会長が揮毫され贈られた一幅の掛け軸がございます。私もその写真をいただいて机の引き出しに納め、時に取り出して眺めております。その軸の言葉は次の通りです。

「梅径寒苦放清香」

勝手流に訳せば「梅の咲く道は、寒苦が厳しければ厳しいほど、その花は高い香りを漂わしてその道を通る人を豊かな心にする」ということになりましょうか。

思いますに、この揮毫の短い言葉には水島会長の薫り高い人生観が現れていると考えております。

光彩陸離たる功業とともに、一方では人様には語ることも出来ない苦境、逆境があり、その変遷のなかでこそ梅の清香は芳しいものよ、という含蓄のある人生訓を読み取っております。

水島会長の晩年のとき、私は時として、また折に触れ、ご夫妻のお住まいのお宅にお邪魔する機会を持ちました。

私は訪問の都度、激変の環境のもとで、水島会長の世間を見るレンズは大胆に交換せざるを得なくなったのではないか、とも思いました。

日々のつましい暮らしを飄然と、かつ清々しく過ごされつつも、そごう人として活躍された時代とは考え方も変わられていたのではないかとも思いました。

また現状を「さもあらばあれ」という水島会長のまなざしをかんじることもございました。

しかし、お会いしてみますと、水島会長の眼力、あのボルテージの高い電流のまばたく眼力の、一大発電所に変化はないようでした。

晴雨寒暑を通じて泰然自若。内兜と言えば言えるような生活。それでも水島会長は変わらない、金づちで叩いてもかけらも壊れない硬いものをかわらずにお持ちでした。

どうしてでしょうか。私は考えてみました。

水島会長の故郷京都の友禅染めの文様に「槍梅」という品格の高い染めがございます。梅が天に向かって直に立ち並ぶデザインで、新春に装われるものです。

逆境の中での水島会長の心の中の発電所には、この「槍梅」の文様が明確に刻み込まれていたのではなかろうか、と思います。

梅が天に向かって直に立ち並ぶ景色は、さきに記しました井上様への水島会長のご揮毫と一脈相通じるところがあると思っております。水島会長の沖天の意気、天に高く昇ろうとする意気は、「槍梅」の文様に託されて健在であったと思っております。

また、こんなことも思ったりしております。

国語学者の大野晋さんという方が言っていることですが、日本語の「時」の語源は、氷が解けるときの「とける」であるという説です。

氷の下の底には暗い悲哀が淀んではいても、氷が解け、雪が解けるときの「泉の水」のように湧き上がってくるものが「時」とするならば、水島会長は、このような「時」を心待ちに思っておられたのではないか、とも思ったりいたしております。

あたかも中国の「屈原」のように、激変の中で「さもあらばあれ」とする水島会長の風姿のなかで、「槍梅」と「時」との二つを心の発電所に堅持しておられたればこそ、あの変わらない水島会長の高いボルテージの電流を、私は感得できたと思っております。

秋風落莫……

あらためて水島会長に心からの敬意と感謝をあらわし、一隅の記といたしたく思っております。

（太平ビルサービス　代表取締役会長兼社長）

カレブリ会

小谷　昌

私にとって水島さんは、尊敬する郷里の大先輩であって、その末席に連なる一人として、一文をしたため追悼のことばといたします。

出身の舞鶴は、奥深く天然の良港を有し、西舞鶴は古くからの商港として栄え、一方の東舞鶴は日清・日露の戦役以来、鎮守府が置かれて日本海側の守りの要衝としての役割を果して来た。戦後は満蒙ソ連からの引揚げの基地となり、昨年「舞鶴への生還　シベリア抑留等日本人の本国への引き揚げの記録」がユネスコの世界記憶遺産に登録された。

この引揚記念館の先の外洋に面した海浜の網元が、水島さんの生家である。北からの寒流と暖流がぶつかるところで、魚影も多く、国定公園の一部を占める名勝の地である。

十数年前に遡るが、私が京急電鉄の社長時代、水島さんのお声がかりで、カレブリ会の末席に加えていただいた。これは京都丹後地方の出身で主に東京で活躍する偉いさんや元偉いさんの集まりで、会の名称の如く、丹後で獲れる名物の若狭鰈と伊根の寒鰤を食しながら、談論風発、年寄りが気勢を上げる会で、銀座の竹葉亭さんが会場で、いつも水島さんを中心で廻っている会である。しかし、百歳のお祝い会の前頃からは欠席で、我われ水島ファンとしては寂しい想いをしていた。

さて、水島さんがそごうグループの総帥として、破竹の勢いだった頃の話であるが、横浜そごうの創設で私共と深いご縁が生まれた。

当時、横浜駅東口は正面玄関にもかかわらず、旧スカイビル、旧シウマイビルがあるだけのさびれた駅前で、地元政財界では駅前整備が喫緊の課題であったが、遅々として進まず、お手上げの状態であった。そこへ百貨店を、しかも世界最大級の店を造るという水島構想が飛び込んで来たが、場所も金もない、ないないづくしで、前は人が住まない海、後は鉄道線路で遮られ、とても人々を集められる立地ではなかった。

そんな状況にもかかわらず、水島さんは株式会社横浜そごうを設立した。昭和四四年のことであった。その後、大店法が施行されたり、第一次オイルショックが追い打ちをかけたり、日本経済の不調が続くなど苦難の道は続いた。

それから十年余、横浜駅東西自由通路が完成、横浜ルミネ、地下街ポルタの商業施設が同時オープン。ようやくそごう百貨店が入るビル会社が、民活・三セクで設立され、京急電鉄の片桐氏が社長に就いたが、それからも苦難の道は続いて行った。

さらに五年後の昭和六〇年、ついに世界最大級の百貨店はオープン。会社を設立してから、なんと一六年、水島社長の夢は実現した。スタッフの皆さんの長年のご努力と忍耐には、深く敬意を表する次第である。残念ながら今は水島さんの名はないが、そごう横浜店はそごう・西武グループの核店舗として今も業績を伸ばしている。

そごう横浜店こそが水島さんの最大の記念碑と思っている。

時は流れて、奇しくも不肖私が、そごう横浜店さんに入居していただいているビル会社の社長を仰せつかっている。

水島先輩の偉業を讃えるとともに、心からのご冥福をお祈り申し上げます。


（横浜新都市センター　取締役社長）

水島会長に思うこと

橋本　喬

そごう水島会長と大成建設とのご縁は大成建設の南幸治 元会長が水島会長に親しくお付き合い戴いたのがきっかけであったと思います。そごうさんがダブルそごう、トリプルそごうを目指して急成長された時期に大成建設もそのお手伝いをさせて戴きました。

その先鞭となった「柏そごう」の工事が昭和四七年に始まりましたが、その責任者に私が任命されたのがそごうさんにお世話になる出会いとなりました。柏駅前の再開発事業で百件以上の地権者との折衝から始まり、地下二階地上一四階延二万二〇〇〇坪の建物を正味一八カ月という超突貫工事で昭和四八年一〇月一〇日に柏そごうはオープンいたしました。毎週のように当時の水島社長は現場の視察と激励に来られ、工事に携わる者たちはどれだけ励みになったか知れません。柏そごうの成功に続き、国内においては札幌そごう、黒崎そごう、広島そごう、横浜そごう、八王子そごう、多摩そごう、川口そごう、高松そごうと水島会長の掲げられるダブルそごう目指して、私共もプロジェクトに邁進して参りました。水島会長のオーラで、皆できると信じて次々と成功させて参りました。

水島会長は海外への進出も推進され、第一号となったタイそごうは立地の選定、出資会社との折衝、現地建設事情調査など、水島会長の命を受けて、随分苦労したことを今でもはっきり覚えております。その後、香港、台北、ジャカルタ、クアラルンプールと次々と「そごう」のブランドが各国に浸透していきました。

東南アジアには「ドリアン」という果物がありますが、これは匂いも強く癖のある果物です。水島会長は無類のドリアン好きで、現地ではよく召し上がっておられました。苦手な方々は会長に言われて苦労して食べておられたのも面白い光景でした。殆どのそごうさんのプロジェクトに関わらせて戴いた私は、多くのそごうさんの方々にお世話になりました。本社の井上盛市副社長、中谷専務、井上忠次専務、海外プロジェクトを一手に担当された山田専務、千葉そごうの石村専務、芦田専務など本当に多くの方々にお世話になりました。水島会長が特に力を入れておられた千葉そごうの開発事業では、石村専務と一緒に、地権者の皆様に夜討ち朝がけで説得・協力をお願いして歩きました。結果を水島会長に報告しつつ進めました。皆様すでに鬼籍に入られてしまったことは残念でなりません。私の大成人生は四〇数年になりますが、半分の二〇年はそごうさんと共にありました。私の人生はそごうさん、水島会長そのものと言っても過言ではありません。水島会長が聖路加国際病院へ移られてから何回かお邪魔しましたが、亡くなられる二週間くらい前に伺って見舞いに来られた皆様と談話室でお寿司をいただいたのが最後となってしまいました。そのときも水島会長は「橋本さんもっと食べなさい、これも食べなさい」と優しく言って戴いたのが最後の言葉となってしまいました。水島会長、本当に有難うございました。水島会長は私の人生そのものです。哀心よりご冥福をお祈り申し上げます。

（元・大成建設 代表取締役副社長）

井戸を掘った人

鈴木 修

商法だったか会社法だったか、水島先生の講義を何年生のときに受けたのかも覚えていない。私は昭和二五年に中央大学旧制法学部に入ったものの、貧乏学生だったからアルバイトの毎日で、ろくに授業に出ない学生だった。それでも、パリッとしたスーツを着た銀行員だという先生のことは覚えている。その先生の書いた本を買って、下宿で読んで試験を受け、単位をいただいた。だから私は、水島先生の教え子と言うには少し憚られる。

卒業後、銀行を経て、縁あっていまの会社に入社した。経営陣に名を連ねるようになると、大学や高校などのOB会からお誘いが頻繁にくるようになったが、中小企業の経営者にそのような時間はなく、ほどほどのお付き合いをしていた。それでも、興銀からそごうに移られた水島先生が、会社を大きく発展させるとともに、母校中央大学にも多大な貢献をされているということは様々な機会に耳にした。

何年かして、同郷の後輩から頼まれて中央大学の経済人OB会である南甲倶楽部に入会するが、それはその会の設立者の一人が水島先生であると伺ったからだ。それを機会に、先生と親しくお話をする機会も増えた。それからしばらくたって、先生は大変な困難に遭遇される。

製造業の私は、流通業である先生の仕事についてはよくわからない。だが、私も企業経営者であるから銀行への対応については、それなりの考えがある。金を借りれば借りた側に責任はあるが、銀行は金を貸すのが商売なのだから、貸し手の責任だってあるじゃないか。二〇〇億円もの金を個人保証できる経営者が、日本の経営者でいったい何人いるというのだ。銀行は「形式的に判を押せ」と言ってくるが、ぜったいに押してはいけない。中小企業のオヤジなら、逃げ回ってぜったいに押さない……どこかの講演でそんな話をしたら、先生が誰かから聞き「鈴木君は僕のことをわかってくれている」と言っていたという。

人は良い時には大勢集まってくる。だが、悪くなると蜘蛛の子を散らすように去っていく。我が同窓にも、残念ながらそのような者も少なくないようだ。ある時、先生が南甲倶楽部の名誉会長から外されているのを知り、後輩にどういうことだと問うたが、満足な答えは返ってこなかった。裁判で負けて罪が確定したからという理屈なのだろうが、公職ではなく私的な同窓会にそのような発想をすることは「法科の中央」の愚かなところだ。私は今でも、先生は中央大学南甲倶楽部の名誉会長であるべきだと思っている。

私は判官贔屓なところがある。水島先生はそれを見抜いておられるのか、先生の百歳のお祝いが終わった直後に、先生が創られた「中央大学箱根駅伝を強くする会」の会長をやってくれ、と言う。先生が駅伝支援を行っていることは知っていた。先生が、塩川正十郎氏を東洋大学の総長理事長に担いだとき、「文部大臣はやったが、大学経営なんか見当がつかない」と言う塩川氏に、「箱根駅伝で二、三度優勝すれば、すぐに黒字経営になる」と先生は言った。そして、その通りになった。

八七回連続出場で、最多総合優勝、前人未到の六連覇の強豪と言われたわが中央大学も、ここ二十年は昔日の面影はない。「強豪校」とは呼ばれず「昔は強かった大学」と呼ばれている。世の中も変わり、また他大学は驚くほどのヒト・モノ・カネを駅伝に投じている。そんなところに乗り込んでも何もできないとお断りしたが、「弱いからこそ、君になんとかしてもらいたいのだ」と仰る。ご老人のたっての頼みを断るわけにはいかないと思った私はその時八二歳。お引き受けすることにした。

平成二六年の七月。私は毎年受ける聖路加病院で人間ドック入りをした。その病院に先生が入院されていると聞き、お部屋にお見舞いに伺った。先生には、箱根駅伝がちっとも強くならないことをお詫びし、そしてしばらくお話をした。駅伝のこと、大学のこと、共通の知人のことなど。百歳を過ぎても肉や鰻をペロリと平らげる先生を知っていたが、その日は食事の話はでなかった。お疲れなのだろうと見舞いを終えて退室すると、付き添いの方が追ってきた。「今日は少しお元気ですが、ここのところあまりお加減がよくありません」と。先生の訃報に接するのは、それから十日後のことである。

駅伝について先生の願いは果たせていない。これは大学理事の皆さん、教授陣の皆さん、そして、南甲倶楽部の皆さん一体となってやらないと、それは実に困難なことであるとつくづく感じる今日この頃ではあるが、先生からのご依頼を投げ出すわけにはいかない。

中国に「喫水不忘挖井人」という故事がある。私は先生が母校のためにたくさんの井戸を掘られたことを知っている。そして、先生が掘られた井戸は母校だけではないということも、多くの人が知っているはずだ。そのことを、私たちは忘れてはならない。

（スズキ　代表取締役会長）

追悼文　水島廣雄先生との思い出に寄せて

鈴木 敏文

水島さんと初めて出会ったのは、中央大学の二年生のときだったと記憶している。半世紀以上も前のことなのであやふやなところはあると思いますがご容赦願いたい。当時、水島さんは就職部にいらした。ちょうど私は自治会活動をしていた頃でしょっちゅう就職部に顔をだしており、そこで何度か顔を合わせていた。特に親しいという間柄ではなかったが、水島さんの印象は強く残っていた。

大学卒業後、南甲倶楽部という同窓会の席で再会を果した。四方山話をする程度ではあったが、南甲倶楽部でお会いする機会が多くなっていた。水島さんは中央大の法学部英法科を首席でご卒業後、日本興業銀行に就職され、その後百貨店のそごうに華々しく転職をされて一九六二年に社長にご就任された。いつの頃からか南甲倶楽部にも顔をだされなくなり、親交が途切れがちになっていた矢先、ある会合の事務局より「水島さんと流通について対談をしてほしい」との要請があり、私がその場に引っ張り出されることになった。水島さんは百貨店の立場から、私は総合スーパーやコンビニエンスの立場から、いろいろとお話しをさせていただいた。

そのとき、水島さんは百貨店は特に立地と売り場が大事なんだと力説されていたことが強く心に残っている。昼食をとりながら、そんな事を話していたことがふと思い出される。節目節目で水島さんとお会いすることが多く、これも何かのご縁があったのだと、当時のことが懐かしく偲ばれる。

一〇二歳で天寿を全うされた水島様のご冥福を心よりお祈り申し上げます。

（セブン＆アイ・ホールディングス 代表取締役会長兼CEO）

水島先生を師と仰ぐ

上岡 君義

平成四年五月、水島廣雄先生が会長をしておられた中央大学南甲倶楽部の専務理事兼事務局長に就任したことで、それまで雲の上の人だった先生との距離が一挙に近くなりました。先生に接する機会も多くなり、先生の人格識見はもとより、母校の将来に対する強い関心、包容力の大きなこと、後輩に対する温かい思いやりなど魅力溢れるお人柄にふれ、敬慕の念が募るばかりでした。在任中はいつも温容をもってご指導戴きましたお陰で二期四年間、大過なく職責を果すことができ、今も感謝の気持ちで一杯です。

専務理事退任後も在任中と変ることなく機会ある毎に声を掛けて戴き、下北沢のご自宅で美味しいウナギを度々ご馳走になったことを懐しく思い出します。

平成一五年一月、水島先生のご提言で南甲倶楽部元会長高橋季義さんの快気祝いを開くことになり、その世話役を務め十数名の方にお集まりいただきました。その後、このときのメンバーが中心となり水島先生を囲む会へと発展し、先生のご意向により会の世話役を務めることになりました。年に数回、二十名前後の会員が集まり自由に意見交換をする実に楽しい会として先生が逝去される直前まで続きました。晩年ご心労が多かった先生にとり、この会合が心休まる唯一の楽しいお時間ではなかったかと思います。

聖路加国際病院に入院されてからも度々病室へお邪魔して、時間の経つのを忘れて母校の将来のこと、箱根駅伝のことなどについて話し込んだことを思い出します。何気ない会話の中にも人生に対する数々の貴重な教訓が含まれていることに気付き、我身の不徳を痛感したものです。

なお、水島有一様にご同行をお願いし、一周忌を前にした平成二七年七月一五日、先生を囲む会の会員多数にご参加いただき墓参をいたしました。その際、参加者全員で般若心経を唱和し、先生のご冥福をお祈りした次第です。

師と仰ぐ偉大な水島先生から揺るぎないご信頼を戴きご厚誼を賜りましたことは、身に余る光栄であり私の宝であります。

先生の教えを胸に刻み、今後共精進を重ね悔いのない人生を送りたいと思っております。

先生から受けた生前のご厚情に深謝し、ご冥福を心からお祈り申し上げます。

合掌

（中央大学名誉評議員）

水島先生との出逢い

長田 繁

出逢いは人生を変える！　そんな言葉をかみしめている昨今である。私は戦後間もない昭和二十五年大学入学である。食糧は配給、食券で外食、コッペパン一個・一食の時代であった。大学授業は休講が多くて生活のためにアルバイトに走る、そんな日々でもあった。なんとかならないものかと憂いて学務課に日参、打開策に奔走したものであったが、それが高じて三年間自治会活動に嵌ってしまった。当時は労働争議の激しい時代で、学生運動をしている者は「赤」であると判別されて就職活動に大変苦労したものである。そんなとき、人事部の市川先生の計らいで水島先生を紹介されたのが、最初の出逢いであった。

それからご縁をいただき、いろいろお世話になった。

実業界で活躍されているＯＢたちによって結成された南甲倶楽部に入会を勧められ、推薦をいただいたのも先生からであった。先生が倶楽部の会長であられた一時期は専務理事として仕えたこともあった。

そんな頃、大学百周年に当たり記念事業として募金活動がはじまった。先生が「そごうグループ」として一億円の募金に応じ、話題になったものである。大学には卒業生で結成されている同窓会団体が各県に支部として存在し、支部育成のため募金額の五％が還付される制度があった。そこで南甲倶楽部の財政を考えるチャンスであると陶山会長（東京都民銀行頭取）に相談され、陶山会長、波多野副会長、専務理事の私との三役に一任された。

結論として、倶楽部財政の確立を計り、そごうよりの還付金を原資に百周年を記念し、かつ学生の士気高揚を計る目的で、各学部一名を表彰する制度を検討することを申し合せた。当時大学では戦後の平等主義の計らいのなかで、歴史あるすべての表彰を廃止してしまっていたときだったが、改めて理解をいただいて卒業式の当日に授与式が行われた。この式典が南甲倶楽部賞のはじまりであり、今も続いて挙行されている。また先生の推薦を受けて大学の監事・理事の要職を一二年間務めさせていただいた経緯もあって、学生時代から大学に係わり関心を持ちつづけてきたのである。

先生は学者として浮動担保論を確立し、学位を得られた。その理論はその後に法制化されるという類例のない偉業を為し遂げ、経済界に新たな発展をもたらした。また教育者として、中央大学、東洋大学、上智大学で教鞭を取り、理事として経営にも加わり、学部学科の設置に寄与され、大学の充実・発展に尽力されるなど大きな功績を残されてきた。人一倍母校を愛し、同窓会支部の育成発展に尽され、多くの学員に慕われていた。会合の折には、挨拶される人が列をなしていた光景が目に浮び偲ばれる。

先生は私にとって人生の師である。実業人のあり方を学び、教えを受けてきた。その思想、哲学は今も心の支えとなってる。

たくさんの楽しい思い出の日々を思うにつけ、すばらしい出逢いをいただいたものだと心から感謝を申し上げ、ご冥福をお祈りする次第である。

（中央大学法学部昭和二九年卒。元・中央大学南甲倶楽部専務理事）

水島先生の教え

吉田 卓

私が水島先生にはじめてお会いしたのは、先生の信託法の講義です。私は中央大学法学部の三年生でしたから、昭和二八年のことになります。後年、先生から「私は卓さんに単位をやらなかったね」と言われました。アルバイトと学生自治会、そして、保守系政治団体の青年部の活動などで忙しかった私は、講義に出る時間はあまりなかったのです。

それでも、先生のもとにはよく伺いました。当時の他の教授とは違い立派な背広を着ている先生には、ある種の憧れがありました。一度、久しぶりに授業に出たら、「天気がいいから外で勉強しよう」と、みんなで公園に行ったことがありました。講義はなし。やることがスマートで、それはお歳をとられてからも変わりませんでした。私が政治家の事務所に出入りしていることを知ると、先生は代議士事務所への個人的なお遣いを私に命じてくれることもありました。そのお遣いは、後々考えると大きな仕事の一端になっていると知り驚いたこともあります。

学生時代の出会いから先生がお亡くなりになるまで、実に六十年以上のお付き合いをさせていただいたことになります。その間、私の人生にもいろいろなことがありましたが、様々な折々に、先生には大変お世話になりました。また私も、何とか先生のお役に立ちたいと、先生が発案される様々なことで私ができることは、進んでお手伝いさせていただきました。大学の地域や職域の同窓会のこと、「箱根駅伝を強くする会」設立のこと、同窓代議士の後援会のことなどなどは、みな先生のお力により前に進むことができたと言っても言い過ぎではないと私は思います。

そんな先生は大変人気がありましたから、私がいつも先生の傍らにいることについて快く思わない方もいたようです。先生のために一所懸命やっていることが誤解されたり、愉快でない噂が耳に入ると、私は腹を立てたり意気消沈したりし、ときにそれは先生のお耳に入ることもありました。でも先生はそんなとき、「卓さん、言いたい人には言わせておきなさい。信念をもってやっていれば、いずれわかってもらえるから」と仰いました。私は、先生にわかってもらえているのならいい、そう思い気を取り直したものです。

先生にはたくさんのことを教わりましたが、特に先生によく言われたのが「人間、借りたものは必ず返さなければいけない。お金はもちろんだが、借りた恩というものも忘れてはいけない」というものでした。恩を返すというのはなかなか大変です。また、そう仰る先生は、ご自分が受けた恩は一所懸命に返そうとするのに、多くの人にかけた恩については、返せというそぶりは一切おみせになりませんでした。私に対してもそうでしたから、私自身は一生かかってもお返しできないと思いつつ、先生のおそばにいる毎日、一つでも恩返しできればと思い過ごしていました。

先生の長い生涯の後半には不幸な事件がありましたが、先生の輝かしい経歴、数々の実績が損なわれたわけではありません。しかし、そごう全盛期に取り巻いていた多くの人々はいなくなりました。世の中、そのようなものだという人もいますが、私はそれが悔しくて仕方ありませんでした。

晩年、先生は車椅子での外出が増えました。私自身も八十歳近くになって、先生の車椅子を押すことも大変になり、もっぱら旧知の齊藤しげるさんに押していただくことになりました。たった二人だけになっても、先生のお出かけのお供をし続けようと思いました。

先生がお亡くなりになって、私は何かポカンと穴が開いたような気分になりました。そのように思っている人はほかにもいたようです。一周忌のあと、先生のことを本に残そうという話が出ました。そして実際に出版に向けての取り組みを進める中で、いまなお先生を尊敬し、そのご恩に感謝している人がたくさんいることを確認することができました。「卓さん、信念をもってやっていれば、いずれわかってもらえる」という先生のお言葉通りになったと思っています。

（中央大学名誉評議員。元・中央大学学員会千葉県支部支部長）

弔辞

久野修慈

故・水島廣雄大先輩の御霊に弔辞を捧げます。

水島大先輩におかれましては、長期入院中にも拘わらず、お元気でお過ごしのこととお聞きいたしておりましただけに、突然の訃報に接し、心から哀悼の意を表します。

水島大先輩、長い人生の旅路、誠にご苦労様でした。

百年という長い人生の道筋は、言葉では言い表せない人間の真の道のりであったと存じます。

その百年の時の中で中央大学を卒業され、各方面でご活躍され、数々の事業を展開され、我が国の発展に寄与されるとともに、社会経済に多大な貢献をされてこられたのであります。

誰が何と言おうが、その道のりは歴史に残る偉業でありますとともに、世に水島ありとその大きな存在感を示されたのであります。

その間、種々道理に合わないことから大変なご心労をなされましたが、その信念は変わることなく、人生を正しく大きく全うされたのであります。

母校中央大学のためにも戦後に南甲倶楽部を創立され、亡き、リコーの市村さん、東映の大川さん、飯野海運の俣野さんと戦後、大学復興へ並々ならぬご貢献をされたこと、母校中央大学の学員は誰もが認めるところであります。

思い起こせば、多摩移転の折、大先輩はその移転に大反対で、賛成に廻った澁谷理事長を南甲から追放したこと。それは大学への真の母校愛あってのことであり、語り草であります。その正しさを大学の現状を考えた場合、忘れてはなりません。

箱根駅伝にも強い情熱をもたれ、駅伝を強くする会を結成され、あらゆるご支援をなされました。強くする会の学員を始め、多くの方々が大先輩の大きな志に感銘を受けておりました。

大先輩の興銀の同期生高山氏、宇野氏、弊方が懇意に致しておりましたことから、大先輩との結び付きはできましたが、その方々を最後までお世話されていた姿こそ、大先輩の人間の大きさ、心の人間性であったと存じております。

思えば横浜そごうを作られた時の大先輩の姿、横浜の細郷市長や市会議員、横浜経済人と横浜の発展を期し話されていたあの事業に燃える情熱を私は忘れることができません。

この七月三〇日、広島の料亭、羽田別荘で私は宴会を持ちましたが、女将が大先輩の器の大きさ、東京の久兵衛で鮨をご馳走になったことを思い出し、羽田別荘の庭を見ながら涙を流し、大先輩への思いを賀茂鶴で偲びました。各々の方が大先輩を偲んでおられます。

大先輩、語れば百年の尊い歴史、何時までも終わらない正しく堂々とした人生であったと存じます。

それだけに大先輩の百年の人生には計り知れない夢があり、常人には成し遂げられない素晴らしい事績が残されております。そのことは大先輩を尊敬する全ての人々が認めてやまないところであり、全ての人を大切にされたのであります。

もはやお会い出来ないのは寂しいことですが、天国でも新たに水島ここにありを示し、新たな夢を叶えて下さい。

亡くなられたその日、私は、大先輩の美しく燃える様な百二歳のお顔に手で触れ、百二年の顔の素晴らしさを知りました。

強く、美しく、正しい大先輩のお姿に涙し、同志とともにお別れの言葉といたします。

長い旅路、誠にご苦労様でした。

亡き奥様と天国でお幸せに。


（中央大学学員会会長）

注記
この原稿は水島廣雄葬儀にあたり霊前に捧げられた弔辞を原文のまま掲載しました。

水島廣雄追想録出版委員会

水島先生の刑事弁護人として

木川統一郎

当時大新聞は、水島先生には五つも六つも犯罪を犯した嫌疑があると連日書きたてました。言うまでもなく捜査当局のリークによります。私は新聞記事について水島先生の反論を承り客観証拠をそろえて担当の検事とやりあい一つ二つと嫌疑を消していきました。そして新聞の書いた嫌疑はすべて消しました。

しかし、嫌疑ありとして水島先生は逮捕されました。そこで毎日われわれは拘置所に面会にいき、「自白は駄目ですよ」をくり返しました。ところが水島先生はある日、ある一点について自白しました。「実は家内が自白し、ここに調書があるといわれ、これ以上家内に迷惑をかけたくないので自白した」と。その結果、強制執行妨害罪という予想もしない罪名で起訴されました。刑法の大家である福田平教授の理論構成で無罪を主張しましたが、裁判所はわれわれ弁護人の論点には触れることなく、起訴状どおり有罪としました。今では刑事裁判はいくらかよくなったかも知れませんが、当時の刑事裁判はひどいものでした。

水島先生は無罪であり、何の罪も犯しておられません。水島先生の名誉のために断言させていただきます。

（弁護士）

追想文　故水島廣雄先生

志垣　明

私が初めてお会いしたのは約六〇年前、大学の学生課長で千葉の学員であった中田光州先生のご縁で、柳橋の鶴の屋（料亭）であった。

当時は、井上達雄、水島廣雄、河井信太郎の諸先生方によくお会いしてご指導をいただいた。私は酒の「おかん場」を担当していた。鶴の屋が富山県出身であることから、松村謙三、正力松太郎等の諸先生にはよくお目にかかった。

その後、水島廣雄先生が副社長でそごうに入られ期待が大きかった。

水島廣雄先生によく言われたことだが、君の頭では国家試験は到底無理であると言われたことを覚えている。

それよりも就職したほうが良いといわれ、旧日本勧業銀行の後輩に紹介してくれた。

一番長く勤務したＮＣＲでは三越、高島屋、そごう等を担当した。

残念ながらそごうも千葉、横浜他を残すのみとなってしまった。

水島廣雄先生には、お世話になり希望の星であった。

学校関係では、南甲倶楽部、箱根駅伝を強くする会では大金を投じて頂いた。

私も今は箱根駅伝を強くする会にはかかわっている。

水島先生がいなくなって本当に寂しい。

聖路加国際病院の二年間、私も續先生（元国務大臣・元副知事）とよくお見舞いに行った。

奥様の葬儀で、先生の大きな声で最後のお別れをなさったことを思い出す。

水島廣雄先生がおられないことは私にとっても、いや大学にとっても大変残念なことである。

筆舌に尽くし難いことばかりであり、今では先生の生前をしのび永遠に忘れないことを心に誓って終りにしたい。

合掌

（中央大学法学部昭和三四年卒）

水島先生の想い出

雨宮 眞也

昭和三一年のことです。私が、郷里の山梨中央銀行を退職して中央大学へ入学して間もなくのこと、同級生の本田君（後に、読売新聞政治部長、福島テレビ社長）から、「信託法って、どういう法律か知ってる？」と聞かれました。私は、「信託法という法律があることくらいは知っているけれど、法律の内容は全く知らないよ。信託法というからには、相手を信じて財産を託するための法律だろうね」としか答えられませんでした。

本田君は、「信託制度というのは、将来性のある重要な制度らしいよ。信託法担当の水島先生は、まだ若手の先生だが、銀行出身で信託法の権威らしい。いずれ、一緒に水島先生の講義を受講しないか」と、私を誘ってくれましたが、私は、司法試験を志して入学したこともあり、司法試験科目以外の科目を受講する余裕はありませんでしたので、水島先生の教えを受ける機会がなく卒業してしまいました。

弁護士になってから何年かして、私の高校時代の同級生で、婦人服業界の風雲児と呼ばれた高野義雄君（後に「東京スタイル」社長）が、「我が社の主要納品先である、そごうデパートの社長の水島さんは、僕がもっとも尊敬している経営者だよ。我が社がここまで急成長出来たのは、水島さんのご指導によるところが大きいね。我が社の本社ビルも、水島さんの紹介によるものだよ。君の話をしたら、一度会ってみようかということになったが、どうかね」と誘ってくれたので、是非にとお願いして、築地のふぐ料理屋さんでご馳走になったのが、水島先生にお会いした初めてのことでした。その折に、水島先生は、「中央大学出身の弁護士の中には、法律知識だけで固まった者も少なくない。これからの社会では、それだけでは通用しないよ。多くの他業界の人とも交際して、視野と人脈を広げなければだめだよ。南甲倶楽部に入会したまえ」と、南甲倶楽部へ推薦して下さり、そこでは、長田繁先輩、吉田卓先輩を始め、中央大学出身の各業界の方々とお知り合いになることができました。

その後も、高野義雄君と一緒にお伺いし、いろいろと経営談義や人生談義を伺ったり、ときには私的な法律相談を受けたこともありましたが、私が駒澤大学の学長になったときに、ローマ出張のお土産とおっしゃって高価な置物を頂戴したのには恐縮しました。

先生とは、百歳のお誕生日祝いの会でお目にかかったのが最後になりましたが、その発想力、行動力、指導力、包容力には類い稀なものがあり、中央大学史上、忘れることのできない逸材であったと思います。今日の不動産信託・証券化事業の発展ぶりを見るにつけ、ご多忙の中にも研究を怠らず、後輩の育成にも力を注ぎ、誰よりも母校を愛し、後輩を愛して下さった先生の温顔を想い出しながら、ご冥福をお祈りしております。

（弁護士・駒澤大学名誉教授）

水島廣雄先生の思い出

大森 清司

私は昭和三〇年代の半ばに、駿河台の中央大学法学部で水島廣雄先生にお教えを受けた学生の一人であった。当時、水島先生は法学部で、選択科目の「信託法」を講じておられた。私が受講したのは、確か昭和三四年（一九五九）であったと記憶する。今を遡ること半世紀以上前のことである。当時すでに先生は、わが国の信託法の権威であられた。中大は、英吉利法律学校の伝統から、英米法に強かった。また当時、中大からの司法試験合格者は、「ダントツ一位」で、東大をはるかに引き離し、早慶などは相手ではなかった。大学構内には、司法試験を目指して刻苦勉励する学生たちの多くの姿があった。

先生は、新しい学問分野である「浮動担保」「企業担保法」の研究者として頭角を現し、気鋭の法律学者でもあったが、輝けるビジネスマンでもあった。私たちが学生の時代は、日本興業銀行から株式会社そごうの副社長に転じたばかりのころであった。したがって、我々若い学生から見ても、非常にエネルギッシュなバンカー、経営者という印象もあった。一般の教授や講師陣とは違って、まさに異色の先生であり、憧れの経営者であった。先生は忙しい時間を割いて駿河台の旧校舎に講義に来てくださっていた。学生たちが喜んだ？

「休講」もあまりなかったと記憶する。普段は、学生たちはせっかくの講義を欠席する者が多く、あたかも「ゼミナール」の感があった。文化団体「中大アメリカ研究会」に属していた私は、英米法に強い関心もあり、毎回の講義には欠かさず出席したものである。

先生は、当時上梓されたばかりのご著書『英法講義第一巻　信託法史論〔I〕〔II〕』（学陽書房）をもととして信託の法理論を講義された。この本は二巻からなるが、今も私の書架には大切に保存されている。なお、恥ずかしながら、この本は英文の引用も多く、この年齢になっても極めて難解である。先生は太平洋戦争中も、銀行の激務をこなしながら、敵性語たる英文でイギリス私法をたゆみなく勉強されていたはずである。だからこそ、戦後間もなくして、浮動担保の研究で学位を取得せられ、毎日新聞社の学術奨励賞を授与されたのであろう。

当時はすでに大学院でも講じておられたから、学部の講義はかなりレベルを落として、行われたはずである。しかし、五〇年以上前のこととて、先生から教えていただいた専門的なことは、ほとんどが忘却の彼方にある。ただ、専門のことばかりでなく、卒業して社会人になってからの心構えなども熱心に話してくださった。その中で、今も不思議と鮮明に覚えている先生のお言葉がある。曰く「諸君は弁護士などに決してなる必要はない。弁護士を使うような人となれ。法律しか知らない法律バカになってはいけない」と。法律学者兼経営者たる先生の面目躍如たるものがあった。

私の学年同期の仲間には法曹界に進んだ友もすくなくない。しかし、私は、大学卒業後、先生のお教え通り、法曹の道には進まず実業界に入り、仕事柄多くの弁護士の方々と接することもあった。そうして私は現役時代の最後のころ、平成二一年（二〇〇九）六月に『私のビジネス春秋』（諏訪書房）なる書を上梓し、この本に先生のお言葉を記載したのである。

先生は、「千葉そごう」の関係もあり、千葉県のことを大事にしてくださった。そして中央大学千葉県支部の総会には毎年のようにお出かけいただいた。当時の吉田卓支部長らのお力も大きい。私も都合がつくときは、総会に参加していた。そして、二〇〇九年六月に総会があり、私は久しぶりに先生に親しくお目にかかる機会があった。その際、私は先生の不肖の弟子の一人であり、この本のことを申し上げ、お宅あてに謹呈した。すると日ならずして、ご丁重なお手紙を頂戴した。拙著をご熱心にお読みくださり、読後感をお寄せくださった。簡にして要を得た内容で、さすが先生である。とても九七歳とは思えない、達筆な字で綴られ、原稿用紙二枚にわたる作法に従ったお手紙であった。比較的近年の、親しさの溢れる見事なお手紙なので、ここに紹介させていただくことをお許しいただきたい。

拝復　千葉総会で拝眉、楽しい一刻を有難うございました。大森さんが雨宮さんと御同期とは驚きました。雨宮先生には、私の教え子 関口雅夫教授（三二年法卒）が、駒沢大学で随分御世話になりました。それに前島一夫さんもご同期で、世の中狭いですね。

さて、今般は、御労作『私のビジネス春秋』を御恵投被下恐れ入りました。厚く御礼申し上げます。四一三頁に及ぶ文字通りの「大労作」ですね。驚愕！　だって、大変なことですもの。三六一頁に私のことまで。汗顔の至りです。

天下のキッコーマンで功名を遂げられ、沢山の弁護士をお使いになられたでせう！男子の本懐ですよ。よかったです。拙い英法の講義をその昔お聴き下さって。こちらこそ感謝致します。正に快哉です。来年も千葉の総会でお逢いしませう。吉田卓、雨宮、前島諸兄に何卒宜しなにご鳳声の程お願い申し上げます。

既に入梅、呉々も御自愛の程願い上げます。

まずは取敢えず御礼まで申し上げます。

不尽

（平成二一年）六月二三日

水島　廣雄

大森清司学兄

硯北

五〇年以上も前の一学生に、このように丁寧な手紙を書かれることに、改めて感激をしたことは言うまでもない。なお、お手紙の中の雨宮さんとは、雨宮眞也元駒沢大学学長、弁護士である。前島一夫さんとは、元ピーロートジャパン社長、元中大理事である。いずれも白門三五会の元会長を務めた学友たちである。吉田卓さんは先輩で、学員会千葉県支部前会長、共同物産社長で、言うまでもなく本追想録出版の発起人のお一人である。

末筆ながら、先生のご冥福をお祈りするとともに、今回の出版を企画された皆さまに心からの御礼を申し上げたい。

（中央大学法学部昭和三五年卒）

水島廣雄先生の回想と追想

河村 博旨《はくし》

一、どんな偉人異才の人も必ず死ぬ。
人間は必ず死ぬ。「生者必滅」などの仏教用語を痛感。

やさしくて、暖かくて親切で厳しくもあった師。大胆で繊細でもあり、母校愛と使命感の強い一生であった水島先生。

「銀行・信託論」という講義の水島という教授の、脱線話が素晴らしく面白くて納得できると友人と語り合った。先生を囲んでコンパ（飲食の会）を開きたい、「ついては河村君、君は人たらし的な一面があるから、水島先生と交渉して欲しい」と依頼されたのは大学三年生（一九五九年）の冬休み前のころ。依頼者は犬井浩君（新潟市出身）。彼の学友には、内堀昇一、小笠原博之、林宝忠良、丸山勝男、佐藤文範、奈須野豊寿君たちがいて、全員水島教授の講義に心酔とのこと。

しかし、私は受講登録をしていないし、知らない先生。一度拝聴して、すぐに廊下で先生を掴えて、犬井君たちと共に交渉。すると「いいですよ。ですけれども、皆さんの就職の決定した後ではいかがでしょうか」というお返事。ご縁の最初。この件などを冬休みに父親（芦田町町長）に話すと、『会社四季報』の百貨店そごうのページを開く。「ウーン、あるある。副社長で水島廣雄と表示してある」と喜び驚く父。

そして、「この人はすごい人物だよ。大学教授で一流デパートの副社長。そんな人物は滅多にいない。偉大な人物だよ」と絶賛する父。冬休みが終わって上京するとき、シルクウールの絣と綿の備後絣を各一反計二反を奥様へのお土産（自家製。織物業は江戸時代からの家業）に、下北沢のご自宅を訪問。その前に、父から先生に電話でご指導の依頼をしたらしい。

中大大学院法研民事法専攻に合格したあとの春休み（昭和三六年）の三月には父が急に早朝に上京してきて、「水島先生宅に案内しろ」と言い出し、渋々と案内。到着したのは八時半か九時ごろ。虎の皮のカバーの懸けられた応接セットのある部屋に通される。窓ガラスにはステンドグラス。ドキドキしながら、紅茶とクッキーをいただいていると、「遠いところ大変だったでしょう。どうぞどうぞ」と水島先生。父子で名刺を出して、自己紹介の父。

「この愚息博旨《はくし》を先生の弟子にしていただきたいと参上したわけでございまして……」。ここまでで十分厚かましいのですが、さらに、「学問はもちろんですが、人間教育、特にお金儲けの術も含めてご指導をお願いしたいわけでございます。学問はできても貧困では困りますから。お金持ちの学者にとお願いしたく存じます」。顔面にて花火の散るほど赤面し、図々しい下品な父をもったことを恥じ、後悔しました。
「人間はね、人生で一番大切なことの一つは『仁、恕』ということを忘れないこと。手帳を出しなさい。先生がメモしてあげるから……」と先生。

札幌グランドホテルの一階、ロビーの喫茶コーナーで、井上忠次秘書室長、札幌そごうの加藤元道店長、森下次長などの幹部数人も同席しての朝食後のことでした。

大学院生数人十数人での会食。上野の精養軒のレストランや神田藪蕎麦の店などでも、代表して叱られ役になるのは私。「勉強と研究は自分でするもの。師や友人、先輩後輩とどこでどれだけ食事を一緒できたかが、人間性の成長には大切なんだよ。イギリスの紳士も同じですよ」などの訓示（いつも先生のオゴリ。藪蕎麦では海商法の森清先生が同席されて、必ず日本酒を飲まれ大学院生の有志も飲む、ぜいたくな会食）。

先生にはたくさんの教え子や弟子と称する人がいる。しかし「『親子揃って来訪して、入門の依頼を受けたのは河村博旨さんだけですね』と細君がよく言うんだよ。だから安心して叱ったり、説諭的なことが言えるんだよ」。ウッハッハッと呵々大笑の水島廣雄先生。

二、感謝して一言二言。

「千葉そごうか広島そごうの業績抜群との噂。今の間に上場して、半分近くの四九％は売却して現金化し、中大の医学部とか水島記念講堂を寄付してはいかがでしょうか。東大の安田講堂の安田善次郎、慶応大の工学部（藤原記念工学部）の藤原銀次郎の例もございますし……」と恐る恐る提言。しかし、まだまだと一蹴。
七五歳の時に名誉会長として取締役の地位も返上することも提案しておけば、もっと平穏な老後であったことと反省と後悔。先生とご令室のご冥福を祈り、残ったデパートそごうの今後の発展をも併せて祈願祈念申し上げます。感謝の心を捧げます。

（元・函館大学学長）

水島廣雄さんへのご報告

足立直樹

私たち中央大学南甲倶楽部は、中央大学出身の経済人の同窓会として昭和二七年に、大日本人造肥料の二神駿吉氏を名誉会長に、会長・俣野健輔氏（飯野海運）、副会長に大川博氏（東映）と藤川卓郎氏（教文館）など、当時の錚々たる経済人たちにより創設された。その創設にあたっては、まだ日本興業銀行に勤めておられた水島さんが中心的な役割を果たされた。以来、氏は六十年以上にわたり現役会員として在籍され、倶楽部の目的である同窓経済人の親睦と研鑽、そして母校支援に主体的に関わってこられた。またその間には、第二代、四代の会長を務めるなど、常に会の中心的存在であり、私自身は残念ながら直接教えを請う機会には恵まれなかったが、南甲の活動に尽力された功労者のお一人であったと聞いている。

当初、約三〇〇名で発足した当倶楽部は、氏が会長に就任された昭和五三年頃は約四〇〇名の会員数だった。今回、この原稿を書くにあたり調べてもらって解ったことだが、水島さんは会長に就任するや「会員数一〇〇〇名を目途に全会員を挙げて努力する」（昭和五五年の会長年頭挨拶。会報『南甲』第三八号収録）という方針を打ち立てられた。母校支援の一層の強化のためには、会員増強が必要と判断されたのであろう。その方針は脈々として歴代の会長に引き継がれ、第八代の会長である私も、「会員数一〇〇〇名達成」を目標の一つとして掲げ追求してきた。

水島さんが他界されて一年半を経た平成二八年三月、当倶楽部は遂に、会員数一〇〇〇名を達成した。同時に、この追悼文の依頼を受け、図らずも氏の念願をかなえることが出来たことに、不思議な偶然の一致を感じている。水島さんに改めてご報告申し上げるとともに、今後も「魅力ある倶楽部の実現と良き人間関係を作り上げていく」（前出『南甲』挨拶）ことに向け、一層の努力をし、先達の期待に応えたいと思っております。

（中央大学南甲倶楽部会長）

夢とロマンのお話

木村 清

私が水島先生と親しくお話をさせていただくようになったのは、先生が八十歳を過ぎた頃からです。諸先輩方に比べれば「最近」のお付き合いかもしれませんし、社会的には辛いお立場になられてからの時期からです。でも先生は、そのようなことを、私たちに感じさせることは一切ありませんでした。

晩年、聖路加病院に通院され、そして入院されてからも、私の築地の店が近くて便利だからと、よく食事に来ていただきました。先生がお店にお見えだと社員から知らせがあると、私は時間の都合がつく限りご挨拶に伺いました。すると先生はいつも大変喜んで、いろいろなお話をしてくださいました。一時間、二時間とお話しされることもありましたが、いつもそのお話はたいへん興味深く、ためになるお話ばかりでした。そして何よりも驚かされるのは、それらのお話が、いつも違った話題であること、つまり、同じ話はなさらないということでした。

歳を取ると、ついつい同じ話を何度もしてしまいます。また、周囲も年配者はそういうものだと思っていますから、注意もしません。だから、同じ話を何度もしてしまいます。

でも、先生は違う。九十歳を過ぎても、同じ話はされませんでした。そしてそのお話の中に、夢とロマンが織り込まれているのです。

私と先生の接点は、築地の再開発の関係で中央大学の同窓の方々と知り合ったことがきっかけでした。その後何度目かにお会いしたときに、私の名前が中大の同窓・市村清さんと一文字違いということに先生が気づかれました。リコー三愛グループを築いた市村清さんは「経営の神様」と言われた方で、先生も大変親しかったということでした。私は市村さんとはお会いしたことはなかったのですが、市村さんが恩人と呼んだ田中虎三郎弁護士のご子息の田中道信さんと懇意でした。三愛の社長を務めた田中さんには、当社の会長をお願いするなど、経営面でさまざまにアドバイスをいただいていました。するとと先生は、田中さんにぜひ会いたいと仰いました。そこでお二人をお引き合わせしましたが、そのときも、戦後の錚々たる方々のお名前が登場する大変面白いお話を伺いました。

先生から伺ったたくさんのお話のどれもが、その時その時の私の経営やプライベートを考える上での指針になったと言っても言い過ぎではありません。では、先生のお言葉で感銘を受けたものを個々に一つ一つ上げろと言われると困ってしまうのですが、なんと言うか、先生のお話は「全体」に魅力があるのです。こちらが困っていることを具体的に相談しているわけではないのですが、先生が話し始めた世間話や昔話に次第に引き込まれていくうちに、自分がいま悩んでいることや考えていることを解決するヒントを得ている……

そんな気になるのです。年上の人が後輩にものを言えば、どうしてもお説教っぽくなったり、教えてやる、という感じになってしまうものですが、先生のお話にはそれがありません。また、私も含めて目下の者にも必ず「さん」づけでお話しされる、それが実に立派です。そういう「全体」が、先生のお話の素晴らしさなのだと私は思います。

百歳を過ぎてからは病院からの外出の回数も少なくなりましたので、私はお弁当をお持ちするようになりました。病室でも、先生はいろいろお話をしてくださいました。長いお話はお身体に障るからいけないと思いながらも、私は少しでも多くのお話をお聞きしたいと思いました。

若い頃からがむしゃらに働き続けた私ですが、最近はときどき、人は何のために生きるのかと考えることがあります。やはり「夢とロマン」かな、と思うとき、私は先生のことを思います。先生のお話の「全体」を思い出しながら、今日やること明日やるべきことを考えます。

いつだったか先生は「私は皆さんに生かしてもらいながら百歳を過ぎた」と仰いました。そういう気持ちを持ち続けて生きることが大切なのだということも、私が先生から教わったことの一つです。

（喜代村　代表取締役社長）

楽生会のこと

東田 博

平成一六年一二月一三日、いせ源での忘年会の席で水島会長から「皆さんこの会の名前を楽生会で如何でしょうか、その理由は次の如しです」と言われて次の書面をいただいた。

1、餘生を　楽《タノ》しく　生きましょう（明るく楽しく）

2、餘生を　楽《ラク》に　生きましょう（これ以上　苦労せずに）

3、発音。　楽生　ラクシヨウ　（らくしょう）

水島生

この席に集いしは水島会長を囲んで高宮（柏）、河田（千葉）、芦田（本社）、池田（八王子）藤野の皆さんと小生東田（横浜）の七人。

このメンバーは平成一三年頃から自主的に集まり水島会長の何かお役に立てることはないかを相談してきた仲間で平成一五年から会長もご一緒されることになった。

この六人は現役時代それぞれの店あるいは分野においてその執行を会長から任され、かつその期待にお応えしてきたという自負心を持っていた。その意味で会長から特に厳しくご指導を戴いたメンバーでもあった。かくしてこの会はこれまでの七人会から楽生会として新たなスタートを切ることになった。爾来《じらい》、春には観桜会、年末年始には忘年会・新年会と会長を囲んでの楽しい場を持ってきた。会では常に会長からいろいろなお話をお聞きすることが多かった。その中心は何といってもそれぞれの店の苦労話で、横浜のことでは開店まで多くの方に大変お世話になった話がよく語られた。横浜に出店を決意したのは一九六九年（昭和四四年）で、この年に「株式会社横浜そごう」を設立し、続いての出店申請で売り場面積世界最大級の七万四〇〇〇㎡の許可を受けたこと。その後出店の前提となる横浜駅東口総合開発計画が再々見直され、開店したのが一九八五年（昭和六〇年）。開店に至るまで実に一六年という歳月がかかったこと。この一六年という歳月の間、実に多くの方々にご支援ご尽力を戴いたこと。その方々として飛鳥田元市長、長洲元知事をはじめ三十数名の名前を矢継ぎ早に挙げられた。当時から三十年以上経つ今にして、すらすらとお名前が出てくる会長のご記憶力には改めて感心させられた。

また会長の幅広い知識の一面を承ったのは平成二〇年四月五日の新宿御苑でのこと。新宿御苑での圧巻は何といっても春。七五種千五百本のサクラが苑内を桜色に染める。会長は花にも大変お詳しくソメイヨシノ、シダレザクラに始まって御苑自慢のサトザクラの「陽光」「関山」「一葉」「普賢象」などそれぞれの開花期、樹姿、花形に至るまでご説明をいただき、いささか驚きました。さらに会長はいろいろな樹木をごらんになりながら、「東田さんよ『疾風に勁草を知る』という言葉を知っていますか」と問われた。私は存じあげず、このときからこの言葉を私の座右の銘にしている。

いせ源であんこう鍋をつつく忘年会も部屋は何時も床の間の座敷を取ってもらった。この部屋は以前会長が親しい方々を毎年招かれて「あんこうの会」を催されたところで、我々も同席しており当時お招きした方々の近況もよく話題になった。

楽生会も回を重ねて三二回に及びましたが平成二六年六月一六日聖路加国際病院での集まりが会長を囲んでの最後の会となりました。楽生会は会長が言われた「私がいなくなっても皆さんで続けなさいよ」のお言葉通り、一人になるまで続けてまいりたいと思っております。長い間ご指導戴き本当に有難うございました。

（元・横浜そごう代表取締役社長）

ありし日のお姿を偲んで

加島 正美

年に数回、「徳島そごう」に足を運んでいただきました。

その折に、幹部社員を集めご講話いただくなかで、国内外の情勢などを伺うことができ、とても有意義な時間でした。

社員はご教示いただいたことを忘れずに、一層精進することをお約束してまいりました。

徳島そごう開店より数年後、完全黒字化した頃に、ディズニー時計が完成しました。

そのオープニングセレモニー当日にも来店していただき、壇上で地元園児たちと一緒に、「イッツ・ア・スモールワールド」をお歌いになられていた素晴らしい光景は、今も忘れられません。また、会長は人とのご縁を大切になさる方で、開店時にお世話になった方々のご自宅を時間の許す限り訪問しておられ、そのお姿に感銘を受けました。

毎年いただく賀状では、常に前進する強い気持ちと決して諦めない姿勢を示されました。働くことのできる幸せを感じさせていただいた当時を、懐かしく思います。

つい昨日のことのように蘇る想い出を胸に、ペンを置きます。

合 掌

（元・徳島そごう代表取締役社長）

バルセロナプロジェクトで接した水島会長の決断力

山本 光宏／小磯 哲朗

ホテルアーツは水島廣雄そごう会長が建設した

現在世界的に有名なホテルアーツは水島会長によって計画・着工されました。このプロジェクトによって、それまで未開発であったこの地域がオリンピック村として開発され、バルセロナ市が享受した周囲の発展や雇用の増加などの影響は多大なものでした。市は感謝状を発行し、その後もそごうに対して大変協力的でした。

一方、水島会長は

臥薪嘗胆

幾度か辛酸を経 道暫く定まる

志愈々固し

我等の将来は今日只今足下にあり

と決意を表示したカードを社員とともに携帯して、そごう再建のために精力的に陣頭指揮をとっておられました。

ホテルに隣接するショッピングモールに、そごうは従業員約二〇〇人のデパートを経営、ヨーロッパで超一流と言われるほとんどすべてのファッションブランドを販売しておりました。しかし成績は思わしくなく、開店以来約三年弱でかなりの赤字を出し続けておりました。

会長はデパートの使命は物を売ることであるとの強い信念の持主で、多摩、千葉、横浜、広島、高松、錦糸町と御一緒させていただいたとき、どの店に行っても各売場を見て歩き、商品を自ら熱心にチェックして指導される姿に接していました。

したがってバルセロナ店の現状報告と閉鎖について、会長に説明するのは勇気のいることでした。小磯が正直にありのままを説明いたしますと、「判りました。小磯さんもう一度調べて来てください」とおっしゃりました。そのため、一ヶ月後に再度説明いたしました。するとその場で、「閉鎖してください」とおっしゃりました。

一ヶ月の間に他の関係者からも意見を聞かれての御決断だと思いますが、その決断力には胸を打たれました。

そごう店の閉鎖はとてもスムーズに約二ヶ月で終了しました。スペイン人が良心的であったのが最大の理由であったと思われますが、店長の下で実務を執っていた社員が若いながら普段から人の心に配慮したマネジメントをしていたのも大きかったと思います。

そごう店の閉鎖後にはカジノを誘致し、カタロニア州で唯一のカジノのあるホテルになりました。そごう店は赤字で苦しんでおりましたが、その豪華な店舗構えはホテルの大きな引き立て役を果たしていると感じていました。

カジノは王族の一人であるスケ氏がカタロニア州で唯一カジノの運営権を持ち、シッチェス市で経営しておりました。たまたまちょうどシッチェスのカジノを廃止して、バルセロナに進出したいと候補地を探していたところだったようです。この情報はバルセロナ市が教えてくれ、仲立ちしてくれたものです。超一流ホテルの足元ということで、何かエンターテイメント関係のテナントに入ってもらいたいと願っておりましたので幸運でした。市が協力してくれたのは、水島会長の地域発展に貢献しようとする精神に感謝していたからだと思います。

バルセロナプロジェクトが莫大な資金オーバーのため、ある商社が資金援助をしてくれるという話が社外コンサルトのA氏より持ち込まれました。このA氏は、他の多くの件で会長と接触があり、そごう内で幹部に強い影響力を持つと思われていた方でした。A氏から山本と小磯に「このようなプロジェクトに援助してくれるというのだから、その好意に感謝してそごうはできる限り相手にとって好条件を提示するように」と言われておりました。私たちは相手の意向がまったく判らないので、相手に現状を説明して相手の意向を知りたいとA氏に要求いたしました。

この件で会長、副社長、専務、A氏、そして山本と小磯の六人で会議をしていたとき、小磯が「この援助を受けるのに、そごうはどういう利権を相手に……」と言ったところ、突如、A氏に「小磯、誰が利権うんぬんと言った」と激しく怒鳴りつけられました。「誰にも聞いておりません。取引には対価があると思ったので……」と小磯が言うとA氏は怒鳴り続けました。会長は「君、ちょっと」と言ってA氏と出て行かれました。四〇分くらいして戻ってこられ、「A氏と話し合ったが、A氏にはこの件から手を引いてもらうことにしました。ビジネスはビジネスで大切だが、私もこの年まで生きてきて、人間としての行動も大切であり、それに反することはできません」と言われました。

私たちは、バルセロナ法人を独立採算で運営し、この超一流ホテルを継続させたいと努力いたしました。ホテルとショッピングセンターオフィスの収入は好成績でしたので、初期投資を何とか減額できないか会長は思案してくださっていました。しかし残念ながら、本社が破綻した後にドイツの二つの銀行の競売で約四〇〇億円、しかも入札価格の低い方が落札したと会長から伺いました。山本常務と私は、直面した数々の事態や水島会長の御指示については今では楽しい想い出と思うしかないと話し合っております。

ここで、小磯、山本の会長との想い出のいくつかを書いておきます。

ゴルフはお好きではないのかの質問に「とても面白いがあんな面白いことをしていたら仕事が出来ません。子孫に美田を残さずというが、私は西郷隆盛のように偉くはないので思い切り働いて美田を残したい」、そごうの社員に。

※　※

高野山に於ける先人に対する感謝と供養

壇上には会長と役員一人、組合委員長と幹部一人の合計四人。挨拶は会長と組合委員長の二人だけ、組合委員長の挨拶は、経営陣代表と思われるような従業員に対する激励と努力要請。驚きました。会長は、ある年どうしてもボーナスが払えないので、彼に頼んで後日必ず支払う約束をして、支払を待って貰い後日約束通りに支払った。その時に出来た信頼関係が続いていますと教えてくれました。

※　※

当時アメリカで高校生だった小磯の三男に学校からコンドームを支給して良いかという手紙があり、小磯が会長にコンドームを使って女子高生と問題を起こさないか心配と言ったところ、ただ一言「危険でしょう」とおっしゃいました。

※　※

フグ源への招待

通常は仕事で遅くなるといつもそごうの社員食堂で一緒に食事、たまに外へ行ってもせいぜい蕎麦屋。ただし一年に一度は「小磯さん今年もお世話になりありがとう」とおっしゃりフグ源などに山本とともに一緒に招待して戴きました。また、アメリカよりフルーツをお送りすると必ず直ぐに親子程年齢の違うにもかかわらず、丁寧な礼状を下さり大変恐縮いたしました。何時書かれるのか、何に関しても全く手抜き骨惜しみをなさらない方でした。

※　※

解雇された経理部長

長年経理部長を務めて来られた方が不正をしたと疑惑がかかり役員会決定で解雇されました。この方は大阪で会議があれば必ず飛行場に来られ会長にご挨拶歓談されているのを見かけました。

※　※

ジャパンラインの株買占め事件の仲裁裁定に関し

周りの人達は私が一億円の礼金を受け取ったと云うが、私は貰っていないとおっしゃり、三光汽船会長、河本敏夫氏が毛筆で書かれ署名捺印された感謝約定書を見せて戴きました。それには貴殿にどうしても礼金を受取って貰えないので何か必要な事情が起きた時にはいつでも一億円を差し上げますという旨の感謝と約束が書かれておりました。

※　※

興銀に関しては、僕は二〇年以上勤めＯＢとして三人の金杯の受領者の一人です。興銀の伝統として顧客との約束を破るということは絶対に有り得ない事だったと言われ、会長は興銀で学び習得した事に誇りを持ち仕事の原点とされていたようです。私は度々役員が興銀はこう云っているんですとの報告に興銀の云う通りにしてやりなさいと云われるのを耳にしております。興銀から数人そごうに役員又は非役員として出向されており社内に複雑な影響を与えていました。

※　※

私たちは会長の特別手記「善悪は存知せざるなり」を保管しております。これを読みますと会長の数々の訴えがひしひしと身にしみてまいります。今私は、人生は心に始まり心に終るという創造的かつ建設的思考と行動に終始しようと思っております。

これも会長が何事に対しても「心」を大切にされた方だったお陰と、深く感謝いたしております。

（山本／元・そごう執行役員常務取締役　在ロスアンゼルス）

（小磯／米国公認会計士・小磯米国公認会計士事務所　在ロスアンゼルス）

水島廣雄社長との四十余年の思い出

飯ケ谷 晴美

世事に疎かった私は、水島社長が「法学博士で中大の大先輩である」ということのほか、実社会での偉大さを全く知らなかった。昭和三八年に十合に入社し、本社（大阪）人事課に配属された私は、社長のご功績やご活躍から、法曹界・政財界に知られた方であることを知らされたものでした。

社長は、在京で仕事をされることが多かったようで、在阪勤務の者がお目にかかる機会は殆んどありませんでした。そんな中で私が社長に面識をいただいたのは、本社労務係長を拝命し、労使協議・交渉に携わることになった三三歳の折でした。

当時社長は六十歳、千葉そごうを開店、店舗拡大を主導され、まさに東奔西走されておられた時期でした。

それから数次にわたる社内外の難関を労使一体で乗り越えて、十年近く経った頃には、そごうグループは二十店舗を目指し邁進しておりました。

そんな折、私は、管理者向け配布冊子に掲載すべく、そごうの苦難の昭和三〇年代を振り返りつつ、これまでの労使協議等での社長のお話を整理し起稿しました。ところが、担当専務が社長に上申し、思いがけない社長の数度の推敲がなされた上、管理者向け冊子に掲載されました。その後再び単行冊子「そごう人に求められる《八〇年代の行動指針》」として、管理者に配布されました。それは、そごう百貨店経営の社長の信条を従業員に向けて吐露された、珠玉の教えでもありました。

私は四七歳の七月、畑違いの本社秘書部長（在阪）を命じられ、社長に直接お仕えする身となり、馴れるまでは多々ご迷惑をおかけしました。

社長の人脈や多岐にわたる活躍の多さ・広さは、多くの人の知るところでした。その知るところ、古今東西の諸事を幅広く、深くご存知でした。中国の文物についても玄人はだしで、台湾での開店時の挨拶では流暢な北京語でされ、その場に居合わせた人々の度肝を抜かれたとのことでした。

社長のお人柄は、知られている通り、博愛、人情の人でした。また、人に尽しても、決して見返りを求められない稀有なお方でもありました。褒章や勲章なども、海外は別として一切受けず、名誉を誇りとされませんでした。日本経済新聞の「私の履歴書」への投稿依頼にも「本人は正直に書いても、他人からすれば自慢話になる」と断られ、「僕は生涯小売屋の親父」が口癖で、まさにそごうの経営一筋を押し通された方でした。

八八歳で会長を退任されてから、私は企業再生のための残務を三年ほどいたしましたが、相変わらぬ交流を賜わり、同志、親友、親子のようなご縁をいただきました。一〇二歳の天命を全うされるまで四十余年、感謝と幸せの限りでした。

（元・そごう代表取締役秘書室長）

水島会長の人柄に触れ、世間誤解を晴らすための一文

池田 修一

私が、最初に水島会長の人柄に触れたのは、地元商業者のリーダーで、永くそごう出店に反対を唱えていた副会頭との会食をお願いしたときです。快く承諾され、「副会頭の日程を二、三日いただき、ご夫人も同伴でご招待するように」ご指示がありました。

当日、待ち合わせの料亭に向かったのですが、経費節約で店長車両を持っていなかったために、都内の交通事情に疎い地元タクシーは大幅に遅刻いたしました。出迎えた会長に平身低頭の副会頭に「いやいやそんな固い挨拶は抜きで、ざっくばらんにやりましょうよ。これからは永い付き合いになるんですから」と応じられ、一転して和やかな雰囲気になり、百年の知己に会ったように打ち解けました。帰りの車の中で、副会頭はすっかり水島会長の信奉者になっていました。「時間の経つのも忘れて楽しかったね」とご満悦の様子でした。

さあ、それからが大変でした。興奮冷めやらず、行く先々で「俺は天下の水島会長と会食した」と吹聴するのでした。その余波が現れて、市長、会頭から電話が入ることになり

ました。

市長は「商業担当副会頭が会食し、市の代表の市長が水島会長を知らないのは不味いだろう」と。会頭からも「商業担当副会頭が会食したのに、会頭の私が水島会長に会っていないのは可笑しいよ」と、期せずして同じことを言われました。

その都度会長にお願いして、市長・会頭とも会食する運びになり、お二人の顔を立てることができました。会った人たちは会長の懐の深さに魅了された様子でした。

さて、私だけが直にお話を伺っていて、世間では誤解されていることがありますので、経緯をお話しします。一つは個人資産提供の件です。

二〇〇〇年七月一日、八王子そごうに水島会長が来店された日、山田恭一社長、名取正副社長が会長を訪ねて来店されました。会談が終了し、お二方が帰られた後で、「池田さん、二人が私に個人資産を提供するように要請してきたよ。勿論その用意はあるけど、家内にも相談してと、今日のところは帰ってもらった」と話されました。「ただ、ダイエーの中内（㓛）社長や西武の堤（義明）会長のように個人経営者じゃないので、大した金額ではないよ」とも付け加えられました。

当時、そごうグループ経営会議の委員をしていた私は、会長が個人資産を提供されたら銀行への債権放棄の話がしやすくなると思い、横浜そごうの東田博社長に電話しました。東田社長も同じ思いを抱いていて、「それは良い話だ、早速皆で集まって、会長にお願いする段取りを決めよう」ということになりました。

皆とは、普段から意思疎通を図っていた大宮の高宮社長、千葉の河田社長、東田社長に私の四名です。この四名が東京店七階の特別食堂に集まり、話す順序や内容などを確認し、その日を待ちました。

意外に機会は早く訪れ、銀座の料理屋で開かれることになりました。

しかし残念なことに、この四名以外のメンバーが主旨から外れた話を長々とされ、とうとう肝心の会長の個人資産の話には至りませんでした。

さらに運悪く、その日の会合が写真週刊誌にスッパ抜かれ、会長が側近を集めて延命を図っているといった悪意のこもった記事になっていました。この記事が出てから、マスコミの会長個人の集中砲火が始まり、言い出すタイミングを逸してしまいました。たとえ会長が個人資産を出していたとしても、銀行は金額に満足せず、資産を隠しているだろうと非難したと思われますが。

また、錦糸町出店の個人保証のことも、事実に反します。まだこの問題が表面化する遥か以前の開店の日に、水島会長の口からこの問題が出ました。

「『この店（錦糸町）の開店資金融資のために、興銀・長銀の担当役員から、取締役会を通すために形だけのもので、絶対に迷惑をかけないから』と言われてサインしたら、家内に『そんな財産どこにあるの』と叱られたよ」と苦笑されていました。この話は私一人だけでなく、多くの方が耳にしています。特に裁判のたびに同行した芦田光司専務は法廷で陳述したと思われます（確認はしていませんが）。

「個人資産の提供」と「錦糸町出店時の個人保証」の問題は水島会長の名誉を著しく傷つけました。

私は、直接話を伺った者として、義憤に駆られ、その知るところを述べました。

（元・八王子そごう代表取締役社長）

「ゴールド」をイメージした店づくり

竹下八郎

昭和四四年四月、そごうに入社しました。入社式の後、水島社長と新入社員との昼食会が用意され、その席で水島社長から、「君達は良い時に入ってきたね。そごうはこれからの一〇年で一〇店舗になる。これからどんどん店を造っていくので、君達の中から必ず店長になる人が出てくるよ」と言われました。店長がどういう役職か、よく分からなかったのですが、将来そごうは日本一の百貨店になるのでは、と期待しました。東京店に配属後間もなく、そごうが横浜に巨大百貨店を出店するとの報道があり、横浜の出店に関わりたいとの強い思いに駆られました。

東京店の中五階には水島社長お気に入りの小さな社長室があり、店内でよくお見かけしました。水島社長は聖路加国際病院の人間ドックの会の会長をされており、そのお手伝いをしたり、雑用を仰せつかったりしました。昭和五六年一月に東京店で開催された「そごう創業一五〇周年記念大ヴァチカン展」では、水島社長から当時課長だった私に宣伝広報を担当するよう名指しされました。

昭和五七年には水島社長の永年の夢、横浜そごうの開店準備が始まりました。

かつて、故司馬遼太郎氏から、「大阪の心斎橋には、そごうと大丸がある。見るからに大丸の方に人が多く流れる。竹下君、なぜか分かりますか。色で言えばそごうは銀、大丸は金。建物の外壁のイメージもあると思うが、そごうは非常にシャープで洗練されており、デザイン感覚に大変優れていると思う。大丸は野暮ったいのかもしれないが、温か味を感じてしまう。人間の心理としては、研ぎ澄まされたものより、温かいものに吸い寄せられてしまう。『金は温かく、銀は冷たい、金と銀の理論』ということになるのだが……。将来、店を造る時には参考にされたらいい……」というお話を伺いました。

水島社長の店づくりはまさに司馬遼太郎氏の話そのもの。多店舗化した新店は全て「金（ゴールド）」のイメージ。横浜そごうの正面入り口は赤トラバーチンの大理石とシャンデリア、そして和やかな音楽を奏でる「世界の人形時計」、三階の広場も赤トラバーチンの大理石と巨大な帆をイメージしたシャンデリアの空間広場「燦帆」、一〇階の「川の流れる名店食堂街」屋上の岡本太郎作「太陽の塔」等々、温もりを感じさせる「金」をイメージして店づくりを推進しました。開店のキャッチフレーズは「世界最大級の百貨店」を使うよう指示され、昭和六〇年九月三〇日に「世界最大級の百貨店・横浜そごう」が華々しくオープンしました。

平成六年、岩村榮一社長が誕生すると、横浜そごうの店長を拝命、横浜そごうの経営全般を任されました。

水島会長がそごうを辞した平成一二年以降は個人的お付合いをさせていただきました。

平成二四年四月には、「水島廣雄先生百寿をお祝いする会」を実行委員として執り仕切らせていただき、大変感謝されました。

平成二六年七月二八日に一〇二歳の長寿でお亡くなりになられましたが、ご葬儀をつつがなく執り行わさせていただきました。

振り返りますと、新入社員の時から教えを乞い、信頼をいただき、楽しく、親しく仕えさせていただいた四〇年余。私の人生の中では上司というより、かけがいのない大切な恩師でした。

平成二八年三回忌に本書を発行することができ、本当に良かったと思っています。

ここに謹んで、心からのご冥福をお祈り申し上げます。

（元・横浜そごう代表取締役店長）

お墓参り

齊藤 しげる

私の両親と水島先生との最初の出会いは、昭和二十六年前後のことです。千葉銀行の古荘頭取から、「上総一ノ宮の土地を探している人がいる」と塚本素山氏を紹介されました。塚本氏は父の知り合いの別荘を購入しましたが、その後、塚本氏から「将来の大蔵大臣になる人が勉強に行くので身の回りの世話をしてくれ」と紹介されたのが、当時興銀に務めていた水島先生でした。

上総一ノ宮は大正時代から「千葉の大磯」と言われ、著名人の別荘もあった保養地でした。ここで水島先生は論文の執筆をされるということで、私の両親が先生の食事など身の回りのお世話を頼まれたのです。

私の父は、復員後まもなくから上総一ノ宮で海産飼肥料を扱う商売をしており、当時、このあたりで電話と車があったのは私の家ぐらいであったため、都合がよかったのでしょう。先生はいつも窓を閉め切って勉強をしていて、食事の時間も忘れ、たまに今日は何日ですかと母に尋ねるなど、その集中力のもの凄さを、母親から何度も聞かされたことを覚えております。このような水島先生を、たまの気晴らしにと、父が愛犬を連れての海辺の散歩やダットサンでのドライブ、ときには町のパチンコ屋に連れ出したということです。「客が少ないのに玉が沢山出てしまい、店番のおばさんがあまりにも可哀そうだったから景品を全部上げてきた」と私も先生から何度か聞かされたことを思い出します。

どのくらいの期間滞在されたのか定かではありませんでしたが、ここで書き上げた論文が、博士号を取った『浮動担保の研究』だったということは、先生から何度もうかがっています。

昭和三十年代の半ばになると房総沿岸の水産物の水揚げが激減し今までの商いが厳しくなり、そんなとき先生の勧めで「有楽町店で干物を売りなさい」と面倒をみていただき、以後、先生がそごうを去られるまでお取引をさせていただきました。

若い頃は父に反発して家を出た私ですが、二十代後半からはその家業を手伝い、父を引継いで先生のプライベートなお付き合いのお手伝いも長年させていただきました。

先生は千葉の海がとてもお好きでした。そごうの役職をお辞めになってからも、お元気な頃は何度も房総や茨城の海に、先生の教え子の皆さんらと出かけました。釣り人を見かけると、何が釣れるのか話しかけたり、海辺のお店でお土産を買ったり、歩きながらアイスクリームを食べたり、とても楽しそうでした。彼岸の度に私の両親の墓参りをしたあと、昔を思い出しながらなつかしく上総一ノ宮の海辺を散歩しました。車椅子で移動するようになってからの先生は、心配して声を掛けるまで、何を想っているのか、いつまでもいつまでも黙って海を見つめていました。

水島先生のお墓は富士霊園にありますが、故郷の舞鶴・成生にも分骨されています。先生が亡くなった翌年、先生の本の出版が決まった後、その報告を兼ねて、甥の水島有一さん、先生の教え子で現在、私がお世話になっている吉田卓さんらと成生に行ってきました。成生に行くのは二回目で、最初は先生のお父様の葬儀ですから、ずいぶん昔になります。

お墓は先生が生まれた家からすぐのお寺の横にありました。私の両親の写真をお墓の前に置いてお線香をあげました。手を合わせると先生と私の両親への想いが重なり合い、涙が溢れてきました。お参りがすんで振り返ると先生のお墓からは若狭湾がとてもよく見えました。

いつまでもいつまでも先生が海を見つめていたとき、先生は「しげるさん、僕は何も悪いことはしていないよ」と私にささやきました。水島先生、私は先生の「その想い」、いつまでも忘れません。

合　掌

（上総一ノ宮出身。共同物産勤務）

水島廣雄兄の大事な記録

上原 淳男

義兄水島廣雄の記憶に残っていることをお知らせさせていただきたいと思います。

私は法律は素人で判りませんが、日本はそもそも独法（ドイツの法律）を一途に實行してきた。従って借入金の担保は一物一権主義で全てが実行されてきた。それが昭和二六年〜三二年頃より集合物を担保にする企業担保を研究されるようになった。昭和二八年には水島は法学博士の号を下された。四二歳であった。水島は以前から東大教授我妻栄先生のアドバイスを受けたりなどしてイギリスの浮動担保の研究をし、実績を昭和二八年一〇月二六日に毎日新聞に報告された。昭和三二年には法務省並びに最高裁判所より委嘱を受け、「イギリス浮動担保（フローティングチャージ）の研究」のためにイギリスへ留学し、日本に帰って来てから官僚や大学教授などにいろいろとお力添えをいただき論文を作成した。彼にとっては感謝に堪えない気持ちと自分のプライド一杯の気持ちであったろう。愈々これを『特殊担保法要義』として法学博士・水島廣雄著を発行した。そのとき「淳男君、この本をあげるから読んでおきなさい」と言われた。この本を開いた白紙のところに次のように書かれていた。

「昭和五十四年晩春
　贈　淳男學兄　著者」

彼の博士論文も完了され、大手企業は殆ど適用されていると思います。以上のような記録を残し、謹んで有難く思っております。

その後上原家の親戚関係にある板谷家（北海道）がつくった「そごう百貨店」の社長を引受け、当時日本一の百貨店「そごう」をつくったことは、みなさんご存知の通りです。

以上簡単ですが、水島義兄の大事な記録を書かせていただきました。一生大切に保存して参ります。

（義弟）

幼いころの夏の思い出

水島有一

伯父（水島廣雄）はお盆には可能な限り生まれ故郷の舞鶴に先祖の墓参りに帰ってきました。

伯父は、八月一〇日前後に大阪より車（当時は大きなキャデラック）で舞鶴まで帰り、そこで車を乗り換えて故郷の村に帰ってきました。伯父の生まれ故郷は総戸数二〇数戸の小さな漁村です。

伯父は長男で跡取り息子であったにもかかわらず、青雲の志をいだき若くして田舎を離れたこともあり、残された両親、兄弟に迷惑をかけたとの思いからか、亡くなるまで親族思いでした。若くして亡くなった姉の墓参りなどにも、機会があればお参りするその姿勢は生涯変わることがありませんでした。

帰省している間はご夫婦で伯父が通った小学校までの道のりを散歩したり、山の麓の野菜畑や海辺などを歩かれていました。道行く人に会うと弟（忠雄）にどこの誰だと確かめ、懐かしく思い出していました。伯父のすごいところはここで話が終わらず、その道がどこまでも続くようにどんどんいろいろな人の話に結びついて、話題が広がることでした。「人の名前」は必ずフルネームで記憶していて、記憶力の良さにはいつも感心させられました。

また、伯父はいつも大好きな魚釣りに出かけ、夕方薄暗くなるまで釣りを楽しむのです。奥様はその間置いてきぼりで、散歩に出かけたり、テレビを見たり、結婚当時に田舎に帰ってくるときの苦労話や東京での生活の様子などをにこやかに話してくださり、子供ごころに興味深く耳を傾けたことを覚えています。

奥様からは、滞在期間中の田舎での生活について、生涯不満など聞いたことがありませんでした。我慢強く立派な方だと思いました。歩くときもいつも伯父の半歩後を歩かれていて、陸軍中将（上原平太郎）であられたご両親の躾けが厳しかったとのちに聞いたことがあり、なるほどと思いました。

伯父の魚釣りはとにかく辛抱強いというか諦めない、どんな釣り場でも必ず一匹釣りあげるまでその釣り場所を離れない。田舎での釣りは、天秤釣りです。数十メートルもある深い所で行うので釣り糸の巻き上げが大変です。釣り糸が絡まないように巻き上げなければいけないが、手慣れたものでした。魚の喰いつきから飲み込むタイミングに合わせ糸をシャクリ、そして巻き上げるその一連の動作が見事なほどに美しかったことを鮮明に覚えています。何をしても絵になる人でした。

夕食のときも賑やかでよくしゃべっていました。伯父の帰省に合わせて奥様のご兄弟や伯父のお姉さんの兄弟姉妹が夫婦や子供連れで帰って来られることもあり、そのときは大変な人数になりました。

伯父の話はもっぱら同級生や、親戚、故郷の話など多彩でした。しかし、必ず「人」が話の中心にあったように記憶しています。難しい会社や社会の話や幼少の頃の話、自慢話などはほとんど聞いたことがありません。今にして思えばもう少し聞いておけばと思いました。自分が故郷を離れてからの故郷の人々を懐かしく思いながら、ゆっくりと心の中で振り返っていたのではないでしょうか。

その影響か、非常に郷土舞鶴に対して愛着を持ち生涯いろいろな面で尽くしていました。例えば、市民会館への緞帳の寄付、産業振興への協力、学校への寄付など。

帰省中も大好きな朝風呂の習慣は変わることがなく、長風呂を楽しんでいました。漁村の朝は漁船の音や村の拡声器の声などでおちおちと寝ていられない、そこに小鳥のさえずりも混ざる。父親が一生懸命に風呂を沸かし、自分の息子をもてなす姿は今思うとほほえましい感じであり、美しい思い出の一つです。風呂を沸かす薪運びは私達子供の仕事でした。

都会生活では味わうことのできない田舎の自然の中で解放感を味わいのびのびとしていた姿がそこにはありました。伯父も、リタイア後は夫婦でこのようなのんびりとした田舎での生活を夢見ていたことと思われるが、叶いませんでした。

親族の心の大きな拠りどころであった伯父が天国に逝ってしまった。この上ない寂しさではありますが、受け入れつつ思い出を偲びたい。
たくさんの思い出と温かい愛情をありがとうございました。

（合掌）

（甥）

「評伝 水島廣雄」の発刊について

瀧野 秀雄

私の父、瀧野文三は昭和二年に中央大学を卒業後、瀧野特許事務所を創立、弁理士会会長等を精励しながら中央大学の教壇に立ち後進の指導に当たり、その後論文「使用人発明に関する研究」を発表し、法学博士の学位を取得しました。奇しくも、水島廣雄先生も昭和一一年に中央大学を卒業後、日本興業銀行に籍を置きながら中央大学で教鞭をとられ、論文「浮動担保の研究」を発表し、法学博士の学位を取得されました。そんなこともあって、父と水島先生は同輩として共に中央大学や東洋大学等で教鞭をとるとともに法曹界の発展に尽力され、ことのほか親しいお付き合いをしていました。

そんなこともあって、中央大学で法学を専攻した私は、水島先生とは親子関係でお付き合いをさせていただき、また先生の教え子として教えを乞うことと相なりました。

水島先生の驚くべきところは、銀行マンと学者という二足の草鞋を履きながら、ご自身の論文である「浮動担保の研究」を推し進め、昭和三三年に「企業担保法」制定という快挙を成し遂げたことです。この法律が制定されたことで、戦後日本の重厚長大産業の多くの企業が飛躍的発展を遂げることになり、日本を世界第二の経済大国へと推進した原動力となったことです。また、驚くべきことは昭和三三年に日本興業銀行から潰れそうなそごうに転身し、苦境にあった百貨店経営に身を投じたことでした。大きな夢を描かれ、ご自身の考えを実現できるという確信をもってのことだったと思うのですが、暴挙とも思われたこの挑戦は業界の常識を破り、わずか三〇年余で三〇店舗の巨大百貨店グループを誕生させました。

こうした偉業をいとも簡単に実現してしまうこのパワーはどこから生まれてくるのか、不思議に感じたものです。

身近にお付き合いさせていただきながらひしひしと感じたのは、ご自身はどんな立場にあっても決して偉ぶらない、実に多くの方々と分け隔てることなくお会いになる、頼まれたことは嫌がらずに自らが動いて解決される。相手の方には「思いやりの心」をもって接する、「人を大切にする心」が人を惹きつけ、いつしか協力者や支援者達に囲まれておられる。そんな人間味あふれる水島先生だったからこそ次々に目覚ましい業績を残すことができたのでしょう。

残念ながら、晩年にそごうグループの拡大を急ぎ過ぎたのか、はたまた苦境におかれた金融業界の再編劇の中で、大銀行を救済するという政治的思惑からマスコミ挙げての悪役にされてしまったのか。残念な結果となってしまったことは誠にお気の毒だったとしか言いようがありません。とは言いながら、水島先生が遺した偉業や功績は法曹界や経済界の歴史に間違いなく名を残すことでしょう。

水島先生がそごうを完全に辞し、平成二四年四月一五日に一〇〇歳を迎えられた時、ホテルオークラで「水島廣雄先生百寿をお祝いする会」を実行委員長として執り行わせていただきました。実に温和な笑顔で、「ここまで来られたのは皆様のおかげ」と感謝の言葉を述べられていました。平成二六年七月二八日に一〇二歳でお亡くなりになり、水島先生を最後まで見とどけることができた一人として残念にも思いますが、成功者として天命を全うされたのではないでしょうか。水島先生に乾杯!!

追想文収録の最後にあたり、多くの皆様のご支援・ご協力を賜り「評伝　水島廣雄」を発刊できましたことを、水島廣雄追想録出版委員会委員長として心より厚く御礼申し上げます。

（水島廣雄追想録出版委員会委員長）

第三部　論文・著作

水島廣雄の著作（論文、寄稿、社内文書等）を収録しました。過去に執筆・掲載された原稿には、現在では不適切な表記や表現なども含まれていますが、ここでの掲載は原則として原文のままとしています。

学位論文　一九五三年

浮動擔保の研究（Ⅰ）（FLOATING CHARGE OR SECURITY）

中央大學講師　水島廣雄

序論

はしがき

一国の産業経済の発達には各種企業の維持進展が企図されなければならない。是れが為には先ず営利を追求して経済社会に生きて行く企業の血液たる資金獲得の手段として総ゆる法的工夫が為さるべきこと当然である。

従来債権の担保としての物権法に就て学者の研究は殆んど其の極致に達したかの観がある。例えば抵当権に付いて謂えば従来の物質権を価値権に置き換え更に其の醇化形態として独立性、流通性等の理論さえ是れを築き上げげんとしている。

然し乍ら一方担保の客体の面に於ては依然嚴重なる確定主義が固執されている結果恒に変転浮動する集合物抵当権は否定されているのであるが経済取引の発展は自然従来の法規の殻を脱出て合理的形式を求めて行く、例えば素朴な一物一権主義は取引の合理性より集合物担保の抬頭に依って自然崩壊を余儀なくされるであろう。斯る経済の動きに伴って学者は其の需要に随い動産抵当、集合物抵当を提唱する。而して斯る思考の極みは確定集合物抵当例えば財団抵当から恒に目的物が変転する可変的集合物抵当例えば企業抵当への途を説くに迄至った。

惟うに現在の学界の水準は大体此の程度の研究に達した佀遥かに遠い理想の法の世界を仰いでいる観がある。

果して然らば現代の担保権は可動性集合物抵当乃至企業抵当の可能性、延いては其の法制化を唯一の理念としていると謂っても過言ではあるまい。

而して経済社会の発展は近い将来其の実現を執拗に要望し来たっている。果して其の法域には未だ遥かに遠いものであろうか。

従来此の問題に関し我が法学界は大陸法の研究にのみ傾き英米法の探究は殆んど等閑視されて来た憾がある。私は独法系の集合物担保の代表制度として我国に採用されている財団抵当制度と英国浮動担保制度とを比較対照し集合物担保のより純化型を認識したいと念願して来た。

然し認識の途は所詮無限である。例えば企業担保と云う場合先ず変動的集合物を第三者対抗要件として如何に公示するか、担保権としては抵当権の形態を採るべきか、一般先取特権の形式を採るべきか、更には其の執行方法を如何にするか、企業殊に大企業は一国経済上直に執行し解体することが許されるであろうか。所謂企業維持の思想は如何に考慮すべきであろうか。兎に角問題は単純でない。ともあれ企業担保と云う問題に就いて現実の利用度も高く且つ学問的にも最も研究価値の高いのは英国浮動担保と我が財団抵当であろう。随って企業担保を論ずるに当っては此の両者を比較検討することが先ず妥当な順序であろうと考えられる。要之経済社会の発達は企業の担保即ち恒に変動極まりない集合財産を引当としての金融を強く要請している。茲に於てか従来担保権の鉄則たる物権確定主義は自然崩壊を余儀なくされるであろう。此の事は担保権の王と目されていた現在の抵当権が根源的に企業運営途上の財産を其の客体とすることより（変動性の為め）其の適応性を否定せられ反面担保権の片隅に限っていた一般先取特権的な思考に注目することを意味する。因みに昨今の立法にも客体の変動を前提とする所謂ゼネラルモアゲーヂの制度が多い。

次に担保権の客体の変動性、移動性と云う点から企業担保を観察すると其の法形式は究極に於て極めて簡素化されるであろう。

而して其れは一見頗る幼稚素朴な法形態であるに拘らず強度の弾力性を有つと云う観点からして反面最も純化されたものと謂い得よう。又一面人は一見極めて単簡不備の法形式は其の実際運用に於て経済社会の信用機能が克く是れを補填するものであると云う経験を秘めるものであることを識るであろう。

客体が複雑な企業なるが故に其の担保形態は極めて単純化されねばならないことは矛盾ではなく自然の要求である。

実に経済取引の発展は在来の法形態を破壊して新しい取引が満足する形式に向って進展する。洵に『人は法を創造し自然はそれを破壊する』ことを識る。我々は恒に経済取引の客体が如何なる形態で行われるかを認識しなければならない。而して法の形式も其の形態を追って進まねばならないだろう。果して然らば現代担保権の唯一の課題は企業担保の問題に存するであろう。而して学者は此の問題に対し長い間幾多の疑問に煩悶し其の困難を嘆いて来た。私も亦識者の歩んで来た此の困難な途に更に一歩を進めなければならない。

第一章　総説

一、近代資本主義経済機構の基盤を為すものは信用である。信用は実に経済活動の根源的原動力である。現代人は総ゆる叡智を以て信用の獲得に努力する。謂う迄もなく現代金融資本主義経済の下に在っては信用は金銭消費貸借の形態を採って現れる。人は財貨の有する資本的価値を信用関係に転化せんとして総有る法的手段を考慮する。即ち金銭債権関係の媒介の法的手段として凡ての法律的形式が生ずる。民法の担保物権、特別法上の一連の財団抵当其の他の特別法も依然有力な法形態であること勿論である。然し金銭債権者は自己の優位なる地位を利用して自己に最も有利便宜な法的手段の創設を逼るものである。然し債権者は自己保全の為のみならず一面社会政策的見地からも企業の維持を考慮しつつ産業の発展を希いつつ自己の営利を追って行くものである。資本主義即ち貨幣経済下に在っても信用媒介手段としての法的腐心は此の観点から出発せねばならない。

二、元来信用は経済の発展に伴い対人信用（人的担保）から物的信用（物的担保）に移行し其の結果物的担保は財の所有者にとって其の財の資金化手段であると共に貨幣資金の所有者にとっては投資を媒介する方法であると多くの学者は主張して来たが此のことは正当である（註）。即ち担保権は物の実体の所持又は利用を目的とする所謂用益物権（使用価値権）と異なり物の交換価値の取得を目的とする所謂交換価値権を主張する見解は高度の信用を重ずる資本主義機構の法的手段の解釈としては正しい。

（註）石田文次郎博士『担保物権法　上巻』（昭和十一年）序二頁

三、現代約定物権は物の所有権を移転する売渡担保から所有権は留保し唯物の占有のみを引渡す質権、更には物の占有さえも所有者に留保し唯目的物を執行の客体として予め指示するに過ぎない抵当権にと発展して来た。抑々金銭債権者は信用を供与した以上其の生産其の他の業績により返済を期待するものであるから収益を生む財の占有を取得することは矛盾である。此の意味で抵当権は担保権の王である。然し高度の資本主義に於ても経済は恒に大企業によってのみ運行するものではない。大企業の下に或は其の外に立つ群小幾多の中小企業が存在する此の部面に関する限り商品其の他動産の抵当制度が考慮されねばならない。随って企業の担保を論ずるに当っては動産の譲渡担保、動産抵当、集合動産抵当が中心になるが前述の通り金銭債権者の大企業に対する融資債権に付ては多分に社会的経済政策が採られねばならない。此の意味に於て大企業の担保には民法其の他の法律による抵当権よりも客体の総体性を承認する一般先取特権の擡頭が注目される。現に極端に簡単化された特別法による一般担保即ち所謂ゼネラルモアゲーヂは多分に政策的な先取特権である。

四、企業の担保と云う言葉は従来屢々用いられて来た。例えば「財団抵当から企業抵当へ」のモットーも今は有力なる学者の常用語の感がある（註一）。而して我々は最近企業の担保と云う問題に就いて頗る有益な著述に接した（註二）。

（註一）我妻栄教授「集合動産の譲渡担保に関するエルトマンの提案」法学協会雑誌四八巻四号。

（註二）我妻栄教授「近代法における債権の優越的地位」（昭和二八年）昭和初期数年に亘り『法学志林』に連載されて来た本書は主として Oppikofer（1927）の著書を巧に引照し企業担保に幾多の示唆を与える名著にして恐らく民事法に於ける珠玉の論文であろう。何の制約もなく自由に学問に自己を投入出来た物心共に豊かな此の時代を彷彿せしめる。其れだけに著者の学問的情熱も充分窺はれる不出世の力作である。

五、英国における浮動担保（floating charge or security）制度は企業（undertaking）の担保と称せられる。企業財産の総てが担保の客体となる点並びに其れが浮動性（float over）を有する点よりして正に然かりである。即ち企業を構成する動産、不動産、権利関係並びに事実関係（goodwill）迄も担保の対象となりその構成分子の変動更新に伴い担保権は浮動するのであるから一応典型的企業担保と謂い得よう。惟うに現代経済取引の発達は素朴な法律概念たる一物一権主義の思想を現実に止揚して屡々其の取引の客体を「経済的単位」に求める。然し如何に「経済単位」を取引の客体として思考して見ても集合物を根本的に否定する現代の法律理論構成からは「経済的単位」と雖も其れを構成する個々の財を離れては此れを首肯し得ない。集合物乃至経済的単位と云う取引観念が現代法の下に於て法理論的に不可能であり其の適法性が承認されないならば勢い財団抵当法の如く特別法による承認を仰ぐ外途はない。我国に於て集合物担保の典型として財団抵当制度を挙げ得るが未だ完全なるものでない。

然かるに信義を重ずる英国に在っては右の如く完全に総合財産を担保の対象となす企業の担保方法としての浮動担保は単なる契約により（法定物権でなく）衡平法上の権利（Equitable charge）として設定され大企業金融（社債 debentures or debenture stock）を円滑ならしめている。現下の信用取引の下に於て此れが研究は喫緊の要務である。

六、要之浮動担保の研究は結局集合物乃至企業担保の研究に帰着する。企業の担保を論ずるには先ず前提として「担保権の客体たる企業」即ち企業を客観的有形的なものに化現し特殊の価値の存続乃至権利の成立を認識し之が法律的考察の対象たり得ることを明確にし一方担保権自体に就いても其の適応性を検討しなければならない。何故ならば究極に於て企業の担保は「企業は如何なる担保形態に於て把握されるべきか」の命題となり其れは「企業と適性担保権との結び附け」の問題であるからである。

【水島廣雄追想録出版委員会・注】

この『浮動擔保の研究』(FLOATING CHARGE OR SECURITY)は、水島廣雄が日本興業銀行在籍時の一九五三年(昭和二八年)に執筆した学士論文です。この論文で法学博士号を取得し、第五回毎日新聞社が授与する学術奨励賞も受けました。さらにこの研究をもとに、企業担保法が一九五八年(昭和三三年)に立法化されることになりました。

論文はガリ版刷りで印刷製本され、「I 序論(pp.1-339)」「II 本論(p.1～p.481)」「III 本論(p.1～p.345)」「IV 本論(p.1～p.335)」「V 本論(p.1～p.145、参考論文リスト四ページ分)」の五冊子から構成されています。膨大な分量の論文ですので、ここでは、「I 序論」の「はしがき」と「第一章 総説」部分のみを収録しました。

『法律のひろば』一九五四年一〇月号・ぎょうせい

企業の担保

水島廣雄

一　はしがき

ここ数年来、企業の担保ということが経団連を中心として会社、銀行間にやかましく唱えられて来ている。殊に七月三〇日各紙朝刊は法務省試案の企業担保法案につき、各方面の意見を徴し、その結果によりては末期の通常国会に提出する旨までを報ずるに至つた。

企業の担保ということは、労働担保の形式において、明治三十二、三年頃外資導入の際、外債の担保として一応問題となり、爾来久しい間、経済界の要望であつたのに拘らず、今日に至るまでその実現をみることが出来なかつた。このことはわが民法が大陸法系のいわゆる一物一権主義を固執し、集合物を認めなかつたことに起因する。すなわち土地、建物、機械、特許権、得意先等種々雑多の分子より構成せられる企業の如きは法律上之を一括して担保に供するに由なかつたからである。一面、これと関連して物権の確定主義も亦問題となつて来る。すなわち企業の運営途上において企業構成の各要素は、常に出入変動するが担保権の対照となつている営業財産は債務者が自由にこれを処分することは出来ない（民法一三七条）。しかし債務者にこの自由処分権を認め、又新たに取得した財産を必然的に担保の客体となす所謂浮動性を承認するのでなければ、生きた企業の担保ということは凡そ思考し得ないところである。換言すれば企業の担保においては担保権設定当初よりの物権の確定性ということは棚上せられなければならない。現在我国にあつては企業の担保制度として、各種財団抵当法が存在するが。物権確定主義より担保の客体の処分の認められないのは、勿論のこと、更に営業財産も個別的に登記登録（財団目録制度による）を必要とするため、時間、労力、費用の諸点においてとうてい今日の敏活な経済取引に副わない。

曾つて、独乙においてP・エルトマンは変動する集合動産の譲渡担保につき、その理論構成を試みたが現存物の流出の理論構成は可能であるが、将来予測し得ざる流入財産に対する意思表示は困難だとして、観念的な理論構成の至難を嘆じた。かくの如く物権法上集合物の観念を承認することは全く至難の業である。今般法務省の試案により、企業の担保が漸く問題となるに至つたことは、わが法制上実に劃期的のことに属する。

二　各国の立法例

各国もこの問題については種々腐心して来た。しかし根本的に集合物乃至無体物の観念を認めない大陸にあつては特殊の立法により部分的乃至弥縫的にこれが解決を計つたに過ぎない。例えば大陸、殊に仏国における営業質制度並びに独乙を始め墺、瑞における企業財団抵当制度等はその著しい例である。

しかし、概念乃至観念論をあまり重視しない英米法にあつてはその法思潮は概して実用的乃至実際的であり、企業担保の問題に対しても夙に判例や慣習によつて解決の途を招いて来た。例えば、英国における浮動担保（Floating charge or Security）や米国におけるブランケット・モアゲージ（Blanket Mortgage）等はそれである。

その中企業担保の制度として最も発達しているのはさきに法務省試案が範を採つた英国の浮動担保制度である。

現在では、企業担保というと人々は英国浮動担保制度と同一観念だと解する位後者は企業の担保として、理論的に最も適した内容をもつている。

（註）英国の浮動担保制度（フローチングチャージ）については昭和二八・一〇・二六（毎日新聞）において私の研究論文「浮動担保の研究」に対する日本学術会議の推薦文が要領よくこれを紹介している故参照せられたい。

三　企業担保の歴史

企業の担保ということが認められたのは、法史的には可成り以前のことである。一八七〇年パナマ鉄道事件において社債の担保に営業（undertaking）という文字を使用したことにつきギホード（Giffard）判事は「この文字は会社の現存並びに将来の総財産を含むことを意味する」と判示した。

　次いで一八九七年マニラ鉄道事件においてマグナッテン（Macnaghten）卿は「浮動担保は事業継続中の会社財産上に設定された衡平法（Equity）上の担保であり、不断に変動しつゝある会社財産に伴つて担保せられるものである。しかしてこの担保の特質は営業の廃止、解散、債務不履行などに至るまで睡眠を続けることである」と判示した。

　右の判決は(1)担保の客体を企業構成の総財産としたこと(2)及び企業運営中、担保物の処分を債務者の自由に委ねたことの二点において、正に企業担保の重心を衝くものである。

　現代においても右の判示を承継してパーマ（Palmer）は「経営を続ける会社の全財産を担保に供する如何なる言葉も浮動担保のみを提供することを意味すると解釈されるであろう。しかも都合のよいことにはかかる解釈をなさねばかかる担保は会社業務を麻痺せしめて了うであろう」と述べている（Palmer's Company Law, by A.F Topham, 1949)。

四　企業担保の課題

　惟うに企業の担保化ということは(1)客体の総括性乃至一般性、及び(2)担保財産の自由処分権の二点を重心として出発しなければならない。

（Ｉ）　民法における物権の確定主義を前提とすれば凡そ企業を構成する総べての財産特に将来取得する財産迄も担保の対象とすることは不可能である。又一方企業継続中の財産の自由処分(機械の更新や抵当権の設定等）等を容認することは法理上許され得べきことではない。しかしながら、元来確定担保においても企業が正常に運営されている限り、その実行の必要がないのであるから、企業担保若くは浮動担保と同様、いわゆる根担保であるわけである。したがつて担保の特定ということは元利支払の危険性が生じたとき、現実化すれば必要且つ充分である。ただ、債権者にとつてそれ迄に必要なことは、かかる危険性の発生したとき企業担保権を何時にても自由に特定せしめることが出来る裏付けが与えられることである。しかして、企業が普通に運営される限り企業財産が一部処分せられても怜悧なる経済人は常に自己の放出財産の価値と同等若しくはそれ以上の対価を取得するであろう（対価等量の維持）。そして是等の新しい対価（財産）は当然に担保の対象となるべきである。

（II）果してしからば企業担保の重心的課題は、

（イ）経済的に利潤を追求して生きている企業すなわち利潤産出体としての企業を担保の客体とすること。したがつて有機的結合をもつ企業構成財産の総体、換言すれば現在並びに将来取得すべき動産、不動産、権利は勿論更に得意先、暖簾の如き事実関係迄も担保の客体とすること。

（ロ）企業の正常なる運行過程において利潤能力増加の為の財産処分を自由ならしめること。の二点に置かれるべきである。

右の二点は、英国浮動担保がもつ浮遊性（float over）及び睡眠性（dormant）と同じ意義を有するものである。

五　企業担保の骨子

以上の二点を中心として企業担保の課題は次のごとく敷衍せられるべきである。

(1) 担保の対象を生きた企業財産の総体とすること。営業財産や暖簾等の事実関係の外、労力（一般労働力の外、特殊の技術者に注意）のこともやがて問題となつて来るであろう。

(2) 被担保債権を原則として、社債に限ること。社債には信託の法理が利用せられ、社債権者は受託会社の信用により安全を図るからである。随つて受託能力のない金融機関については問題が残る。

(3) 物権として企業総財産上に優先弁済権を認めること。企業担保が浮動性を有していても担保権である以上当然のことである。

(4) 債務者をして担保財産に付き自由処分権を与えること。この処分権は企業の正常なる運営途上における場合に限ることは勿論である。

(5) 特定担保権は企業担保権に優先せしめること。

浮動担保たる企業担保に対し特定担保が優先することは法理上当然のことである。英国においても衡平法（浮動担保は衡平法上の担保）は普通法に従う（Equitas sequitur Legem, Equity. follows Law）という原則がある。

なお、企業担保の優先権と特別法令（税法など）上の優先権との調整を計ること。

(6) 財産の自由処分禁止条項を認めること。

債権者をして此の債権擁護権を行使し得る自由は与えて置くべきであろう。

(7)　登記は特別登記簿により客体の登記は抽象的概括的文言によること。権利内容の登記は一般の抵当権に準ずること。

客体が浮動しているのだから抽象的文言によるべきこと当然である。

(8)　企業担保権の特定即ち結晶（crystallization）原因を一定せしめること。原因を履行遅滞、解散、破産、宣告等一定の事由に限るべきである。

(9)　結晶については財産の散逸防止に特別措置を講ずること。

原因が発生したとき企業の各財産を特定さすことは現実問題として非常に困難であるからである。特に動産などの場合を考えられたい。

(10)　実行に就いては企業維持の為の法的工夫を図ること。

企業はそれを構成する個々の財産の価値の集計以上に、特殊の独立価値を有するが企業を分解して此の価値を破壊することは国民経済上も許されない。此の点はミユレルヱルツバツハが所謂「企業の維持」として強調した通りである。

以上は企業の担保法制定の要旨であるが、このことは同時に現行企業担保制度として唯一の財団抵当法の不便を根本的に是正することをも意味するものである。

六　企業担保の理論構成

前述の如く英国人は概念論を好まないが、一応大陸法的理論から企業担保の理論構成を試みる。しかしこのことは全く至難のことに属する。一般に担保権特にその王と目される抵当権につき学者はその本質を交換価値権（Wert Recht）だと説いている。

しかして進歩的な学者は物権の確定主義につき「物の特定」から進んで「価値の特定」に至るべき旨を強調する。しかしながら、利潤産出体として経済的に生きている企業の担保と謂うことを考える場合私共は、企業が順調に進行している限り、当初より物や価値が「特定」しているということは必要でないと断定すべきではなかろうか。想いここに到れば自然、債権者にとって必要なことは「必要量の交換価値が常に優先的に把握出来ることの確保」ということになる。即ち債権者はこのことさえ裏付けせられるならば必要且つ充分であると解すべきであろう。かくして債権者は履行、遅滞、解散等の原因が発生すれば、何時にても自由に企業担保を特定（物乃至価値の特定）担保とすることが出来る訳である。浮動担保乃至企業担保の理論は正にここから出発すべきであろう。

七　法務省試案による企業担保法案

法務省試案による企業担保法案については別に法務省民事局参事官室の説明がかかげられている。私は現在逐一、此の法案の批判を試みる遑をもたない。読者は上述、企業担保の骨子を念頭に置いてその検討を遂げられ度い。

八　むすび

上述の如く企業担保の立法は客体の一般性、担保権の浮動性において我が物権法の原理を根本的に転換せしめるものである。

時運に副つて企業担保法案が制定されることは洵に歓ばしい。然しながら之が立法化に際しては詳細に亘つて比較法的研究を遂げ、識者の意見をも充分斟酌すると共に一面経済界の実情をも顧慮して周到なる準備を以つて望むべきである。

（法博・中大講師）

友情

水島廣雄

『時事新報』一九五四年第二三五一五号・時事新報社

もう余すところ三か月ばかりでまた学生を社会に送らねばならない。光陰矢の如しということわざがこの頃ではピッタリくるようになった。

それと同時に昨今は正直、地位や名誉よりも友情の温かさを何よりも尊く、有難く感じるようになった。学生にも時おり、人間は棺桶の中に入る前に自分の生涯を振返ってみて「ああ良い友達を持ってまったく楽しい一生であった！」と心で叫べる人が一番幸福なんじゃないかなあと話すときがある。

卒業生を送るとき、世の中は人間が多過ぎて嫉妬で充満していて決して美しいものではない。自己の力の不足を補うために努力するよりも他人の足を引っぱるのが通常である。そんなとき一番頼りになるのは利害関係なき時代に結ばれた友達である。人間はその友達に苦悩を打明けるだけ、唯それだけで救われるものであること。また一身上の問題にしても親兄弟にも打明けられないことでも友達だけには打明けてみたくなるものであること。友達は学生時代の純真な心で結ばれたものが一番固く世の中に出てから出来たものは利害関係で離れやすいものであること等を毎年話すことに決めている。

終戦後間もなく戦地から帰ったばかりの学生達が来る日も来る日もボンヤリ放心状態で講義を聴いているのである日授業を中止して、ドーテの砲音の中の「最後の授業」の話をし、こんな混乱の日本にこそ学問がますます重要であり、諸君こそ新しい使命を持つ社会建設者であらねばならない。それにつけても一番大切なものは友達間の相互の協力であることをじゅんじゅんと説いたとき、何時の間にか、学生達の頬が紅潮していたことも、いまだに忘れ難い印象である。

私自身が随分友達に恵まれてきたために（例えば私の学位の論文完成前の数年間Tという友達が与えてくれた温情は終生忘れ得ないだろう）なんとかしてこの幸福感を学生達に頒ってやりたいと念願している。この頃の大学生には味のない法律論よりこの方がよほど大切なような気がしてならないのである。

卒業生が似合わない洋服を着ながら学生時代のグループで揃ってすがすがしい日曜の朝など訪ねて来てくれると立派に成長した安心よりも、仲のよい友達同士の和やかな風景に思わず微笑を浮べる。この若者達はきっと幸福な一生を送るであろう。ほんとに嬉しい。なんだか自分にまで幸福が訪れて来たような気がする。これも教師の身上か。

『法律のひろば』一九五五年六月号・ぎょうせい

松本烝治先生の思い出

水島廣雄

（一）

月日は速いもので、松本先生がお亡くなりになってからもう半年以上にもなる。先生をめぐるあらゆる方面の人々の当時の衝動も最早や大分落着き、或いは平静に返ってしまった頃ではなかろうか、しかし一面、私には時の経過と共に再び、新しい追憶が蘇ってくるのである。

先生が逝くなられた当時、思い出を書くつもりであったが種々の事情で今日まで延びてしまった。もっとも当時、東大の鈴木竹雄先生が「法律時報」(第二六巻第一一号)や「ジュリスト」(一一月一日号)に学問的の面を主とし併せて政界、法曹界の面にいたるまでの先生の御功績を紹介せられ、その履歴は「真に光彩陸離」たるものがある旨を述べられており、ついで、新川正美氏（有斐閣編集部長）が「書斎の窓」(一一月号)に先生のお人柄について書いておられた。そんなわけで私の受持つ分野は先生の人間性の面である。

（二）

私が松本先生に特に親しくして頂く様になったのは昭和十四年頃からだったかと思う。その数年前に私の保証人、片山義勝博士の紹介で数回、お目にかかっていた。何しろ当時私の勤めている興銀は社債受託の面で雄飛していた時代であり、信託の法理は私どもには絶対的のもので、毎日のごとく、いろいろの問題が生じ大陸法になじんできた我々を悩ました。私はよく課長の栗栖さん（栗栖赳夫氏・法学博士・後に興銀総裁・大蔵大臣）のお伴をして工業倶楽部の「松本法律事務所」の扉を叩いたものであった。そんなとき先生は私ごとき末輩にまで始終ニコニコしながら懇切丁寧に意見を述べて下さったものだった。偶々未知の問題に遭遇すると先生は「栗栖さんアチラ（英米）ではどうなっているのでしょうか」「信託上はこれでいいでしょうか」と必ず私の前で傍らの栗栖さんを立てられたものであった。細かいお心遣だなあと感心させられたものだった。そんなときは栗栖さんもニコニコして即座に「先生のおつしやる通りです」とこれ亦、松本先生に充分の敬意を払っておられた。見ていて実に気持がよい。なんて思遣りのある先生だろうと感激して了ったものである。帰途、二人で疲れた頭を休めるため銀座へ出て、コーヒーを飲むと「松本先生は御自分でよく解っておられるんだよ。それでいて栗栖さん栗栖さんといって私を引立てて下さるんだよ。有難いことだよ」と栗栖さんはつくづく述懐されていた。「全く頭が下りますね」「あのお顔は慈顔ですね。松本先生はお怒りになることがありますか」などとくだらぬ噂を申上げたものだった。

その頃は、司法部内においても事ある度に松本先生の意見が尊重されるので栗栖さんとしては仮令、明白な事柄でも一応先生の意見書を徴して置かれる慣習だった。当時、二七才位の私は何時になったら、この碩学から栗栖さんのような待遇を受けるのだろうか。これが一つのあこがれであり、夢でもあった。

（三）

銀行の事務が輻湊してくると、頻繁に先生の事務所にお邪魔するようになった。お忙しい先生だし、仕事が終ると私は倉皇としてお暇するのが常であった。そんな時、先生はよく、「片山君はお元気ですか、よろしくおっしゃって下さい」と附け加えられた。私は妙に底暖かい人間性を感じたものだった。当時私達の耳には誰いうとなく松本先生と片山先生との「シックリ行かない」噂が入っていたからである。事実、交際はそう深い様ではなかったようである。松本先生は片山義勝先生と並び、いわゆる岡野敬次郎門下の三羽烏であり、就中、その双璧であり、正に竜虎の観を謳われたものだったらしい。

松本先生にして見れば平常親しく出入しなくとも恐らく岡野門下の一族としての親しさ、懐しさからの同僚に対する思遣りではなかったろうかと想像される。

学者特に明治時代の学者は自他ともにその権威を許し、俗人は容易に近寄り難かった（婦系図にある真砂町の先生を思出されたい）。片山先生などはその典型的な人ではなかったかと思われる。下々に峻厳であり、礼儀正しく、容姿整い、私でさえ、物をいうにも恐ろしかった位である。反面、恩師に対する礼譲の念、こと更厚く、あのこわいお顔の先生も名著、『株式会社法論』の扉をめくられると、おし頂かん許りにして「これは岡野先生の序文だよ。岡野先生が他人の書物に序文を書かれたのはこれがはじめてだよ」といってさすがに相好をくずされた。そのさまがいまでも目に浮ぶようである。

いまごろの学者が意識して平等主義を振りかざし、ときに、恩師さえ誹謗するの挙に出るとき、私は明治時代のこの偉大なる両碩学を思い起し、今でも感慨に堪えないことがある。

松本先生はこの片山先生と対照的な御性格で実に幅広く潤いがあり、やわらかであられた。私は片山先生と松本先生とをよく比較することがある。一は白雪、皚々として烈風に聳ゆる峻峰の美、片や、春風駘蕩、百花撩乱小鳥も舞い狂うの美、——冷厳の美と恩沢の美——。何れが佳か。何れが秀か。曰く、謂い難し。

（四）

とにかく、松本先生は暖かい柔和な方だった。しかも鈴木先生がいわれる様に先生は「明敏」という言葉が最も適切にあてはまるような頭のよい方であった。私の記憶では未だ如何なる難問題に対しても回答を得なかったことは一度もない。それに驚嘆するのは頭が柔軟でどんな問題に対してでも即座に筆をとって回答されることである。

どうしてこんなに頭の廻りが早いのだろうと栗栖さんと屢々驚嘆し合ったものである。世間は学者に対してはよく訳もなく頭の問題に興味をもつものである。

或る日、栗栖さんと「松本先生と片山先生とはどっちが頭がよいだろうか」といって、暫らく二人とも考込んだが、やがて双方、偶然「そりゃ片山先生だ」という答が期せずして一致したのには驚き合ったものだ。お互が「松本先生だろう」と相手の答を期待していたからである。然し、その意味はこういうことである。片山先生は鋭い。深く一点を刺す。如実に鋭利さ、痛さを感じる。恐れいってしまう。

松本先生は軟らかくて切味も凄い。しかし、その鋭さは自然的だ。痛さがない。しかも幅広く切れている。切跡は蒼々として滑らかだ。—錐の鋭さと剃刀の鋭さ—とでもいうべきか。

◇　◇

またこれは聞き伝えであるが、お二人とも商法改正のときは、法制審議会の委員を務められ、その当時の御活躍振りにつき、故原嘉道博士は「さすがは岡野門下の双璧だ」と絶讃せられたそうである。

しかし、好き嫌いの激しく、如実に感情を出される片山博士のいわゆる「好きな者」に対する情愛の深さは、また例えようもない程であった。今日、私の外、幾人かの人々がこの感を深くしていることだろう。

然し、世開のくだらぬ風聞と異なり私の記憶では前記松本先生の謙譲と対比して片山先生も常に松本先生には一目おいておられた様である。松本先生が「片山君」と君呼ばりをなさるのに比し卒業年度の差もあったのでしょうが片山先生は「松本先生」はとにかく「偉い」とよく讃辞を呈しておられた。

ともあれ、剛直な片山先生をして右の告白をなさしめられた松本先生は実に我々の測り得ざる偉い方であったのだろう。

（五）

そんなこんなで興銀顧問弁護士であられた松本先生に接する機会はますます多くなった。特に私が融資課長時代いわゆるネガティブ・クローズ（negative clause）（戦時中、担保設定契約の煩を避けるため、債務者の財産を債権者の許可なくして処分し得ざる旨の譲渡ないし担保に対する否定約款）の債権担保としての効力如何につき、先生の下された鑑定は未だに忘れることができない明答（正に名答というべきである）である。

それから、私が証券部次長時代社債の担保（我が国では殆んどが財団抵当）の簡素化の問題が起り、傍らいわゆるゼネラル・モアゲーヂ（general mortgage）の問題が米国の対日援助見返資金の担保として問題になって来た。

その頃、先生は「水島さん、これでいいでしょうか」などとおっしゃって罫一杯に伸びた独特の文字（此の書体は私の手許に沢山あるが、失礼ながら字はお世辞にもお上手とは申し上げ兼ねる。この点も片山先生の非凡なる能筆と対照的である）を示された。恐る恐る私見を申上げると、あの先生特有の響きのあるお声で「ナールほど」といって心よく小見を容れて下さった。そんなときなどはほんとに頭が下る思いだった。

社債の担保の問題がやかましくなっていつしか先生のお耳に入ったのでしょう、或る日電話があり事務所へお伺いすると「アメリカにブランケット・モアゲーヂ（blanket mortgage）というのがあるそうですが、ありやどういうのでしょうか」とお尋ねになり、私が概念をお答えすると「あなたが研究していられるフローチング・チャーヂ（floating charge）とどう違うのでしょうか」と、いともていねいに、しかも急所（この点はアメリカ Virginia 大学教授 Garrard Glenn の名著 Mortgages（1943）Vol.III. P.432 に述べられている）を御質問になり、そのあと、集合物担保論や当時としては夢の様な企業担保の問題についていろいろお話して下さった。特に集合物の担保につき「先生の動産抵当論（売渡抵当及動産抵当論、私法論文集第二巻一頁乃至一一六頁）を読ませて頂きました」とお話し申し上げると「あんなのはもう古いでしょう」と謙遜されたのには恐れいってしまった。とにかく、先生は凡そ人の人格を尊重せられ、自から高きに止まる様な所は微塵もなく若輩に対しても実に優しい方だった。

（六）

終戦後、私が中央大学で信託法（イギリス衡平法）の講義をするに際しても「理論と実際の調和」を高唱せられ、特に英米の信託の精神がこれからの法律の真髄にならなければならない旨をさとして下さった。その後も常に英米流に、講義には常に実用的な経験を生かす様にと励まして下さった。後輩を誘掖して下さる暖さには、いまもって頭が下る思いがする。

（七）

このほか、先生の人情の深いことは私が屡々遭遇した処である。二、三を拾ってみよう。

（1）片山義勝先生がお亡くなりになる年のあるいとも暑い夏の午後だった。私が片山先生が歩行不能で言語も不自由に陥り、行先が案じられる旨をお話しすると、先生はやや興奮の色をあらわされ「誰が面倒を見ているのですか、家族の方々は附き添っているのでしょうか」とおっしゃって多くを語られなかった。その当時は先生御自身も血圧の関係で余り御無理ができない御様子だった。それから数日して先生から「この間あれから片山君の処に行って来ましたよ」と承って私は身のしまる思いをした。片山先生のお宅は田園調布で、駅を降りてから相当の坂道だった。車で行かれたのかお歩きになったのか知らないが、「松本先生御自身相当お疲れになっていらっしゃった」とは片山先生の新夫人のお話しであった。とにかく「昔の人は堅いですね」と先生の新夫人と話し合ったものである。

（2）それから、T製薬会社の社長で肺病の薬で一時は羽振のよかった同級生の方が困却されているのを（御自宅が興銀の担保になっており、競売申立中）同情せられ、幾度か懇書を私に寄せられたので上司、同僚に諮り、適当な始末をすると、全く感銘に堪えない様なお礼状を下さった。その社長は「松本君は全く親切な人だ。私ごとき者のために」といって痛く感激しておられた。

（3）さらに、先生は身内の方に対してもまた、優しい方であられた。昨年九月末、先生の御亡妹のお孫さんの就職に関しては先生は相当真剣であられたらしい（九月二三日附の御依頼状を頂いた後、十日許りして一〇月八日お逝くなりになった。従って、このお手紙は私への最後のものとなってしまった）。

私は先生からの再三の御懇願に接し、某銀行の幹部に頼んだがなかなかむずかしいので「いまは、松本先生の御遺言の様なことになって了った。私が保証をするから是非とも御採用願い度い」ということで漸く聞き届けられた。

これなども優しい先生の亡き御令妹に対するお心遣いの様な気がしてほのぼのと心温まる思いがする。往々、偉い人は妙に偏狭になって、身内の事には故意に冷淡な態度をとるものである。これなどはときには自分のみえであることが多い。松本先生はこんな卒直な面をも持合せておられたのである。ただ、残念なことは御生前、先生のお喜びのお顔を拝せなかったことである。

（八）

　松本先生の不愉快な御様子は私は知らない。ただ先生が追放になられた当時、私は田園調布のお宅（今までの豪荘な洋館の上の方にある日本家屋）へ二回ばかりお伺いしたことがある。確か先生は下のお座敷でやすんでいらっしゃった。追放が余程、お気になられたのか話のときどきに「私はパーヂですから」というお言葉をはさまれた。「ただいま東大の連中が来ていましたがね」御自分は追放中だから商法改正という公の仕事には意見をはばかるとの意味のことを話された。「私的ならいいのではございませんか」と言葉をお返ししたものである。先生はそんな点でも法律家らしく極めて公私の点を峻別せられていた。「だいいち、日本で無額面株なんて……あなた……今までの観念から実際上も時期尚早でしょう?」という意味のことを述べられた。私も現在の日本人の法律感情からは実際問題として、余り利用されないでしょう、とお答え申上げた。こんな風に先生は法律を一応、実際の面に関連せしめて常にその調和を考えられた。

　しかも先生は、こと法律の問題になると私達の仕事上の意見書にしても一言一句、厳重に推敲せられた。従って、怪しげな法文にはときに、仮借なき批評を下された。終戦後の速成立法、殊に企業再建整備法の条文をひろげられて「水島さん、これですよ…困りましたね」「わかりましょうか」「いまごろの役人は営業譲渡の意味さえわからない。昔はね……ねったものでしたがね」「全くアプレの役人にはかないませんね」。聞いていて遂には先生がお気の毒になってしまった。実際、我々が気がつかずに準拠していたあの法律は先生に指摘せられれば、一々もっともなことばかりで、聞いていた私自身が熱くなってしまった。

しかし、先生はもともと、寛容な方であられた。かつて栗栖さんや私どもが戦時中、軍需会社の株式低落を支えるため、いわゆる挺子入会社の設立に関与した（これは後に戦時金融金庫の証券部となった）。その際、現物出資の調査のため検査役の選任（現行商法第一七三条、非訴事件手続法第一二七条）を東京地方裁判所に申請し、裁判所は松本先生を選任したので、私どもは当時の国内経済状勢などをお話すると先生は「こんな世の中ですからね」とおっしゃって、翌日にはもう報告書を作成して下さったのには恐縮してしまった。

これなどは先生が国家の現状に対し如何に関心をもっていられたかの一端を物語るものである。

しかし、先生はかく鷹揚、寛大の反面、夫々のポイントに対しては前述の如く、非常に峻烈なシンの固い一端をもっておられた。

（九）

先生はまた一面、非常に進歩的であられた。資本主義経済の発達と共に一物一権主義が崩壊し、集合物乃至企業の観念を認めねばならないことを教示して下さった。英米法は得意でないといわれながら、私の浮動担保の研究には非常に関心を示して下さった。私事に亙って甚だ恐縮だが……、幸い、昭和二八年一〇月、私の論文が日本学術会議秋季大会で満場一致で推薦せられ、毎日新聞学術奨励金を受けることになったときは、ほんとに喜ばれ過分のお言葉を頂戴した。そしてこの論文が既に中央大学に学位請求論文として提出してあったことを思出されると「学位はまだなんでしょうか……審査員は何をしているんでしょうか」と先生はいつになく少々色をなされた。一二月一六日暮も押し迫った頃、ようやく学位が授与せられたので、月並の挨拶状を差上げると早速御返事を下さったが、その文面は、……今更なんでしょう。当然すぎる程当然です……といった意味のことばかりで、すっかり恐縮してしまった（このお手紙はいまも郷里の父が保存している筈である）。

先生には、正義派的な固さがあり、よく、私ども末輩までもこのように、ひいきせずよく引き立てて下さった。私はいまも、私の研究が、たまたま新しい法律の分野を開拓するものだとおっしゃって、いままで、永い間、何くれとなく励ましてきて下さった先生の優しいお姿を思出すのである。

とにかく、先生は明治時代の法学者であられると同時に現代においても右の通り最も進歩的な考え方をもって進んで来られた。

反面、上述のごとく、法律を実際面に活かすことを極力主張されてきた。いまでも学陽書房社長光行寿氏は私に遭うと「松本先生がおられたら経済六法全書の計画ももう大分進んでいたでしょうに……」と残念がる。実務家向き（銀行会社の事務用）の六法全書を松本先生に御監修を願って出版しようとする光行社長と私との企画だったのである。

（十）

私が述べ得る松本先生のお人柄は大体右の様であるが、先生がお亡くなりになった直後、岩田宙造博士（元法相）が、「松本烝治君の思出」と題して朝日新聞に談話を発表しておられた（昭和二九・一〇・九）。「……当時商法の権威だった岡野博士に可愛がられ、間もなく師に劣らない立派な商法学者になった。極く頭のいい人で、法令の立案などは、極めて巧みだった。その点、民法の最初の体系を作った梅謙次郎博士によく似ている。学者であり、かつ実務家としての優れた才能を兼ねていた点では肩を並べ得る人はないだろう。……元来人ざわりのよい、親切な人だったが、多少怒りっぽい所があった。弁護士としてよく一諸に仕事もしたが、法廷で怒り出すことがよくあり、相手方がわざと刺戟して怒らせたりするのには弱ったものだ。先日私に、『神の存在をどう思うか』と聞いてきたので『私は既成宗教がいうような神は認めない』と答えたら不服そうにしていた」。

私にはこんなことの真相は勿論知り得べき由もない。ただ、松本先生は非常に、シンの強い方であられたから負けず嫌いや、セッカチや、カンに障る位のことは或いは極く少々おありになったかも知れないが、それは、常人に比し、決して目立つものではなかったろうと思われる。

（十一）

以上のごとく、せっかく、松本先生の一般に余り知られていない面をも述べて欲しいとの編集側の期待を裏切ることとなったが、事実、私のいままで相当、永年、接してきた松本先生には、これといって取立てて申上げる程のことは遂に発見できなかった。

勿論、先生も人間であられるから、完全無欠ではあられないでしょうが、それを追求することは、普通の人間として（常識人として）、松本先生を観る場合、それは、こと更に強いてあらぬ瑕瑾を探し出し、それを誇張することとなる様に思える。それは此の世において、最早や、衡平ではない。

私は、あえてその不倫を犯し得ない。常人として、あるが侭に先生を観、感じたまま、正直に先生のお人柄を批評すれば、それは右のごとく賞讃の言葉のみに尽きるであろう。

（十二）

今春、某日、有斐閣の新川正美さんと、銀座で話し合ったことがあった。松本先生の学識もさることながら、そのお人柄には、全く頭が下る。先ず、超特級の人間である。

上述してきたことを、いま、松本先生のお人柄として次に要約してみる。

（1）松本先生はその学殖を除いても、すなわち先生から法律を取去っても、……裸の人間としても……立派な完成された人間である。

（2）それは、非常に……高い人間であって、俗界からほど遠い人である。高潔性をもって讃うべきである。

（3）また、頭脳は極度に鋭い反面、人に寛大である。それは人を容るるに寛なる人間にありがちの唯々諾々ではなく、曲直、是非をただすに峻厳で、情に流されることなきを示すものである。

（4）政治性に富む。このことは東大における象牙の塔から在野法曹人に下り、さらに満鉄副総裁、商工大臣、国務大臣としての前歴が天性の外に大きく存在してきたものと思われる。

（5）愛国心が強い。これは生涯を通じ、この国において、前項のごとく、恵まれ、伸びられ、恩沢に浴したことを物語るものでもある。

◇　◇

（6）以上のごとく、先生は勝れた人格者である。これは、先生の豊かな資性によることは勿論であるが、その他、先生の一門一族がよい意味での特権階級として恵まれ——毛並がよいこと——それ等の環境の中で、高い情操の人間として、俗界から高く離れても、なお、生活に支障を来たさなかったことにもよるものである。

とにかく、先生は「現代における掛替なき時代物であられた」ということができよう。

（十三）

かく、先生のお人柄を述べてくると、私には対照的に直ちに、アメリカにおけるホームズ判事(Justice Oliver Wendell Holmes)のことが浮かぶ。我が国で仮にホームズを求めるとすれば、人々は異口同音に「それこそ、松本先生だ」と呼ぶであろう。

彼ホームズが、アメリカで如何なる讃辞を送られているか、それを二、三紹介して、改めて読者に松本先生のお人柄を偲んでいただこう。

アメリカにおけるホームズは、法律人は勿論一般からも、殆んど信仰の対象となっている。

（1）彼の生誕一〇〇年記念にあたって、ヒューズ(C. E.Hughes)は「この世における最も美しい、又、最も、稀なものは、知性的な目標と不断の修業とを併有し、最も価値ある活動に用いられた偉大な才能に恵まれ、決して衰えない……むしろ絶えず増大する名声を正当にかち得た一点非の打ちどころなき一の完全な人生である。しかして、こういう類い稀なる美しい人生こそ、判事ホームズのそれである」と讃嘆している。

また、ヒューズはその九〇才の誕生日を祝ったとき「ユニークだ。他の者に当てはまるような言葉も彼には似合わない。彼は円熟の美を不断に感じさせる」と称讃している。

（2）次に、カードーゾ（B.N.Cardozo）は「ホームズは、天才であり、また、聖者である」と嘆じている。

（3）さらに、ラーナー（Max Lerner）は「……ここに一個の完全な人間（a whole man）があったということである。彼の天才——たしかにそれは天才だった——は偏執から出たものではないし、又、反逆から生れたものでもなかった。……ホームズには一個の完全（Wholeness）があった。それはアメリカがかつてもった最大の貴族制、ニュー・イングランドの知的貴族制の開花からのみ生れ得たものである」と称讃を与えている。

◇　◇

われわれもまた、右の讃辞を、そのまま、そっくり、松本先生に差上げるにやぶさかでないであろう。

（昭和三〇・四・二二記）

〔追記〕本稿提出後、四月二九日、中央大学における日本海法学会の席上、私は「海法会誌」（復刊第三号）を受取ったがその中に、田中耕太郎先生の「松本烝治先生の思い出」が載っていた。学問、趣味等がその人柄と関連して、とてもよく書かれている。

文中、「先生の頭脳のたちは鋭利な剃刀に比すべきものであった」ということがあり（一〇頁）、偶然、私の表現と同じであるが、その意味は私の場合と大分異っている。

また、「先生は……想像できないほどはにかみやであり従って社交ぎらいである。……自分から人を招待するようなことはほとんどなく、また漫然と世間話に時間をつぶすようなことにも興味がなかった」とあるが（一二頁）、まさにそのとおりである。したがって、先生はおよそ「人の噂をしない」方であられた（一二頁）。

最後に、私は、田中先生から偉大なことを教えられた。それは、松本先生の何時にお変りない「いんぎん、ていねいさ、円満さ」についてである。私はこれを、いとも簡単に偉い人にあり勝ちな天性の例外位に考えていた。私のごとき至らぬ者は絶えず人間には「欝憤定量の法則」が存在するということが浮かぶ。そして、松本先生の場合は、お偉くて、生れつきの御性格で、定量に達する前に、欝憤が自然に霧散するのだろう、と位に考えたものである。

しかし、それは「わきから見ていると非常な努力の結果である」（一三頁）ということであった。ますます頭が下る思いがする。

読者、併せて、田中先生の右「思い出」を読まれんことを。

（昭和三〇・四・三〇附言）

（法学博士・中央大学講師・興銀考査役）

そごうグループ社員配付　一九八七年一月

経営綱領

そごう取締役社長　水島廣雄

前文　幾度か辛酸を経て道漸く定まる

志愈々固し

我等の将来は今日只今足下にあり

苦難の道ばかり歩んできた私どもが、

道定まりて志愈々固し

という意味の言葉を、心して味わえるような境遇になってきました。思えば長いトンネルでした。幾度もの辛酸を経て、今日漸く曙光を見出した私たちは、日本最大の百貨店を形成すべき道を定めました。道が定まれば、志は愈々固まってくるのであります。

大和の国から大阪に出てきた十合伊兵衛が、坐摩神社南隣りに一軒の古着屋を開業したのは、天保元年（一八三〇年）でした。それから、百五十七年後のいま一九八七年。売上高は、一兆円を指呼の間にとらえ、店舗は国内だけでなく海外にもおよび、二十店を数えるまでになりました。いよいよ〝ダブルそごう〟の達成です。しかし、これらの店舗のほとんどは、ここ二十年以内にできた店で、そごうの歴史の中ではほんの一瞬の出来事です。さらに大事なことは、これらの店舗が千葉そごう以来、独立会社方式をとっていることです。この経営方式は、一度潰れかけたそごうが死中に活を求めて考え出した方式なのです。企業の寿命は、だいたい三十年といわれています。最近の造船業や製鉄業が、それを如実に物語っています。三十年も経つと、企業は慢性化し、企業家精神は廃れて老化現象が起きます。新しい血液が通わないと、企業は生き延びられません。

事を成すは毎《つね》に窮苦の日に在り
事に敗るるは多く得意の時に因る

という中国の名言があります。企業経営においてもまさに同じで、失意のドン底にあるとき、回生の芽が出てくるものであり、得意の絶頂にある時に危機が忍び寄って来るのです。そごうは一度死に体となり、幾度も労使ともに辛酸を経てきました。この中から現在への道が定まってきたのであります。

我等の将来は今日只今足下にあり

売上高約一兆円二十店舗以上達成に当たって大事なことは、得意の絶頂にある時に危機が忍び寄ってくることを深く心に刻み、現在を完成するために舷頭に立って粉骨砕身しなければならないことです。現在を完了することは、自ら未来が開けて来ることであります。

リニアモーターカーの時代がくると、大阪―東京間が一時間、エアロスペースプレーン（弾道航空機）が開発されると、東京―ロスアンゼルス間が四十分で行ける時代となります。このように、地球は非常に狭くなりつつあり、時は非常に短くなっています。めまぐるしい技術革新の時代ですから、当然企業の寿命も今以上に短くなるでしょう。内外の経営環境も刻々と変化しています。売上税一発で赤字に転落する老舗も出てくる時代です。企業の存在価値を、今以上にもっともっと真剣に見直さなければなりません。

現在には、〝古い現在〟と〝新しい現在〟があります。常に時の舷頭に立って新しい足下を見つめていないと、古い観念で古い現在を見ていることになってしまいます。

この経営綱領は、新しい価値を追求する道しるべとして、未来を開くための経営戦略のありかたを記したものです。有名な電通の鬼十則などは、社員に対する励まし、訓辞で、いわば社員行動指針であり、それは会社をどのように経営してゆくか、というようなものではありません。我々は、あくまで経済人として、そごうを永遠に発展させていかなければならないのです。そごう人一人ひとりが、心の灯として何を目当てに生きて行くのか、この会社はどういう進路を求めて航海を続けるのか、を考えるためにこれは記したものです。

第一条　各社は自らを重んじ
　　独立自歩すべし

わが国のほとんどの百貨店は、「創業三百年」とか「何何元年創業」などと、古い歴史とノレンを誇っています。しかし、このように古いノレンを誇る老舗も、せいぜい三つから五つほどの店舗しか有りませんでした。それも、東京、大阪、名古屋、京都、神戸などにあるだけで、地方都市にはその土地の小さな百貨店しかありません。何百年の歴史を誇っても、店が増えないのですから、これでは発展しません。

このように、百貨店が太平の夢をむさぼっている間に、スーパーができて十年か二十年。アッという間に百とか二百もの店をこしらえ、「何だ、まだ百貨店は一兆円にもならないのか」と冷笑の中に売上高を伸ばし、遂に百貨店業界三百年の歴史をひっくり返してしまいました。在来の百貨店経営者は、ただノレンを守るだけの月給取りで、事業マインドを持っていません。事業を拡張しようという気持もありませんから、借金もせず、昔ながらの五、六店で満足していたのでした。株式会社そごうとて、例外ではありませんでした。従来の方式だと、支店をつくってても二百億円もの赤字がでると、年間百億円の配当をしている百貨店でも、いっぺんで赤字に転落してしまいます。これでは十年くらいは支店の赤字を消せませんので、支店を出しても成算がたたないわけです。本店が株式を上場していますと、決算ごとに株主総会の洗礼を受けねばなりません。財務諸表も公開せねばならず、株式配当も維持する必要があります。これでは店を増やすことができず、百貨店という企業はいつまでたっても発展することができなかったのです。

「これでは、いかん。何か新しい方式を考え出さないと、新規の出店はできない」ということで、日本の百貨店史上初めての別会社方式である千葉そごうを造ったのです。

以後、同業他社やスーパーが、このそごう方式を真似しました。初めにそごうがやらなければ、スーパーも百貨店もこんなことは考え及ばなかったことでしょう。流通業界のこうしたノウハウは、そごうが持っているのです。

この別会社方式は、仮に一つの店が潰れても他の店で稼ぐというように、危険分散を考えたものので、保険の理論に基づいています。生命保険は、保険金を掛けて死んでいく人間の率の統計で成り立っていますから、めったに損をしません。契約者の寿命が、二年でも三年でも延びたら、それだけ余分に金利が入ってくる仕組みです。別会社方式は、これと同じ原理です。

また別会社は、独立独歩の法人です。株式の持ち合いはあっても別法人ですから、銀行は、独自の法人として金を貸してくれます。銀行は、最初は赤字でも成長性があり高い伸び率を示していれば、商売ですから喜んで利息を取って金を貸すのです。

「独立」とは、そごうが永遠の安全性と発展性を保つための、保険の理論に基づくものなのです。一時は日本の最高の売上を誇った三越さんや大丸さんが、支店を別会社にしていたならば、本店が支店の赤字をもろにかぶらずにすみ、会社が赤字に転落する心配もなかったわけです。

「自歩」とは、〝自分で計算せよ〟。つまり、自分で儲けて自分で消費せよということです。自分でアーニングし、自分でロスをもち、収入支出は自分で考えて計算することが、営業であり自歩なのです。

「独立自歩」は、自分の計算で商売をし、自分で儲け、自分が利益配分していくことですから、事業の安全性と拡大性の二つのメリットが出てくるのです。事業の安全と拡大、この二つが第一条の眼目です。

長野や木更津のような場合、金融など独自では難しいかもしれません。しかし、独立自歩でのぞみ自分の計算で営業を貫き、それでもうまくいかない場合は、グループ全体で考えればよいのです。力の強いものと弱いものを、グループの中で選別する必要はありますが、義務を自ら重んじ自負の念を持って、独立自歩で事業にのぞむことが肝要です。

別会社という個体が、それぞれ他社に迷惑をかけずに成長を成し遂げていけば、企業グループ全体として、全国いや世界に膨張した個体をもっていくことになります。将来、株式会社そごうを上回る売上高や利益をあげる別会社が、出てくるかも知れません。

第二条　各社はその地における
　　　　雄たるべし

広島に店を出すとき、オンワードの樫山純三さんから「広島に店を出すのはお止めなさい。あそこは福屋という大変な店があり、婦人服もよく売っている。そごうが出ていっても苦しい結果を招くだけだ。お止めなさい」と忠告されました。樫山さんは、そごうの大恩人です。苦しい時、有楽町そごうでは、衣類だけが飛ぶように売れたことがありました。それは、樫山さんが、そごうへみんな商品をもってきて助けてくれたからです。そごうのためを思って、きつく反対されたのでした。

「そういう小さいことをやるのではありません」と、申しあげても、

「いや、駄目だ駄目だ」と、心配されました。

広島出店にあたって、まず面積を調べました。なるほど福屋さんは市街の中心地のいい場所に

あります。しかし、周りに土地がないので、それ以上は増築できません。こちらは敷地二千四百坪、そごう分一千四百坪としても一万四千坪の店ができます。残り一千坪は、地元商業者の方の専門店街にしていただきました。しかし、前は野球場で後ろはバスターミナルです。

「そごうはあんな場末に店をつくって、いったいどうするのだろうか」皆が、そう言いました。株式会社そごうの幹事証券である野村證券の瀬川美能留さんがやって来ました。瀬川さんは、野村證券の当時の会長です。

「街の中心部に六百坪の土地を見つけてきた。ここに店をつくるほうがいいのではないか」瀬川さんも心配してくれたのです。

広島のある一流料亭といわれるところで井上副社長と食事をしました。まずくて食べられません。最後に、梅干しとたくあんを所望、白いご飯で口直しをしました。「八十万人もの市民が住むこの街に、うまいものを食わす料理屋もないのか。東京から一流の店を持ってきたら当たるな」そう思い、東京の名店食堂街をつくることにしました。

このほか、バスターミナルを一階から三階に移し、警察署もお願いして移転してもらうなど、広島そごうは、いろいろ苦労してようやく開店にこぎつけました。

暫くして、日本商工会議所会頭の永野重雄さんが言われました。

「先日、広島へ行ったとき、そごうの天一で天丼を食ってきたが、あんなうまいものは久し振りだった」永野さんは、広島出身です。時が経つにつれ、一流のお客様が、うまいものを食べにそごうに来てくださるのです。

広島そごうが、福屋さんの売上より百億円以上も勝つようになったとき、樫山さんが言いました。「地方の雄にならなければいかん、というのが水島さんの持論だが、広島はとうとう雄藩になりましたね」

なぜ、雄藩をめざすか。

商圏内の一番店と二番店では、付加価値率が桁違いに違うということです。お客様の権威も違います。中元・歳暮の贈物も普通のお買物も、二番店より一番店に流れます。同じ催事にしても二番店では人が集まらず、一番点に集中します。

二番店の売上高が一番店の半分とすると、利益は一番店の五分の一ほどでしかないと言われています。しかも付加価値の差は、経済的な面だけではなく、あらゆる点に出てきます。横浜そごうの美術館は、公益法人の資格をとっており、開設当時は鎌倉にある神奈川県立近代美術館より大きいものでした。一番になると、文化的な面でも、付加価値の差がついてきます。一番店と二番店の付加価値の差異は、想像もできないほどのものがあり、十倍や二十倍ではききません。雄藩は確固不動のものとなります。

そごうの出店は、雄藩になる以外に生きる道はない、という覚悟のもとに決定されているのです。したがって、最初は四番か五番でも、やがて雄藩になれるというなら出したらよい。雄藩になる見込みがなかったら、店を出さないほうがよいのです。

雄藩は、末藩を造ることができます。大本山が、何百という末寺を持つようなものです。広島そごうでいえば、呉、福山、尾道、防府などに末藩を持つことができるでしょう。しかし、末藩は皆、独立形態で運営し金融もしなければなりません。雄藩が末藩を造っても、自分が持っているのはその店ではなく、その会社の株であるということを忘れてはなりません。木更津は千葉そごうの末藩ですが、木更津が赤字になっても、千葉そごうが持っているのは木更津の株ですから、その赤字を背負い込むわけではありません。

大本山が、何百の末寺を持ってもよろしい。しかし、末寺が独立法人として食っていけるようにしないといけません。そうでないと、末寺が怪我をした時に、大本山も迷惑を蒙る危険があるからです。

各地の店が雄藩にならなければ、そごうが各地に店を出す意味がありません。どんなことがあっても、各地で雄藩になってもらいたいのです。

なおまた、雄藩になるためには、店長をはじめ、社員一同が必死の努力を注がなければならないことは勿論であります。殊に、百貨店の生命は、商品の選別如何にかかっています。したがって、店長は、売れる商品の販売面積を増やし、売れない商品の販売面積を減らすことが肝要です。これができないような店長は失格です。情に溺れる店長には、なかなかむつかしいことです。

しかし、店の栄枯盛衰は、店長の勇断如何にかかっています。これは、店長ばかりでなく、社員各自が心がけるべき足下の重要問題であります。

第三条　各社は地域密着、対應萬全
　　　　永久にその地位を保持すべし

雄藩すなわち地域の一番店になることは、容易いことではありませんが、しかし、それをキープしてゆくことは、さらにもっと大変なことなのです。一位になっても油断はできない。永遠に一番店を続けていかねば、雄藩で居られません。そのためには、地域に密着して万全の対応をしていかなければならないのです。

常在戦場　（じょうざい　せんじょう）

居治不忘乱　（治に居て　乱を忘れず）

ということです。

柏に高島屋さんが規模を大きくして出て来ることになりましたが、地域に密着していたら防戦ができたと考えます。

地域に密着すると、地元の情報やデータが無限に入ってきます。それに基づいて、要路の当局者とどんな協議でもできます。地域密着というのは、商工会議所の会頭や、専務理事だけとつき合えばいいというものではありません。警察、消防、保健所、商店街のほか、市長、議長、市議、その他市の関係者や、知事、県会議長、県議、その他県の関係者などとも親しく密着し、しょっちゅう顔を出して「やあ、やあ」とやっていないといけません。他社の出店情報は、だいたい地元から入ってきます。どんな店が出てこようとも、地元と密着しておれば情報がつかめるもので、こちらとして手がうてます。ところが、地元から浮いてしまったのでは、情報が全然入ってきませんから、手がうてません。柏でも、市役所や商工会議所、特に商調協のメンバーや、その他近隣の商店街の人々と常日頃から親しくしておれば、「そごうさん、高島屋が駅前に大きな構想をもっていますよ」とか、「我々も、そごうの平素の恩義に報いるため、何らかの対策を考えて、これを潰してしまうべきではないか」という話が当然出てきたでしょう。地域と密着していれば、自然とお互いの情も移って、皆が同情し、いろいろの措置を講じてくれるものです。これが人情なのです。

このごろは油断をしていると、ある日突然、とんでもない店がドカーンと出てきます。他社の出店情報をつかんだときは、すでに土地が買われておって、商調協にかかるばかりとなっていたり、そごうが買おうとする所に、同業他社がこぞって相乗りをする、などという事態も起こりかねません。地域の一番店であっても、地域に密着して情報を集めておかないと、雄藩でもすぐに脅かされ、ときには崩されてしまいます。これをしないでいると、その地位を守るために、百倍も二百倍もの精力や費用を費やすはめになります。

地域に十分密着していると、他社の出店情報だけでなく、ほかのメリットもでてきます。たとえば、保健所と密着しておれば、ちょっとしたことがあっても、問題にならず大目に見てくれるでしょう。消防署でも、ボヤ程度なら新聞記事にならないでしょう。「忙しいのに商店会の人達とつきあうのか」と思うかも知れませんが、その商店会がそごうを守ってくれることを、忘れてはなりません。「どこで、何をやりたい」という時も、行政の長と密着していなければ、スムーズに運びません。商工会議所会頭、専務理事、市長、市会議長、商業担当の県議や市議とは、常に仲良く付き合っておかないと、いざという時の対応ができません。

こうして地域に密着していても、対応が遅れると、何もならないのです。会社を守るためには、地域密着で情報をとった後の対応が、万全でなければなりません。「治に居て乱を忘れず」「常在戦場」の心がけが肝要です。

第四条　出店に当っては最良の場所に最大の店舗を造るべし

ここまでそごうが発展してきたのは、端的に言うと、最良の場所に最大の店舗を造ってきたからです。

〝蒔かぬ種は生えぬ〟と言います。

物事は、突然に無から有になることはありません。今になって「そごうは日本一になったなあ」と言っても、種を蒔いてきたからで、他の百貨店のように、種を蒔かなければ店はできないわけです。

出店することは、〝攻撃は最大の防御なり〟であります。

出店は他店に対する攻撃になるとともに、防御となることは、説明は不要でしょう。また、出店は経営の刺激となり、マンネリを防止します。そして、それは赤字累積の歯止めにもなるのです。さらに、従業員一人ひとりに偉大な活力を与え、一方、生来の本能すなわち素質的価値を発揮させ、人間に生きる歓びを与える意義もあるのです。

種を蒔くに当たっては、自分の畑に種を蒔かねば意味がありません。他人の畑に種を蒔くと、高いものにつくからです。自分の畑に種を蒔く場合は、最良の場所に、自らの土地を取得して自分で種を蒔くことです。他人の土地を借地してやらなければならない場合もありますが、この場合は、営業の成績がある程度見込め、儲かる可能性がなければ、難しいと考えます。札幌や八王子は借地ですから、累積赤字の歯止めが非常に難しくなっています。

千葉そごうも塚本ビルを借りており、自分の土地ではありません。しかし、他に土地は十分に持っておりますから、安全であり、また他社に担保を提供することもできるのです。以前から、土地を積極的に買ってきました。当時百万円そこその土地が、何千万円にもなっています。これは、グループ各社が困っている時に、それだけの評価益を貸すことができます。広島そごうの場合、あんな場末といわれましたが、いまでは一番高い地価になっています。自分の畑の値上がりが進んで行くと、一年分の営業赤字よりも、土地の一年分の値上がりの方が大きかったりします。千葉の場合も、千葉相互銀行がポツンと一軒あった所ですが、今ではもう一等地になっています。広島も興銀が前に一つあるだけでしたが、前述のとおり最も地価が高くなっています。

このように、自分の土地を持っている会社は、経常利益さえ出せば、他の会社と合併し、すぐに評価換えして累積赤字を一掃、翌年から配当のできる会社にすることもできるのです。

次に、「最良の場所」とは何か。

大変難しい問題です。奈良や豊田のように、他店に優る店がポンとできた時は最良の場所ですが、仮に近鉄百貨店さんが、そごうの二倍の面積の申請をしてきたら、最良の場所ではなくなってくるかも知れません。したがって、最良の場所をキープするのは難しいことです。

千葉や広島は、最初は最良の場所ではありませんでした。我々が、最良の場所にしてしまったのです。というのは、そごうの店が良くなると、皆がそごうの店に買いに来ます。そうすると、他の店や建物が集まってきて、最良の場所になってしまうのです。最良の場所というのは、当初から最良の場所でなくとも、途中から最良の場所になりうる可能性も持っている場所なら良いのです。そのポテンシャルを見つけるのが、われわれの任務なのです。これからは、最良の場所を確保するのはなかなか難しい。そこで、われわれの力で、可能性のある場所を最良の場所にしてしまうことです。

ここでいう最良とは、現在の最良のみならず、未来の最良も意味しているということは、言うまでもありません。

それでは、最良の場所で最大の店舗ができない場合はどうするか。

場所はいいが大きな物は建たないという場合と、場所は悪いが大きな建物が建てられるという場合、どちらをとるか。

それは、場所が悪くても大きな建物が建つ方を、選ばなくてはなりません。

東京の銀座に三越さんと松屋さんがあります。三越は四丁目の角にあり、松屋は日本橋寄りにあり、場所としては三越が良いでしょう。しかし、売上高は、松屋の方が勝っています。これは、面積が三越を上回っているからです。

百貨店は、大きければ大きいほど、商品量やサービスを充実させることができます。人もたくさん集まり、場所も良くなります。場所が少々悪くても、大きい方を選択しなければなりません。

奈良そごうは、街の中心ではないけれど、奈良市役所の隣で広々とした面積をとっており、車での来店も便利です。人は必ず集まってきます。大宮も、商店街のある東口ではなく、今はソニックシティーや情報センター（ジャック大宮）があるくらいですが、将来発展する西口の方を選びました。しかし、建物は大きく駅にもつながっているので、人は必ず集まって来ます。

第四条は、まず原因がないと結果が出ないという意義があり、刺激性や採算性、未来性などの意味と、また規模と立地の関係、というような難しい問題も含んでいます。

要するに、これからは、人が集まってくる場所に、最大の店舗を造ることが肝要です。

第五条　経営上のチャンスは
　勇氣をもってこれを摑み
　臆病によりこれを逃がすべからず
　故に各社は明朗、沈着、果敢を旨とすべし

（1）素早く情報を捉え対策恒に
　時運に先んずべし
（2）不断新たなる多様的個性価値を
　創造すべし

かつて、滋賀ゴルフ場と駒ヶ根ゴルフ場の不振から、本社で年間十億円も負担していたことがありました。その時、横浜のスカイビルが五十億円で売りに出ていましたが、「また五億円の利息か。合計で十五億円、難しいなあ」ということで止めてしまいました。

しかし、これはわれわれの手抜かりでした。あの時、五十億円で買っておけば、今は十倍の五百億円ではきかないでしょう。清水の舞台から飛び降りるつもりで買っておけば、横浜そごうの三分の一以上の土地を持って、どれだけの価値になっていたかわかりません。

人間の勝機、VICTORY CHANCEというものは、一瞬にして去ってしまいます。すなわち、〝覆水は盆に返らず〟です。経営のチャンスは、勇気を持って掴まないと、すぐに逃げてしまうものなのです。臆病だと逃げてしまい、二度と自分の手元に返ってきません。困難に負けるものは、困難を恐れるからです。大事業に向かって、困難を恐れず粉骨砕身すると、勝機を掴むことができます。

剣と禅の達人、山岡鉄舟に、ある人が無刀流の極意を尋ねたところ、鉄舟は「無刀流の極意は、浅草の観音様に預けてある」と答えたそうです。

『施無畏』

浅草の観音様の本堂に入ると、正面の天井に墨痕あざやかに、雄大な鉄舟のこの文字が目前に逼ってきます。

アメリカのルーズベルト大統領が、大不況から脱するためにニューディール政策を実施したころ、こう言っています。

The only thing we have to fear is fear itself

（我々が恐れなければならないたった一つのものは恐怖心そのものだ）

山岡鉄舟もルーズベルトも、人間が一番恐れなければならないものは、恐怖心そのものだ、ということを言っているのであります。

勇気というものは、どこからくるのでしょうか。朗らかに自慢することが勇気でしょうか。そんなのは勇気ではありません。それは、空いばりで本当の勇気ではないのです。

将棋の升田幸三名人が話しています。

「名人戦の後、おれは勝ったと自慢したら翌日負けた。その後も、勝ったと他人に言うと必ず負ける。勝負師は、勝った時自慢してはいけない」

店長の中に、自分の店のことを自慢する人がいます。「オレはああやった」「ウチはこうだ」といい気になって話すのは、よその店に自分の指し手を見せるようなもので、相手は手の内を読んでしまうのです。

どんな店にも問題がありますが、それらの問題は解決するために存在しているのです。問題を解決する力は運です。運というものは、「今日は天気になったからゴルフに行けた」などというものではありません。

それは、決して天候の加減のような、巡り合わせ的なものではないのです。運は、自分でつくるものです。これは大変なことです。軍（いくさ）に辶（しんにゅう）がかかるのですから。

難しい問題にぶつかった時、一度物事を変えてみることが必要です。

窮すれば変ず　変ずれば通ず
よく使う諺に〝窮すれば通ず〟という言葉がありますが、物事は行き詰まっただけでは、通じません。行き詰まって通じるなら、世の中誰も苦労をしていないはずです。物事に窮したとき通じるためには、一度変じなければなりません。いくらやってもダメなときは、ちょっと頭を切り変えてみると、意外に道が開けてくるものです。

人間と動物の差は、理想があるかないかの問題です。正受老人ではありませんが、「今日一大事と申すは只今の心なり」です。

今日を信じていれば、自然明日も明後日も、あるいは永久に未来も信じられるものです。過去にとらわれず、夢を追わずに、現実の厳しさに徹せよという求道心の教えですが、やっぱり人間は努力しなければいけません。

菊池寛が、次のような言葉を色紙に書いて、自分の子供に渡しています。

艱難汝を珠玉にす
逸楽汝を瓦礫とす

これも、明朗で勇気を持つこと、すなわちネアカでないといけないということです。

ネアカの人は、太陽に向かって大きな呼吸をするから体の調子もいい。そこでますますネアカになる。そして、いつも物事は良くなると思っているので、その通りになっていく。これに対し、隠花植物的な人は、小さい部屋でコソコソ酸素を吸うので、十分に呼吸ができない。物事はいつも悪くなると考えているので、性格も暗くなっていく。したがって、ネアカの人は自分で自分を良くし、ネクラの人は自分で自分を悪くしているのです。日陰の虚弱なモヤシのような隠花植物より、太陽に向かって葉緑作用を十分に営む植物を、われわれは必要としています。

ネアカの人が幸福を摑むと言われているのは、人が集まってきて、付き合いが広くなるからです。ネクラの人には集まってこないので、チャンスが訪れる機会もそれだけ少ないのです。

〝徳は財に優る〟という言葉があります。

人と人の付き合い、いわゆる「顔」は、人が持つ最大の財産です。金持ちの財産は、一年に一割も増えれば良い方でしょう。しかし、顔という財産は、無限に増えていきます。百億円持っている財産家より、顔のある人には、百億円どころか、一千億円、三千億円、五千億円もの仕事がドンドン入ってきます。これがほんとうの資産家なのです。

ネアカの人には、人がたくさん集まってきて情報がたくさん入り、商売も繁盛します。ネクラの人は、「ゴルフをしてもちっとも面白くない」とか、「酒を飲んでもうまくない」「麻雀をやっても、ぶつくさぶつくさ言って、あがるのに気がひける」と回りの人間に思わせることになります。

ネアカの人は、年をとりません。マッカーサー元帥は、連合国総司令部の自室にウルマンの詩を掛けていました。

人の青春は　時期ではない　心の持ち方だ

いま、この言葉を好んで財界の人たちが座右の銘にしています。東大の朝長正徳教授は言っています。

年寄りでも未来を志向すべし

人は心の持ちようで、若さを維持できるのです。シワだらけの肉体でも、ネアカで希望をもって前向きに生きている人は、LOOK YOUNG なのです。

「明朗」の効用は、このように計り知れないものがあります。

次に「沈着」ですが、これは心の落ち着きを言っているのではありません。数字をしっかりと掴むというのが沈着です。積極的にお金を出し、費用を十分に節約し、それで差し引きがどうなるか、というような計算づくしの沈着です。数字がないと事業ができません。沈着というのは、そういう数字に裏付けられたものなのです。

「果敢」。営業マンは、すべて果敢でなければなりません。Enterprise を辞書で引くと、企業、事業のほかに、進取の気性という意味があります。もともとの意味は〝冒険〟です。ユヴランの著した商法史に冒険貸借という言葉も出てきます。つまり企業というものは、常に危険をはらんでおり、冒険を伴うものなのです。だから、企業は常に冒険をし、進取でなければいけません。果敢は企業の原点なのです。

「素早く情報を捉え対策恒に時運に先んずべし」

明朗でないと情報は集まってきません。情報を早く捉えても、沈着果敢でなければ対策はたてられません。情報というと、あっちから聞いたり、こちらで耳にしたりするものと思われるでしょうが、耳学問だけが情報ではありません。情報には、目が働きます。活字を読んだ目からの情報も重要です。

現代は情報が早くなっています。昭和三十二年頃、私が法務省ならびに最高裁の委嘱を受け、欧州に行った時、飛行機で何日もかかりました。羽田から香港まで約七時間ですからね。二一世紀になると、ロスまで四、五十分で行けるようになり、「ロスまでちょっとお茶を飲みに」などということになるでしょう。地球がだんだん狭くなっていきます。むかしは国際電話も大変でした。いまは直接ダイヤルを回すだけです。時間もドンドン短くなっていきます。

情報は内外の情報です。いま、外国の情報を知らなければやっていけません。それこそマッハ（飛行機）を利用してでも契約しないと、他の百貨店に持っていかれるような時代になりました。勝機は一瞬にして去るのです。こんな体験があります。千葉の土地を購入する時、「明日一日考えて回答する」と言っていたら、即日、他人に手をうたれて負けたことがあります。神戸店の駐車場では、即日手をうったので買えました。

これからは、情報社会です。まず、国内外の情報を早く捉えること、捉えたら対策を早くたてること、この二つが重要です。それが「時運に先んずる」ことです。その後から、時がゆっくり流れてくるのです。

「不断新たなる多様的個性価値を創造すべし」

現代は多様化時代だといわれますが、どこでもやっているのですから、多様だけでは駄目です。個性がある価値を持った多様化でなければなりません。

帝人さんは、七割近い人間が本業の繊維部門に従事していますが、利益は全体のたった一割強だそうです。鐘紡さんも、主力の繊維部門より、化粧品や食料品、薬で儲けているのです。また、旭化成さんには本業がありません。ほとんどが非繊維です。いまは、社員の七〇パーセントもが多様的価値で食べています。食品、薬品、建材、住宅、最近では半導体まで手を伸ばしています。それで悠々と配当をしているのです。宮崎輝会長自身は繊維屋さんですが、今やこの会社は、個性的価値で成功を収めています。

そごうの本業は百貨店です。多様的個性価値は、本業の中で創造していくのですが、本業で元をふくらませて、異業種に向かって枝と葉をドンドン伸ばし、よい花を咲かせていかなければなりません。いま、純利益が売上の一パーセントの店の場合、一億円売っても百万円の利益しか出ないわけです。海外へちょっと出張すると、すぐに百万円ぐらいかかってしまいます。大宮そごうでも、あれだけの人が汗水流して働いて、一日の売上は七、八千万円です。一億円の売上がないのです。百万円使うということが、いかに大変なことであるかがよくわかるでしょう。だから、多様的な価値があり個性あるものを売って、営業成績を上げていかなければならないのです。いつの時代でも、明朗で、計算ばやく、果敢で、情報と多様的価値を追っていかないと、企業は発展しません。

そごうという企業にとっても、この多様的価値をドンドン売っていくことが、生き残る道なのです。「百貨店はもう駄目だ。このままでは食ってはいけない」「何か転換しなくてはならないぞ」という時代も、必ず来るでしょう。その時のためにも、是非、多様的個性価値を見いだしていってください。

多様的価値を追うとき一番大事なことは、将たる者は、部下が最大の能力を発揮できるようにしなければならないことです。そのためには、まず部下の意見をよく聞き、その後で自分の意見を述べることが肝心です。なぜなら、若い人が一生懸命に多様的価値を追っているからです。皆の意見もきかずに自分だけ意見を出しても、誰もきいてくれません。自分の意見を最初に言うのなら、部下は不要です。未来事業部は、なるべく若い人にやらせてください。うんと若い人が良い。その中から、「店長、こういうものがありますよ」「こういうことを考えたのですが如何でしょうか」という提案をどしどし出させて、創造的に意見を述べさせるのです。上司が先に口火を切るようなことではいけません。

第六条　各社の毎日は数字との闘争にして
数値は各社の總てを決す

積極消極両面より冷厳に認識すべし

商売は、どんなに売っても帳尻が合わなければなりません。積極的な売上の数字ばかりではなく、消極的な節約をしないと、いい数字は出てきません。事業というのは、総ての結果が数字であらわれ、数字が悪ければ、会社は崩壊してしまいます。どんなに積極的に売っても、どんなに人気があっても、後ろの方の販管費というものをよく見て、採算をとることを考えておかないと、駄目です。駄目なものは、滅びるより仕方がないのです。言うならば、むやみに刀を振り回したところで、数字が判らなければ、相手の力もわからず殺されてしまうものです。会社は採算上の存在ですから、消極面も十分に考えなければなりません。

例えば、S百貨店さんですが、数字のことはよくわかりませんけれども、上場の方はいつ頃になるのでしょうか。

また、スーパーのDさんの営業成績は、数字の面では同業のIさんより下ですが、不動産をより多く持っています。銀行はこの資産の数字を冷厳に評価しています。

我々は、出店するために借金をしますが、ソロバンはしっかり採っています。銀行には迷惑をかけない。利息を払い、定期的に返済し、また借り入れる。健全な債務のある会社は、銀行にとって一番良い取引先のはずです。

事業は、何と言っても数字です。いくら店をやっていても、数字で赤ばかり出しているなら、銀行は評価をしません。売上は上げたが、こんなマイナス要素があって損益では赤字になった、というのでは困るのです。

第七条　取引は王道に立ち恕を旨とすべし
覇道は何れ滅びるものと識るべし

孔子の弟子の子貢が、ある時、孔子に聞きました。「この世の中で一番大事なことは何ですか。一言で言ってください」孔子は、しばらく考え込んだのち、そこにいた顔回（顔淵ともいう）の方を見ました。顔回は孔子よりも偉いのですが、孔子の弟子になっていました。孔子は、子貢からの質問の答を聞こうとしましたが、目の前で顔回に問うわけにはいきません。そこで、考えながら孔子は、「それ、恕か」（わしにはよくわからないが、それは恕ということかなあ）と答えました。

「恕」とは、人の心を推し量ることです。思いやる、ということです。思いやるとは、許すということです。そこで、寛恕（寛く許す）という日本語が出てきます。「王道」の本髄は、「人の心を推し量る」ことなのです。

取引は、覇道に立ってはいけません。

昭和三十三年ころの話です。良い商品が、三越さんや大丸さん、高島屋さんにばかり納められていました。勿論そごうの営業成績が悪かったからでしょう。しかし、当時のことを反省してみなければなりません。そごうが威張りすぎていたからです。店内を回ってみますと、課長が足を組んでタバコをスパスパ吸っているそばで、問屋さんがもみ手でぺこぺこ頭を下げていました。課長は文句を言っており、問屋さんはへいこらしています。「こんな店では潰れてあたりまえ」と思いました。そこで、お取引先に全部集まっていただいて、申しあげました。「百貨店が成り立つのは、あなたがたに助けられてのことです。あなたがたがもし手を引けば、百貨店に残るのは建物だけで、がらんどうになってしまいます。だから、今までのようなことは止めます。ここに部長も課長もいますのでお約束します。お取引先様も私たちも対等で、Fifty Fifty です。今までのような社員がいたら言ってきてください」。それからお取引先は、そごうを本気で応援しようという気持ちになってくれました。自分のことばかり考えて、相手のことを考えないと、お取引先は離れて行ってしまうのです。当時のそごうのやり方は、王道ではなく、徳のない百貨店という力まかせの覇道でした。

商売でも取引でも、お互いに相手の気持ちを十分に推し量って、相手に儲けさせるようにするのが、王道です。そごうが問屋さんに対し、Fifty Fifty の方針をうちだしたとき、当時の百貨店業界では、「そごうは困ったことをしてくれた。あんな権威のないことでは困る」と言われたものです。ところが今では、三越でも高島屋でも伊勢丹でも、皆、問屋さんに頭を下げて、入ってくださいというような逆選別の時代がきています。

覇道は、結局滅びるのです。商売は王道を歩まなくてはなりません。

第八条　各社は恒に
同心そごうの旗の下に団結し
全面的相互扶助を鉄則とすべし

現在、そごうは二十店舗ですが、やがて三十店舗にも、あるいは五十店舗にもなっていくでしょう。店は一つ一つの会社ですが、お互いに助け合わなくては、グループの意義はありません。みな優良会社ばかりという訳にはゆかないでしょう。中には、営業成績が芳しくなく、辛くて我慢する会社もでてきます。いつまでも赤字を脱しきれない会社もあるでしょう。そんな場合は、みんなが助け合うのです。

ヘーゲルの弁証法にあてはめるなら、潰れる寸前だった時のそごうがテーゼとしますと、独立会社方式で千葉そごう以降の店をつくり、二十店舗以上売上高一兆円になってきた独立自歩の経営戦略が、アンチテーゼと言えるでしょう。第八条は、この「正」「反」の次にくる「合」、すなわちジンテーゼなのです。ジン（SYN）は、シンジケートとかカルテルと同じ意味で、物事が合同する、共同するという意味です。

たとえば、取引というものも、Offer と Acceptance で対角線になり、必ず正は反になりますから、最後に合流すれば良いのです。これがジンテーゼです。

そごうグループは、一朝事あるとき、いざ鎌倉という時は、皆が馳せ参じて、一大そごうグループの威力を、日本中いや世界中に発揮しなければなりません。

馳せ参じなかったらどうするか。そこに第八条の「鉄則」があります。「皆に従わない社長があったら、皆の力でもって、その社長を辞めさせることができる」ということなのです。本条の鉄則は、大変な意味を持っています。だから、そごうグループは、あくまで鉄の集団です。

三十店舗にもなると、いったい誰が全体役員会のマネージメントをとっていくのか。三十社の社長が集まった時に、本社の社長が、三十社の社長のマネージメントをとるのは大変です。三井や三菱のように、グループの社長が集まる全体会議が必要になってきます。その議長は、会議の都度、総意によってこれを決め、本社ばかりでなく、グループ各社からも選出されるでしょう。「今日はこんな議題だから、あの人に議長をやってもらおう」などと互選して、侃々諤々の議論をし、談論風発、大いに意見を戦わして衆議する。そして、最後には「合」（SYN）にもっていくのです。議長は来月も続けてということもあるでしょうが、三カ月もてばいいほうで、任期は三カ月程度になるかも知れません。世の中の変遷がめまぐるしく、世界が狭くなってくると、北の情報も南の情報も皆採って出席せねばならず、社長に加えて議長もやるとなると、とてもなま易しいものではありません。グループの社長会においては、安易な妥協を排し、真剣に発意して衆議先見の実を挙げ、会議にあたっては、自社の独善に走らず、他社の利益をおもんばかって、グループ全体の向上を心がけねばなりません。そして、皆の意見に従わない社長には辞めていただく。そこまできちんとしておかなければ、混乱が生じます。これが鉄則です。

「同心」とは、中国の言葉です。十八史略などを読めばわかりますが、中国は群雄割拠の時代が長く、闘争の歴史です。そういう所に、同心協力という言葉が生まれました。現代中国でも、自力更生（自分の力で生きよ）と同時に、この同心協力という文字がよく使われています。「全面的相互扶助」というのは、「あそこの店は商品が足らないから廻してやれ」などという簡単なことではありません。商品ばかりでなく、資金の面、人間の面、ノウハウの面、そして情報などあらゆる面で、自発的に助け合うという全部の意味なのです。

人の命には限りがあります。そごうの現在の経営者も、皆いずれは死んでしまうでしょう。しかし、『法人は死せず』。そごうという企業の命は、永遠です。そして、そごうグループは、無限に発展していかなければなりません。

いま、私たちは、二十店舗以上売上高約一兆円の達成を目前にし、「幾度か辛酸を経て志愈々固し」というところまできました。さらにこれから、そごうグループ総体の、永遠の繁栄を計るために、この経営綱領を作りました。

この綱領は、拳々服膺していただければ、今後どのように幅広く解釈されていっても自由だと考えています。

将来、三十店舗、五十店舗になっても、お互いにこの全面的協力と鉄則の精神を忘れなければ、必ずやそごうグループは生き残り、愈々発展していくでありましょう。

発行日　昭和六十二年一月十一日

そごうグループ社員配付　一九九〇年七月

経営と心

そごう取締役社長　水島廣雄

【そごう人事部・注】この文章は平成二年二月七日、水島廣雄社長が埼玉産業協力センターにて、講演されたものに加筆修正し、まとめたものです。

はじめに

まず皆様に最初にお願いしたいことは、人生五十年がいまや八十年です。どうか三十歳をお引き下さい。私も七十歳をとっくに越しましたが、世の中の人に会うたびに「三十歳引いて下さい」と申し上げています。社員の前でもやはり四十歳代だと吹聴《ふいちょう》しております。どうか、皆様も三十歳若返ってお聞きくだされば、心の片隅にほのぼのとした温かいものをお感じになられるかと思います。

もう一つ、経営に関する本が皆さんの机の上でもやり場に困る、まさに汗牛充棟《かんぎゅうじゅうとう》でありましょう。どれもこれも似たり寄ったりのことが書いてあり、あまり参考にはなりません。だから、あまり抽象的なことを申し上げましてもピンときませんし、よその会社のことを申し上げますと、褒めすぎたり誹謗《ひぼう》しすぎたりして、ご迷惑をおかけするようなことになるかと思いますので、私どものそごうがつぶれていた時代からの話をさせていただきたいと思います。

一、勁草精神《けいそうせいしん》

私は昭和三十三年につぶれかかった―実際はつぶれていたのですが―そごうの再建を命じられてまいりました。いちばん問題にしたのは何が故をもってそごうはつぶれたかということです。これはやはり経営者の一人ひとりの自己本位から来る内紛です。上が内紛をしますと下は乱れます。社会も国家も同じことです。そこで、つぶれますと、いい社員は皆ほかに職を求めて散っていきます。行くところのない人がそごうに残っていたのであります。銀行の人たちは「くだらんくずばかり残って大変だな」と言って慰めてくださる。私はそのとき社員に向かって申しました。「あなた方は行くところがなくて残った人たちだ。しかし、あなた等は自分を卑下しちゃいかんよ。私は、能力あって去って行った人たちよりも、ここに残った泥か砂のように言われたあなた方を軽蔑《けいべつ》すると思ったら間違いだよ。あなた方はぼくにとっては砂金だ。やがてあなた等は黄金になるんだよ。なぜならば、自分の家族は自分で養う。月給は安くつぶれそうな会社でも、このそごうでしかあなた等は生きていけないんだ。だから、あなた方は私にとっては砂金であり、純金になる至宝であるのだ」

いまはご承知のとおり、日本の隅々までも論語、論語と言って、井上靖さんの本などは引っ張りだこです。発行元で三万部売れればいいと思ったのが、もう七十万部ぐらいだそうです。どうしてこんなに論語が盛んになるのでしょうか。それは敗戦後の教育を受けた人たちがもう四十、五十歳になってきており、核家族で親の面倒も見ない。また子供に一つ説教でもしてみたいようなうっぷんがたまる年齢、中堅層です。こういう人たちはやっぱり儒教で―いま天皇陛下は象徴ということになりましたけれども―「君に忠、親に孝行」というような何か説教めいたことでも、子供たちに、言ってみたいような気持ちになる年になりました。ところどころ私も論語を引用させていただきましょう。

その当時、私は「勁草」ということをやかましく言いました。これはご承知のとおり、一天にわかにかき曇って疾風砂塵が巻き起こり、一面何もなくなったあとに残ったただ一つの草のことです。強い強い草です。ちょうどそごうの状態を表している。そこで、この勁草の説明に次の例を話しました。何トンかのトラックが走り去ったあと、石ころの中にたんぽぽは折れていても力強くやはり生きておるではないか。このように勁草ということを非常に強く吹聴しました。即ち、そごうの社員に勁草の精神は人間が打ちひしがれて生きるすべも失ったときに生き残ってゆくべき一つの心強さだと繰り返したのであります。

そして同時にやかましく言ったのはこういう言葉です。「不憤不啓《プーヘンプーチー》、不悱不発《プーフェイプーファー》」。憤《いきどお》るというのは結局発奮するということです。それで、一生懸命情熱を燃やさなければ道は開けない、進歩はない。だから、もっと苦しもう。苦しんだあとでやはり道が開け上達があるのではないかと。

そしてこんな逸話も話しました。十河信二さんが満州から引き揚げられて、国鉄総裁をされていた。そのときに、中国人が十河さんの部屋に掛かっている「有法子《ヨーファーズ》」という額を見てびっくりした。―ご承知のとおり、中国人は何もできないとき、仕方のないときは「没有法子《メイヨーファーズ》」とか「没法《メイファー》子《ズ》」とか言って、両手をひろげ首を縮めて諦めます。彼等は絶え間ない戦乱で食べ物は持っていかれる、蓄財は全部盗られる、娘まで略奪される。全くどうしようもない「没法子」と観念しておりました。中国には「有法子」はないのです――その十河さんが「有法子」、常に道があり方法があるじゃないかということを額に書いて掛けておられたので要路の大官びっくりしたというのです。そんな話もし、そごうが行き詰まって、もうこれで終わりだというときにも、やはり人間苦労すれば、何か道が開けるんじゃないかということで叱咤激励しました。

ここで皆さん三十歳若返っていただくと、若かりしあの時代、当時の銀行も含めて財界みんなそうでしたが――あの頃の経済界では日本は立ち上がらなくてはなりませんでした――常に「可能性の限界」をどこの企業でも言いました。「無限の可能性を追求しよう」というのが日本の合言葉（スローガン）でした。その結果、高い目標を立てて、目標の設定、次にその目標管理が日本の財界の流行語でした。

ところが、現代をみますと、二十歳や三十歳前の若い学生の中にはもうそんな勤労意欲をもたない者が案外多いのです。何も会社の部長や重役になる必要はないんだ、自分だけ楽しめばいいんだという非出世型になってきました。会社も困ったものだ、このままいくとうちの会社はこんなやつばかりになってどうなるんだろうかと心配になる。しかし、いまの若い者は遊ぶことはわれわれの時代には考えられないほど遊びますが、彼等は目標設定をしてやると、徹夜マージャンをやるつもりで仕事をします。これはおもしろい現象です。だから、人間は時代時代の変化によって生活は変わっても、自分たちの心にあるもの―これは必ずしも出世欲ではありません―を追求しようとする人間本来の気持ちは変わらないということです。私どもはこれをどうして引っ張り出そうかということで、苦心したのであります。古い言葉ですけれども、目標設定、目標管理だけは企業をやっている限り、いつの世にも通用するのではないかということを勁草という心がまえと一緒に併せて習得させてきたのであります。

そして、日本が少し豊かになりますと、ロンドンの何々、パリの何々と、流通業界はブランド物に狂奔しました。今やイヴ・サンローランなどは田舎にでもありますし、お葬式に行ってハンカチをもらうとみんなランヴァン、グッチとか、こんな世の中になってきました。私どもは当時、まだ情報に異常な関心を持つほどにはまだ会社が立ち直っておりませんでした。したがって、生き残る為の情報収集の問題も、勁草という心のねばりから引っ張りだしたのは次の他愛もないくだらない寓話からだったのです。

これは実話です。小樽はご承知のとおり、ニシンで竿が倒れないといった頃です。しかし回遊魚のことですから、石狩から北へ行ってしまうともう小樽はだめになります。何時《いつ》の頃か一人の男が銭湯に通っていました。漁師達がニシンの脂だらけになった体で風呂に来ます。そして最後の銭湯で漁師たちの会話を熱心に聞いています。漁師たちは疲れ切っていますからやたら大声で喋り合うのです。今日ニシンはここに上がった、明日はあっちへ行くだろうと。その男は毎晩じっと小樽の銭湯でそんな話を聞き続けておりました。その男を擁した漁業家は北海道一番の漁業家になったそうです。皆さんは小樽に行かれたときに、入口の山の上のニシン御殿を見られたでしょう。あれです。こういうのは企業において一つの先取り情報です。極くくだらない話です。そんな話まで言わなければならないほど、そごうは弱りきっておりました。

二、今日の合理性は明日の非合理化を招く

また当時社員に話しましたのは、高島屋でも三越でも、大丸でもみんな店が五、六店しかない。これはいったいどうしたことなんだろう。恐らく当時の経営風土、特に保守的な百貨店では借金をして店をつくること、借銭《しゃくせん》を非常に怖がる。大体、大店《おおだな》の当主にとって借金は経営の不振位に世間から噂されたのではないでしょうか。利益で以って大店舗を出すと、三百億、四百億円位かかります。大きな百貨店でも三百億円を新しく投資すると、その会社はたちまちその年は赤字になるでしょう。二百や三百億円の売り上げでは当然赤字が相当期間続くことになります。そうすると、経営責任を問われる。したがって、少しも店は増えません。私どもはたった三店の東京、大阪、神戸の小さな店ばかりでした。いまでもそごうの東京店が東京中の百貨店でいちばん小さいのです。これではそごうは永久に発展しない、何とかいい場所に大きなものをつくらないといけない。私どもはつぶれている会社ですから、人並みのことをやっていたのでは生きていけない。何か人と違うものをやっていかなければ生きていけない。

そこで、コンサルタントが「この店は非常に合理的ないい立地だし、規模もちょうど適当だ」と言う。私はそれはだめだ。今後の経済界は想像を許さない勢いで発展変化して行く。この波の動きを先取りしなくては生きて行けなくなる。だから「コンサルタントが言った面積の五割増しか二倍にしなさい。大は小を兼ねるけれども、小は大を兼ねない」。こんな簡単な理論から、千葉でそういう実験を試みました。しかも支店形式でなく初めて「独立会社方式の多店舗化」の実験台としたのであります。当時、千葉市には扇屋、奈良屋、田畑と三店ありました。その総売場面積が二万四千平方メートルです。「その三店分をいっぺんに申請してみろ」。そのころはやはり商業活動調整協議会がありまして―勿論いまもありますが―非常にむずかしかった。それでも、一万七千平方メートル許可になりました。いちばん後から出て、千葉でいちばん大きな店をつくったのです。当時その中のある経営者から「あんたのところは三年で旗を巻いて逃げるよ。こんな大きなものをつくって何をするんだ。われわれは千葉で何十年間の長い間合理的な経営をして来ているのだ。あんたのところはつぶれるよ、三年で」と言われました。今日では奈良屋さん、扇屋さんも田畑さんも全部消えてしまいました。この世からなくなりました。残っているのは私どもだけです。奈良屋のあとに三越さんが出られました。だから、昨日の非合理性のお蔭で目的を達し幸せです。過去の不合理性は今日の合理性となり、又明日の不合理となります。即ち「今日の合理性は明日になると、非合理になります」。これは非常に大事なことです。こうして、私どもは千葉をやりまして、その後、柏をやったり松山、広島をやったりして、だんだんと「いい場所に最大規模のもの」をつくり、少しずつ芽を出すそごうに変貌してきたのであります。

三、最良の場所、最大の規模

最大の規模と最良の場所とはお互いに相乗効果をもたらすことは説明を待つ迄もありません。規模が大きければ悪い場所も自然に良い場所に変化させる不思議な現象を生じます。さて現実問題として最良の場所に最大のものを出すなんて簡単にいいますけれども、なかなかむずかしいのです。いい場所がなかなか残っていないのです。私は最大の規模と言う場合、原理として魚礁の大小と魚の集まる量と種類の比較を示し、それが全く正比例しないことを社員に申して来ました。大きな魚礁は小さな魚礁の倍数以上に計り知れない効果が生じます。広島の場合を例にとりましょう。広島はいい百貨店、地元の伝統的なすごい百貨店があるから、そごうさんは出しても駄目だ、すぐつぶれるよ。皆さんの忠言でした。広島に行きまして市内を三日ぐらい駆けずり回ったのですが、有名ないい店がずらっと並んでおり、私たちの出る余地はありません。そこで、当時の山田市長さんが私の友人だったものですから、「広島で一番大きな百貨店を出すためにはしようがないから、広島球場の横でいいわ」、「お前、気でも狂ったのか。あれは野球場の隣だよ」、「分かっているよ。よい場所に小さな店より悪い場所に大きな店を出す方が勝つ。従ってバスセンターはやがて最良の場所になるから、あれを貸してくれんか」。広島市のバスセンターは一番大きな土地です。あんな場末で一番大きな百貨店をやるというので、みんなせせら笑いました。私どもをかわいがってくださっているオンワードの樫山純三さんが「あんな所であんな大きな店を出してもだめだからやめなさい。せっかくあなたが立て直してきたんだから、広島で失敗したら元の木阿彌じゃないか」、私は「いや、出させてください。前は岡山まで新幹線がついたけれども、やがて九州まで行く。ただし、中国の雄という街はやっぱり広島だ」。いまは政令都市になりましたが、当時も大きな大きな街でした。このようにして球場の横のバスセンターを借りたのです。そして、店を新築し、だんだん広げ、最大のものにしました。バスセンターは地上一階に乗り場があったのですが、これを三階にもってきました。百貨店の三階がバス乗り場になったのは日本で初めてです。こんな気違いみたいなことをしてどうするんだと言って叱られているうちに、お客さんがだんだん慣れて来て、いまお蔭様でつぶれることなく広島で一番になりました。十六年過ぎた現在、不思議なことに広島で一番地価の高いのはそごう近辺です。最大の店のお蔭で最良の場所になったと言えましょう。面白い話でしょう。千葉の場合も同様に淋しかった千葉店の場所が最高の場所に変化して来ました。

四、反面教師

皆さんもそうかも知れませんが、気に入らない部長とか重役とかがたくさんおられるでしょう。私どもは店が三つしかなかったのですから、その店をつぶした三人の店長のうちたった一人だけ残したのです。気に入らなくても経営者として一人でもいいから、自分の気に入らない人間、店をつぶした人間を置いておくことです。これは大変な利益になるのです。この反面教師は私が千葉を出すときに、「奈良屋という名門があるから、あれの七掛けの店七千平方メートルぐらいが進出には適当な面積です。向こうは何十年来の老舗だ。だから大きくして立ち向かって行ってはだめですよ」と言う。ところが、思い切ってその人の反対ばかりやり最大の店を出したら千葉一番になりました。

今度は広島なんです。私は永野重雄さん、今里広記さんと非常に親しく願っていました。今里さんと永野さんは各そごうの応援団長みたいな方だったのです。広島には当時永野さんが自慢される程うまいものはありませんでした。どこの料理屋へ行ってもまずくてしょうがないんです。「これでは東京のいちばんうまいものを広島へもって来るべきだ」、ここでも一人残した反面教師は千葉出店の面積を縮小せよと反対した如く「広島で食堂街を作ることは絶対不可《いけ》ない。食堂というものは元来儲からない上、百貨店のサービス部門だ。そのワンフロアは売り場にすべきだ。何を陳列しても年間二十億円や三十億円は売れる。食堂にするとは狂気の沙汰だ」と言い出しました。そこで私は「君からは一次元上位の思考を常に与えられるよ。いわゆるメタ思考を考えることを教えてくれて有り難う。君の反対意見の上に更に何かを付け加えれば成功するよ、千葉のように」と申しました。百貨店で誰も考えつかなかった奇襲戦法をとり、そしてワンフロアを全部食堂に充てました。即ち、いちばん大きな食堂をいちばんよい十階につくったのです。日本の百貨店で初めて十階を全部食堂にして、竹葉亭、天一、神田のやぶそば、浜作など東京で一番うまいものを皆持って来ました。広島市の人には「当分はだめです。そんなぜいたくなものは食べられない」と注意されましたが、いまやそれが大衆食堂になりました。ともあれ、ここからそごうは広島のみなさんに食事の中心地としてかわいがられ広島店の心臓部となりました。だから、反面教師は大事なのです。彼がやれと言ったら、私はやめます。やめろと言ったらやります。何故なら彼の意見は客観的なのです。客観性は常識人の認識です。企業は特異性をもって時には皆んなが考える常識に反対し、特異戦法をとり成功しなければなりません。即ち誰でも賛成することは止めた方がよい。だから時と場合によっては多数の重役が賛成でも自分独りで常識を破り独自の考えを決行すべきです。だから、反面教師は皆さんも毛嫌いされずに、一人位は置いて下さい。いまでもその人は私どもの大恩人ですから、ずっと養っております。だから、最良の場所に最大のものをつくる。併せて、きょう迄の合理性は千葉や広島のように明日はもう非合理性になってしまうことを再認識して下さい。

五、適当な借金

無から有は生じませんから、店を大きくしようと思えば借金をしなければなりません。借金をしてだんだん店を広げていく。ご承知のとおり、私どもがやったときに各百貨店は「そごうは何をするんだ、あんな大きな店をどんどん作って」と笑っていました。いまや日本の百貨店は殆んどそごう方式をまねています。いわゆる大艦巨砲主義です。皆そうなってきました。

しかも全部独立です。そうしないと、店は増やせません。だからそごうは全国の百貨店あるいはスーパーからノウハウ料をもらったら、何億円になるか分かりません。パテントが取れないのが残念です。この頃新聞を見て居りますと各社の新設店はそごう方式の独立方式で、大艦巨砲主義です。そして、後からできるほど大きなものをつくっていきます。そうしなければ生きていけません。

拡大主義になってきますと、自然銀行さんにお世話にならないといけない。皆さん、企業というエンタープライズだと言っておられる。大学でイタリアとかオランダの商法史などを習われると、企業即ちエンタープライズはもともと「冒険」の意味でアドベンチャーです。したがって、企業は「進取の気性」であらねばなりません。エンタープライズは常に冒険であり、進取の気性であり、それから企業の意味になっていくわけです。したがって根本的に企業はある程度「冒険」を含んでおり・「進取の気性」を余儀なくされています。企業は大体そういう宿命を持ったものです。これが千年も万年も続くことは考えられません。おそらく私の記憶に間違いなければ、上場会社でいまだに続いているのは王子製紙一社ではないでしょうか。大概皆さんは企業は三十年でつぶれるとか、五十年でつぶれるとか何とかいいますけれども、銀行は例外ですよ。国策会社みたいなものですから。

日本は今外需型から内需型になって物価は上がり設備投資は旺盛です。円は下がる。一方産油国はいっぺんに輸出してしまうと、自分のところの経済が危ないから、産油国はセーブする。したがって、油の原価がうんと高くなってくる。そうすると、鋼材、セメントがどんどん値上がりしていく。国内経済はよくなり、これ以上物価が上がったのではいけないというので、やがて金利を上げていって少し冷まそうではないかという動きです。まあ景気が拡大し持続しそうですから今年も四・五パーセントぐらいの成長率は見込めましょうし、卸売物価も前年比大体一・六パーセント高、消費者物価は一・八パーセント高ぐらいが見込めるんじゃないか。こんなおめでたい世の中ですから、銀行はいくらでも金を貸してくれます。借入がなければ銀行は大変なことになります。利ざやを取って銀行は商売しているのですから。

しかし、銀行だって慈善事業ではありません。内容がよくなければ、つまり返してくれる当てがなければ、銀行は金を貸しません。そういう意味においては、銀行は芸者と一緒です。金の切れ目が縁の切れ目です。旦那にそれだけの器量があるように、銀行においてもこの企業は金を返せる、この企業に貸せば踏み倒されない、即ち不良債権にならないという保証がなければ、銀行はだれにも金を貸しはしません。

さきほど私の紹介の際、浮動担保という話が出てきましたが、これは不動産の不動ではないのです。日本で企業担保をつくりましたときは、イギリスのフローティングチャージ（floating charge）を法務省と最高裁判所からの調査委嘱を受け英国で研究して持ってきました。イギリスでは早くから企業担保制度として浮動担保（フローティングチャージ）の制度があり、これを昭和三十三年に日本の「企業担保法」として制定したのであります。たまたま「浮動担保の研究」は私の学位論文だったのであります。新日鐵、日本鋼管、日立製作所、東芝、神戸製鋼とか大きな会社の社債の担保はこの浮動担保でやったんです。この企業担保では動産、不動産は勿論ノレンまで担保の対象となり、且つそれらを日本の民法のように固定せず浮動させるものです。したがって日本では画期的な制度であります。この制度は債権が危なくなるまで担保の客体が恒《つね》に

float over していますから floating charge or security と言っています。現在この法は社債の担保だけですが、この制度の根本は信頼（trust）です。やはり信用が基礎になります。事業を拡張しお金を借りるときでも、しっかりした見積書とセキュリティを説明し、銀行を満足させない限り、銀行は金を貸してくれません。したがって、企業は大きくなりません。結局、人間の誠意です。誠意のない人には銀行は金を貸しません。さて銀行に全額返済して無借金になったら如何でしょう。もう完全無欠の優良会社と言うことになります。然し世の中この完全無欠が恐ろしいのです。人間だって完全な人間に魅力を覚えますか。少し欠点がなければ魅力がありません。無借金の優良会社では経営者は油断しがちであり、社員には心の奢《おご》りが出て来て軈《やが》て傾いてゆく恐れなしとはいえません。刺激のため適当な借金は残して置くべきだと私は思っています。或る有名な経営者が一番恐ろしかったことは何かと聞かれ、それは借入が零になった時だったと答えたそうです。イギリスで手形の支払欄に satisfaction という文字があります。弁済すれば零になり満足かも知れませんが、満ち足りたることは零であり完全であり軈《やが》て欠ける危険性を宿していますので適当な借金は必要です。勿論多過ぎては困りますけれど。

六、我以外皆師

世の中の景気が少しずつよくなってきますと、そごうの従業員が明るくなるのはいいのですが、うぬぼれになってしまう。油断してしまう。苦しいときは一生懸命やっているけれども、そごうはよくなった、よくなったと言われて有頂天になってはいけない。そこで一度八王子郊外の吉川英治さんの記念館へ行ってみようじゃないか。「我以外皆師」という字を実際に見てこないと駄目なんです。みんなを連れていきました。なぜ私どもが吉川英治さんのところに連れていったかと申しますと、吉川英治さんはご承知のとおり、小学校ぐらいの教育程度です。それが東大の先生も及ばないほどの文豪になりました。あの人は生前どなたに会ってもみんな我が師だとおっしゃっておられたそうです。これは大事なことで、われわれは若い社員をよく叱ります。然し怒られた人たちにはそれなりの言い分があるのです。だから、怒ったあと、君の言い分を聞いてやろう。そうすると、とてもいいことを言います。かえって教えられることがあります。

たまに、私は円タクにわざと乗るんです。そして、運転手の話を何気なく聞いていると、実にいいことを言います。このように我々が教えられることは此の世の中で街の隅々まで一杯存在しています。これは認識すべきことです。われわれがハッとするようなこと、本当にいいことを平気でしゃべります。孔子は論語で「三人あれば師あり」と言っています。この三人の意味はよく分かりません。多勢という意味か或《あるい》は孔子の弟子の三名を指したのでしょうか。普通孔子の弟子というと、いちばん年長者が子路、顔淵（顔回）、子貢となりますが、孔子が三人あれば師ありというのは―私はよく分かりませんが―顔回のことを言っているのではないでしょうか。これ等は孔子が本当にかわいがった三人の弟子ですが、子路は暴力団員のようなならず者でした。これが孔子をいじめてやろうと思ったところ、逆に孔子に訓《さと》されて弟子になっていくのです。その次の顔回は偉い男です。孔子が師と仰ぐのはこの人だろう。顔回が亡くなった時の孔子の悲嘆は余りにも有名です。それから、子貢は孔子に「人生でいちばん大事なことを、一言で教えて下さい」と言ったら、孔子曰く「其れ恕《じょ》か」、恕は推し測る、思いやるの意味です。孔子は「己の欲せざる所を人に施す勿《なか》れ」と言いました。思いやりです。

さてこれは余談ですが子路は後に任官します。任官した主君が戦争に行くとき、自分も共に戦って戦死するのです。孔子は子路が戦場に行ったときはもう帰らないということを予想していました。子路はやくざみたいな男ですから、自分の主君のために獅子奮迅して戦死するんですが、あまりにも勇猛だったものだから、敵方が怒ってしまって、子路の肉を小間切れに刻んで塩漬けにしたんです。孔子は生前自分に尽くしてくれた子路が塩漬けになったというので、皆さんご承知のとおり、孔子は子路の死んだあとは塩のものはいっさい口にしなかったのです。こういうふうに、孔子でも三人あれば師があると言うのですから凡人である私たちそごうの人間にとっては他人様はみんなお師匠さんだよと言って、うぬぼれをなくせよ、ハングルになれよ、謙虚にならなければ知恵は入って来ない、誰も教えてくれないよと申しました。みんなわりあい素直に受けとってくれました。

やがてお蔭様でそごうも人並みとは言いませんけれども、よその百貨店の七掛けから八掛けぐらいの給料が払えるようになりました。その時、「もう社長なんかはこれでいらないんだ。君たちが謙虚に我以外皆我が師だということで一生懸命やってきて、よそ様に近い給料を払えるようになったんだから。これから君たちは社長なんか全く関係ないという会社に早くしろよ」と言いました。その時の私の付言したことばは「鼓腹撃壌帝力《こふくげきじょうていりょく》なんぞ我にあらんや」。中国人はご承知のとおり、食えなかったでしょう。さっき言ったように、「没法子《メイファーズ》」なんです。皆さんご承知のとおり、毛沢東が田中角栄さんと会ったとき、「你好《ニーハオ》」と言いました。それまではわれわれは中国人と会っても「おはよう」と言うときは、「你吃飯了嗎《ニチハンラマ》」（お前、飯食ったか）、こんにちはも你吃飯了嗎、こんばんはも你吃飯了嗎、おやすみなさいも你吃飯了嗎、全部お前飯食ったかでした。これが挨拶でした。ところが毛沢東がやっと食えるようにして統一してからは、「你好」と言っております。いまはご承知のとおり外貨がありませんから、中国は苦しいですけれども、大連、香港、天津、上海などは勿論その他経済特区で外貨をどんどん稼ぐようにしなければなりません。やがて「你很好《ニーヘンハオ》」（大変いいですね）という挨拶になるかも知れません。これはどうか分かりませんが。

とにかくそんなことですから、「諸君は鼓腹撃壌《こふくげきじょう》帝力《ていりょく》なんぞ我にあらんや、そんな会社にしろよ」。食えなかった人間達ですが、「タラふく食べて鼓のようなお腹になってあまり大きいから、ぽんぽん叩いている。天子様の力なんかは何もありゃしないじゃないか。お天子様の力は何もわれわれにご利益を施していないじゃないか。それが本当のそごうの姿だよ。これが理想だよ。これに向かってもっと努力しろ。会社がよくなると他人は「社員を人物」だと誉めるし、会社が駄目になると人物だと言われたその人は唯の石ころになるのだ。だから会社の隆昌を図らねば君達は人物にもなり石ころにもなる。会社次第だよ」と申しました。

それから、会社がよくなると社員は益々よく働くんですが、またここに問題が出てくるんです。人間は自分が偉くなると勉強しなくなる。若い人はどんどん勉強してくるでしょう。そうすると、管理職がある程度の能力は持っているがこれ以上に部下が能力持ってくると、嫌がるのです。自分より下の人がよくできると、面白くない。したがって、スポイルするんです。その部門は決してよくなりません。人間はジェラシーの動物ですから、自分より下の人が偉くなることを自分の水準で抑えてしまいます。その部下は上司以上に伸びられない、従ってその部門は上司の能力で止って了《しま》う。こういうときには思い切った人事の刷新をすべきです。どこの会社も従業員の方がたくさんおられるでしょうが、みんな自分の分野分野を守っていきます。それで、私どもはとにかく会社のために働くなんてばかなことを言うな。会社に忠誠心を尽くせと申してもこの頃の若い人はなかなか聞きません。そこで私は次の様に話すのです。「君等は社会人として、この世の一人の人間として存在しているんだ。おれは自分のために生きているんだと言うだろう。会社の為に働くと言うのが嫌なら会社のためでなく、自分自身のために働くのだと思え」と。そうすると会社のためという義務感から解放され自分のためという楽しい我欲感に変化します。とにかく欲が出て一生懸命やります。自己の目的設定と同じような現象を持ってまいります。そこで「君達はその部門の社長だと思え。使用人と思うな。君達は企業参加者である」と強く申し渡します。そして、「物事をあまり恐れてはいかんよ。エンタープライズは進取の気性だ、冒険だよ、あまり恐れるな」。しかし、「社長、これぐらいやって成功しなかったら申し訳ない」と言うから、「いや、どうでもいい、そんなものは。過ちなくして何にもせずに朝から晩まで月給を取って、与えられた仕事だけしているのでは、大過、大きな過ちのない人間だ。そんなものは官吏になればいいじゃないか。官吏は余計なことをすると傷ついてしまうけれども、大過なくしてじっと年限を待っていれば、課長、部長、局長になって次官にもなっていく。そんな人はそごうにはいらない。過ちがあって、トライして、試みて成功があるんだ。失敗してもよろしい。何もしない人間より遙かに将来に希望がもてる人間だ。朝来て晩に定時に帰るような人はそごうにはいらない」と言っています。大きな冒険をたくさんさせてきました。半分は浪費でした。それで結構です。半分成功すればいいほうです。

七、施無畏《せむい》

そのときに、「施無畏」をよくしゃべったんですが、やはり怖がるんです。私がいくら言ってもだめです。そこで「君達は皆東京に住んでいるんだから、また関西の人は東京へ来たら浅草の観音様へ参ってきなさい」「なんで参るんですか」「いいからおれの言うことを聞いて浅草へ行っておいで。仕事がうまくいかなくて、くしゃくしゃしたら、とにかく浅草へ行って来なさい。観音様にお参りすると無刀流の達人、山岡鉄舟の『施無畏』の三文字が雄渾卓抜の形を整えて偏額に収まっている。あれを見て来い。じっと三分間だけそれを睨《にら》んで来い。他人に施す許《ばか》りでなく、時には自分を無畏にしなさい。君等は観音さんはやさしいお慈悲がある仏さんだと思ったらとんでもないことだ。観音様はきつい。だから、『施無畏』という文字がぴったりの仏さまだ。ジッと仰いでいると、ようし！という気持ちになるから」と申しています。ただお参りしてお金を差し上げて拝む許《ばか》りでなく本堂の中に入り正面の三文字を三分間じっと睨んで見て下さい。きっと勇気がわいてきますよ。

さて、勇気をもって人間どんなに努力しても時々物事が行き詰まる、即ち窮することが時々あります。窮すれば通ずと申しますが、窮してもなかなか通じないでしょう。知恵をしぼって一寸変じて見なさい。変ずれば通じます。即ち窮すれば変じ変ずれば通じるのです。

八、将来とは「只今」のこと

それから、よく会社の将来ということを聞かれます。会社の将来は国内はおろかどんどん外国へでも行って、いろいろグローバルな仕事をする。いろいろなことがお互いに摩擦し合って、相乗効果をもたらす。こういうのはシナジーの理論です。お互いに混ざって、摩擦とか核分裂を起こし企業はだんだん大きくなるんだ。こんなことはどんな本にも書いてあり、亀の子の図を描いて、みんなシナジ―の理論をやっておりますが、将来は国際化とか多収益方面へどんどん進出していって、それが会社全体としてはコングロマリットとなりシナジーの理論を生むんだと、皆さんご存じのとおりです。私どものそごうにとって将来とは何年先を言うのか。正受老人《しょうじゅ》が言う如く、人間の世界において「将来とは、今日、ただいま、足下にあり」、そごうにとっても正にこれが将来だ。一刻も揺るがすことは相ならん。いまが将来なのだ。そして、非常にスパルタ式の教育を授けてきました。

一兆円を今年の一月二十日に達成しましたけれども、こんなものは何でもありません。この瞬間も従業員たちは一生懸命働いているでしょう。お互い只今が将来なんです。私はこの正受老人の言葉に非常な感動を覚えます。将来、それは今だよ。先のことは考えず只今が将来と思って撓《たゆ》まず努力していると、いつか大将来になっていきます。将来は先でなく未来でなく正に「今日、ただいま、足下にあります」。大きな夢も希望も只今からこつこつやって下さい。

九、脚下照顧《きゃっかしょうこ》

それから、企業家は常に冒険と進取の気性即ち闘魂をもって勇猛果敢に仕事を進めます。反面は皆危険、失敗です。熟慮断行といわれる所以《ゆえん》です。したがって、あまり油断してはいけないということです。私の友人に山岡荘八という人がいました。元来巡査なんですが、後から小説家になりました。それが「徳川家康」を書きました。世の経営者達はあれを経営の書だといって一時大流行しました。私のところへも全巻送って頂きましたけれども、私は読みませんでした。「君は徳川家康といつ会って、こんなに大きな本を書いたんだ。これは山岡家康じゃないか」。まだ積んであります。ところが、当時の経営者は銀行の頭取から、大会社の社長は勿論、一般社員に至るまで経営の書としてみんなあれを読んだものです。ただ一つ、私は彼に教えられたことがあります。それは「おれは有頂天になって、柳生の里を買ってしまったんだ。石舟齋から十兵衛三厳」、「とにかく柳生で飛騨守までみんな君が買ったのか、偉いものだ」と言ったら、「水島さん、いっぺん行って見て来いよ」。「なぜだ」、「この武家屋敷に切り廊下がある。そこにあの剣豪でもひょっとすると、敵がいつ来るか分からないから真っ正面ばかり見る。そうすると、足下を踏み外す。ああいう武家の切り廊下にも、『脚下照顧』と書いてあるから、いっぺん見てこいよ」というわけです。それで、見に行ったんです。なるほど約一メートル位廊下が切ってあって、ポンと渡ろうとすると、足下に「脚下照顧」と書いてあります。勿論現在は参観者の注意を促す為でしょうが、然しこれは事業をやる上で非常に参考になる言葉です。ともすれば飛び越えようとする。けがをします。脚を折ります。一度足下を見つめて注意して渡れば難なく廊下は渡れます。事業もそういうものだろうと思います。この脚下照顧を私ども社員の戒めにしております。

十、神を信じ人事を尽くす

経営者の企業姿勢はどうなのか。「経営と心」の問題はどうなるのか。これについて昨今論語がどんどんはやるものですから、経営の心得にみんな論語を説くようになりましたが、現代のこんなに激しい世の中を論語や儒教だけで御していけるのでしょうか。現代の人たちは「絶対」を信じません。「いまや神は死んだ」と言っています。人間の世界だ。神にも絶対がないんだ。神を人間に置き換えて、人間の世の中といったところで、絶対はないんだ、とする。現代以前の日本も中国民族の伝統的精神文化の支柱となったところの儒教、即ち仁を根底として政治経済を説いた孔子の教説を守って来ました。即ち、政治論型思想を承継した儒家達の学問は、個人の道徳的修養と徳治主義の政治を尊重して来ました。そして日本では応神天皇の頃論語が伝来し、以後我が国の政治文化に大きな影響を与えて来たのであります。神田の昌平黌などを考えて見て下さい。明治維新にもなるとあそこで学んだ中村正直さんは、やっぱり神の時代よりもスマイルズの「西国立志編」を明治から盛んに敷衍《ふえん》していったのです。したがって、セルフヘルプです。

こういうのが明治からの流行になって、特に第二次大戦後一時儒教は日本から遠ざかったが、昨今は又儒教、論語の大流行です。われわれが子供のときは「人事を尽くして人命を待つ」ということを盛んに教わったのですが、孔子はあんなことは余り言っていません—私の読んだ限りでは—。彼が五十歳になったとき、『天命を知る』ということ。それから、自分が内心師匠と仰いだ弟子の顔回が死んだとき、「天は自分を見捨てた」と二回も繰り返して悲しんでおります。あまり天とか命とか天命とかという言葉を日本の学者連中が騒ぐほど、孔子の論語には出てきません。人事を尽くして後、ぼんやりと天命を待っていたのでは、現代の激しい企業間競争に遅れてしまってどうにもこうにもなりません。だから、やはり「天命を信じて人事を尽くす」ということに書き換えてしまわなければなりません。井上靖さんの「孔子」を読むと蔫薑《えんきょう》という一人の架空の人物をこしらえています。しかし、このような人物はいません。いくら読んでも蔫薑なんて人は出てきません。彼を小説の解説者にしているのですが、かれは「人事を尽くして天命を待つ」のか、「天命を信じて人事を尽くす」のかちょっと迷っています。現代の風潮は絶対性を否定して神を否定するのですが、しかししょせん人間は弱いものです。神さんや仏さんに私の事業がよくなりますようにといくら拝んでも、よくなりっこないのです。神も仏もあるものかと怨みます。よくなったら、世の中に失敗する人はいません。

私は度々ローマ法王にお目にかかりました。そうすると、「君はローマ法王によく会っているけれども、カソリックかい」と言う。「冗談じゃないよ。おれはローマ法王と会って、宗教の話なんかしたことないよ」。宗教ということを冷静に考えると訳が分かりません。大体キリスト教でもオカルトでしょう。アラブの宗教は中国を侵すことはできませんでした。そうかといって、孔子の儒教が宗教かというと、そうではありません。あれは教条です。中国みたいにあんなに儒教が発達すると、西洋の宗教が入る余地がなかったのではないでしょうか。皆失敗しています。いったい、神を信じて拝んでも、何の御利益もない。「苦しいときの神頼み」だなんて──実際、効果はない。しかしどんな事業の経営者、社員でも心労でやりきれないときは効果がなくても、うまくいかないと分かっておりながらも、やっぱり苦しいときの神頼みで何か事業を助けてください、成功させてくださいと拝む。なるときもあるし、ならないときもある。それでいいんじゃないでしょうか。それが天であり、命であるのではないでしょうか。「天は自ら助くるものを助く」といったところで、いくら一生懸命やってみても助けてくれない場合がある。それでも、神仏や天を拝むことが絶えない。それは自分が何か心によりどころを求める、心の棒です。だから、やはり「神を信じて人事を尽くす」、人事を尽くして天命を待つは現代の世の中ではもう時代遅れになってきました。役に立とうが立つまいが、おれは神を信じているといって、心に安定感を持つ。心棒を持つ。それだけで、経営者としては恩恵をこうむっていることになるんじゃないでしょうか。だから、私はやっぱり神や仏に頼っております。何も効果はありません。それでも、何かほっとした安定感、心の安らぎを覚えます。それがどんな結果になろうが孔子の言う天命ではないでしょうか。

孔子は顔回が逝ったとき、天はもう自分を見捨てたと言っている。天はそんなものです。命といってもそんなものです。だから、心の中で神を信じて、よし！という気持ち、心の中に心棒を支えるだけで何か目に見えない神、いわゆる経営の中で安定した精神状態を保てるのは、やはり神を信じてどんなに苦しんでも、神の摂理を心の中に自分で製造して、自分で販売する。神様を自分で製造して、自分で販売しておればいいんです。何か皆さんもきっと「なるほどお前の言うとおりだ。なにか知らないけれども、あまり御利益がないけれども、神を信じると心が休まるな。これは決して現実の御利益はないかも知れないけれどな」と思われます。そうなって頂ければ倖せです。

なぜこんなことを申し上げるかというと、競争が激しいと心が弱るのです。競争に耐え兼ねる。仮に同業者が自分の隣に来た場合を考えると自分の売り上げが半分になってしまう、倒産してしまう。それぐらい日本人は嫌がる。そして、昔から「隣の失敗は鴨の味だ」と言い乍《なが》ら表面は「お気の毒様」と言って心の中でほくそえんでいる。ところが、中国人は自分の中国料理が成功すると沢山の同僚を呼んでくる。あれは儒教のお陰です。自分が成功するでしょう。これは売れるぞというと、独占しないのです。みんな来いよ、来いよ。それでますます盛んになる。ますますみんな恩恵をこうむる。これは日本人と中国人の差です。ともあれ負けると、さっき言ったようにみんな隣の失敗は鴨の味だというぐらいですから、あなた方が失敗すると、銀行でも最初は「しようがない、気の毒だったな。相手が悪かったよ。時世だからな。運が悪かった」、ここまで来る。

そして、この同情はたった三日するとどういうことに変貌するかというと、「結局、運も悪かったと言ってあいつを慰めた、相手が悪かったと言って慰めた。しかし、あの失敗は結局彼に力がなかったんだよ」に変わる。失敗すると、同情は三日もすると軽蔑に変わります。恐ろしいことです。そして、一人去り、二人去り、最後はみんなが去って、銀行までも見放してしまう。だから、企業は常に非情なものだと思っております。

十一、人材とは

自分の会社は人材が少ないが君のところは人材が多いとよく言われますが、人材とはいったい何のことでしょうか。先ず会社に対する貢献度、即ち力量による実績の面と一方衆望を集める徳性の面から考察してゆかねばなりません。近代経営主義から見ると概ね実績主義に傾きがちですが、経営集団から見ると個人の能力が如何に勝れていても現代の集団経営組織から見ると後者も大きな重要性を帯びてきます。例えば、みなさんの中で欧州の商品に詳しい、語学もよくできる人間がいるでしょう。彼は「能力者」でしょうが人材でしょうか。これは確かにある意味においては優秀な人間ですが、彼は如何に会社の為に貢献したか。単なる物識り、単なる評論家であっては勿論人材ではありません。従って力の面で人材とは寝食を忘れて働き会社を儲けさせてくれる人です。会社の利益を上げ給与の根源を潤し、配当を多くし株価を上げてくれる人です。高邁《こうまい》な世界経済を論じても儲ける人でなければ問題になりません。非営業部門においても同様です。

けれども、その人間に人が皆付いていくのか。人材とはやはり力ばかりではなく、力プラス徳がなければなりません。力と徳が兼ね備わるべきです。この二つがないと人材ではありません。上に立つ人は「己の欲せざる所を人に施す勿れ」即ち恕、思いやりの心がなければなりません。やはりこういう王道の精神にのっとって、思いやり、人に愛される、人が慕う。だから、力量プラス徳性でないと、力がいくらあっても人が付いていかなかったら、その職域を治める能力がありません。その会社はやはり進展しません。

よく言うじゃありませんか。「北辰《ほくしん》そのところに居《お》りて、衆星《しゅじょう》の之に共《む》かうが如し」、北辰は北極星です。北極星みたいな人間がいて、衆星ともに共かう。即ち皆んながその人の下に集まる、こういう人でないと困るんです。どこの会社でもそんな人間が二人や三人はいるものです。そこで先ずそんな人を第一に重用して下さい。孔子ではないけれども物事は「近くより遠きに及ぼす」こんな考えの人は会社の直属の部下をよく治めて説《よろこ》ばす。即ち近者に徳を施して説ばすとその噂を聞いて遠くからも人が集まってくる。「近者説遠者来」これは孔子の言葉です。こういう人が会社に多くいれば人材の多い会社ということになります。

十二、心の時代

いまから数年前に、「これからは物の時代から心の時代に入っていくんだ」ということが盛んに言われました。松下幸之助さんの言葉かと思いますが、ラジオやテレビ、耐久消費財が売れなくなると、これから感性の時代だ、物の時代から心の時代だ。これは本当でしょうか。心の時代だと言って心許《ばか》り売っていたら会社はつぶれます。心の時代はそうでなく、物を売るときに心をよく使えということです。松下さんがこんなことを言うと、草柳大蔵さんは真っ向から反対される。「松下幸之助が心の時代というのは承服出来ない。仏さんだって千年、二千年かかっているんだ。キリストだって二千年近くして漸く心の時代を迎える。八十年や九十年生きてナショナルをつくったからって、心の時代とは何事だ」と。これはどっちにも言い分があるんですが、やはり物を売るときに心をうんと使えよ、感性の時代だ。若者に合うように、時代の波長に合うように、消費者の心に合うように心を使えという意味にとれば、別に大したこともないだろう。数年前そういう言葉がずいぶんはやりました。今はこんな言葉も風化しました。感性と理論は一致するのでしょうか、背反するのでしょうか。これからの皆さんの認識の問題ですね。現代の経営社会に果たして特に老齢化した会社にあって心の時代、感性の時代と言うことが今でもどの位自覚されているでしょうか。大きな疑問です。現代の会社組織は未だに年功序列、終身雇用制度でしょう。若者は二十五歳から三十五歳頃までは三倍働いて給料は三分の一位でしょう。反対に中、高年、老齢者四十歳以上の人間は三分の一の働きで給料は三倍でしょう。これで会社は大丈夫なのでしょうか。潰れませんか。ここでも能力と経験の比較の問題が存在します。経営の感性と理論を商品の販売面許《ばか》りでなくこんな方面にも及ぼし検討したいものです。

こんな世の中ですから人からよく貴方の経営信条如何と訊かれますが、私はそんな時「平凡な原則に非凡な努力」と答えています。神は現世にそれ程多くの非凡な原則を与えていません。摩訶不思議な物理的、化学的現象も元来この平凡な原則の拡大、応用、類推からの発明、発見に過ぎないのではないでしょうか。何故ならば人間の知恵は無限ですから。さっき原油の話をしましたけれども、オイルショックは昭和四十九年でしたか。当時は三十年で世界中の石油は皆なくなると言われましたが、まだあるじゃないですか。仮に石油が数十年、石炭は百年で地球上からなくなるとしましょうか。そうしたら、人類は滅びるかというと、私は滅びないと思う。なぜならば、太陽があります。いまは石炭や石油の時代から、私の空想ですが、やがて太陽の時代が来るんではないか。そうすると、太陽熱の発電で三百メートル下の真っ暗な深海はこうこうと明るくなり人類の都会のようになります。だから、そういう時代が来るのではないか。やはり人類はそんなに簡単に滅びない、太陽があるじゃないか。小さな「経営の心」を離れ三十歳を引いてこんなことを空想するのも人間の感性、心の動き、心の時代と言えないでしょうか。勿論「経営の心」ではありませんが、経営者の皆さんも時にはこんな空想を心に描かれては如何ですか、三十歳若返って。情熱的になりますよ。

むすび

私の尊敬する友人ですが、一本のトマトに一万個—私の行ったときは五千個ぐらいしかなかったけれども—をならせる野沢博士がおります。この人は非常に謙虚な方です。「経営の心」はこの謙虚さの中に存在しているのでしょう。植物学者であり工学者であるけれども、科学は一つの

account（計算）とexperience（経験）である程度結論が出せる。ところが、植物の生命は自分の経験からいうと計算ではできない、経験ではできない。これは一面非常に科学的であるように思えるけれども、「宗教ですよ」。トマトをあれだけならすことは宗教です。分かりますか、心です。「宗教ですよ」と野沢博士は私に教えてくれました。神秘的な話です。経営者は心を打たれますね。リコーの市村清さんは私の友達でしたけれども、生前優秀会社二百社のうちほとんどがワンマン経営だった。集団指導は数社だけだった。だから、自分はワンマン経営をしていると言いました。企業上の「勝機一瞬にして去る」速戦即決、衆議を待っていたんでは遅い、交渉が敗れるというときにはワンマン社長もいいでしょう。一面ときがあって、じっくり衆議を重ねて結論を出す、集団指導の経営、どちらがいいのかはときと場合によりけりでしょう。非常に急な事態が続き、銀行も会社の首脳部もどうもこのまま集団でやっていたのではいけない、優秀な一人の経営者に任そうというときはワンマン経営にならざるを得ないでしょう。非常に難しいですね。ここで私の好きな言葉を申し上げましょう。経営の途上、何か焦られた時、皆さんの心の中に留めておいて下さい。「大河はゆっくりと流れる。幸せはゆっくりとやって来る」。私のいちばん好きな言葉です。さて人材とはいま申し上げましたように、自分より偉い人すなわち技術的、人間的にも非常に優れた人だ。こんなふうに締めくくってみると簡単なんですが、果たしてそういう人がこの世に幾人いるのでしょうか。ともあれ、最後に皆さんと一緒にこの人材論について、アンドリュー・カーネギーの墓碑銘を偲びましょう。

『自分より賢明なる者を周囲から集め得る術を心得し者、ここに眠る』

『明るい窓』一九六四年六月（聖ルカ人間ドック一〇年記念特集号）・聖路加国際病院

人間ドック同窓会挨拶

水島廣雄

今日は新緑の、しかもこんないいお天気に恵まれまして、第十回人間ドック同窓会を催すことが出来ましたことを皆様と共にお喜び申し上げます。

昭和二十九年に初めてこの人間ドックの同窓会を開きましてから今日に至る迄、会員総数三、五〇〇名を越えるという盛況になった旨を病院当局からお聞きしまして、唯々驚いております。とりわけ五年前の第五回人間ドック同窓会は、二五〇名でこの盛会を祝し合ったのでございますが、五年後の今日は、お天気のせいかご出席の方も多く、病院側の調べでは三三〇名を優に越えるだろうというようなことで、大変な盛況でございます。

私共と致しましては、この十周年に何か病院側に対してお礼の気持と申しますか、感謝のしると申しますか、記念になるものを残したいということで、幹事一同お計り申し上げた結果、十周年記念の植樹をすることになりまして、ただ今、三笠宮殿下もお手をとって下さいまして、めでたくモクレンの植樹祭を終らせていただきました。光栄これに過ぎるものはございません。

このドック同窓会の創立の趣旨につきましては、過去二、三回申し上げて来たのでございますが、今日は特に多数のご出席者がおありのようでありますので、改めて述べさせていただきます。

この同窓会が設立された趣旨は、まず第一に病院の諸先生、特に医師の方に対する感謝の念でございます。それから次には、看護婦さん並びに事務の方々に対する感謝の念でございます。と申しますのは、皆様もご経験がおありと思いますが、どこの病院に行きましても、先生が非常に不親切であったり、つっけんどんであったりすることが度々ございますが、当病院では、橋本院長先生のもとに諸先生方は、私共患者を非常に親切に扱って下さいます。又看護の方々も皆非常に身だしなみがよく、教養もおありになる方々ばかりで、これ又私達に対して非常に親切にしていただきました。事務の方々も非常によく訓練を積んでいらして、ことごとに私共は病院の親切さを身にしみて感じた訳であります。この様にこの聖路加病院は、先生方、看護婦さんそして事務の方々と三位一体となって親切で満ち溢れております。私共はこういう病院が東京に二つあるとは思いませんし、こういう有難い病院にご縁を持ったのだから、年に一度は集まって病院の皆様方に感謝を申し上げたいと願ったのであります。これが第一の趣旨であります。

次に、私共はドックを出ましてからその後の自分の健康がどうなっているか分らない。先生方も大変お忙しくて心安くお訊ね出来ない。だから皆が一堂に集り、緑の中で食事や飲物を頂き乍ら、和気あいあいの中で先生にその後の自分の健康についてご相談申し上げたり、或は先生からのご注意を受けたりして、自分の健康について会員の皆様方が気軽に相談出来るということで、こういう会を催すことは大きな意義があると考えたのであります。これが第二の趣旨であります。

第三は、こういう設備の良い、又こういう親切な諸先生、ナースの方々並びに事務の方々を擁する病院を、人間ドックにお入りになった方は六日間で経験されたのですが、今日この会にご出席された友人知人の方々は、こういう中で、人間ドックにお入りになった方々の模様を改めて膚にふれて如実に観察していただきたい。そしてこの雰囲気の中から、未だ人間ドックにお入りになっていない方が一人でも多く、明日からでも早速入院を申込まれることを希望しますと同時に健康の点で悩んでいる人に、一人でも多く聖ルカ人間ドックの診察を受けるようにお勧め願いたい。これはこの会の趣旨から申しますと、副次的な価値のように思いますが、実は社会的に最も貢献しているのは、この第三点なのでございます。

以上の三つが、この同窓会を持ちました私共発起人の趣旨でございます。

今日は丁度十周年にあたりますので、人間ドック同窓会という外に何か副題をつけていただきたいと橋本院長にお願いしましたら、「美の祭典」にちなんで「健康の祭典」という副題はどうかということで、今日は、第十回人間ドックの同窓会に、わざわざ「健康の祭典」という副題をつけさせていただきました。

先程ご報告申し上げましたように、このモクレンが年を追って大きくなっていきますが、この会もあの白いモクレンと同じ様に年を追って大きくなっていくことを祈りまして、幹事のご挨拶を終らせていただきます。

本日は、どうも有難うございました。

（法学博士・そごう百貨店社長）

『ＰＨＰ』一九六九年六月号（特集・ひとりではなかった）・ＰＨＰ研究所

人の間——無力な自分が知ったこと——

十合社長　水島廣雄

一九五七年暁春《ぎょうしゅん》。葉のない幽霊《ゆうれい》のような巨木。灰色のビルをおおうスモッグ。太陽のない町ロンドンには陰鬱《いんうつ》な日がつづいた。

法務省と最高裁判所の委嘱《いしょく》を受け、イギリス浮動担保《たんぽ》制度の研究に来ていた私にもこの気候のような憂鬱《ゆううつ》な日がかさなった。調査がようやく困難にさしかかったからである。加うるに国会の関係上早急に作業を仕上げねばならず、企業担保法の立案は私の帰国待ち、という空気が強いとの通知を受けると、渡英前の自信は日とともにうすれ焦慮《しょうりょ》はたかまるばかりであった。

おかげさまで、イギリスの人びとは自国の法律が日本に移植されるというのできわめて好意的であった。まず、ロンドン大学ギャワー教授は講義後も自分の研究室で懇切な助言をしてくれ、日本人になじみの多いサッチャー弁護士はマグナス弁護士を伴い、到着当時から離英まで、裁判所、銀行、登記所など骨身を惜しまず引き回してくれた。社債発行の実務はミッドランド銀行のライダー弁護士、不動産登記は土地登記所のルーオフ氏、制度の効果については法曹《ほうそう》界の重鎮《じゅうちん》レイン弁護士、最も重要な会社登記についてはブッシュハウス（商業登記所）のホアマン氏などからなみなみならぬ協力を受けた。また宿舎ケンヂントンパレスホテルのペッチェリー君は身辺にまで細《こま》かく気をつかってくれた。ロンドンでの数々の楽しさは彼の案内に負うところが多かった。

とくに昨年、ともに故人となったサッチャー氏とホアマン氏の懇情は永久に忘れえない。ときどき聞いたこともない言葉にガックリすると「日本人の英語では無理だよ、イギリス人だって英語が解《わか》らないんだから」と慰めながら、その日その日のまとめをしてくれた。次にホアマン老は多忙にもかかわらず六時ごろまで説明をつづけてくれた。「あなたの仕事をじゃましたことをおわびする。この次またお願いする」「実は自分は明後日、もう定年で退職する」とニッコリした。目を細く、口を小さくして。これが一生をこの仕事にささげ、いまその終わりを告げる二日前の勤め人の態度であろうか。しかも「まだ退職までに明日と明後日と二日ある。疑問があればまた来たまえ」には恐れいった。二日後に再度彼を訪ねた。質疑応答の末、五時になると「ああただ今、この時間で私は退職したのだ」と再び慈顔をほころばせた。そこには去り行く者の何のさびしさも、老いたる者の何の憂いも見い出されない。否、すべてを果したときの何かホッとした暖かい安心さえおぼえているようであった。

昭和三三年四月。紆余曲折《うよきょくせつ》の後、企業担保法は幸いにもその制定をみた。この法律はいまだに私の功業のように過大評価されるらしいが、実情を打ちあけると右のようにまったくお粗末なことで、私の研究調査の一応のまとめは実は彼らの所説の集約に近いもので、まったく私「一人ではなかった」のである。

企業担保法はすでに一一年を数え、現在、八幡、富士、鋼管、川鉄、日通、東芝、日立などに利用され、その社債発行総額は優に四千億円を越えている。もし私にこれら英国人の指導援助がなかったならば、この法律は成立していなかったかもしれない。彼らこそ日本企業担保法のかくれたる恩人である。元来イギリス人はとっつきの悪い人種のようにいわれるが、これは私に関するかぎり大きなまちがいであった。異郷にあって、無力な悲しい自分が知ったことはいかなるときにおいても世の中は「一人でない」ということであった。

私どもは「人より人間へ」ということを聞く。人は両足で立つ。独立独歩、人生最後に頼《たよ》れるものは自分のみと自信をもった個人の意識は、往々にしていつのまにか「人の間」ということ、すなわち人間という認識に変転してゆく。一見、自己の実力だけで生きているように思われる彫刻家、画家、歌手さらには学者にしても、先人恩師などより基礎知識を学び、しかも生きるために現在もその周囲の人びとと紐帯《ちゅうたい》を結んでいる。こう見るとすべての人びとはいつの日か必ず「この世は一人ではなかった」と嘆ずることであろう。

(『阿部君最後の手紙――学友の意見と願い』に再録)

資料

水島廣雄の年譜、論文・著書等と、本書制作にあたって参考とした主な資料・書籍等を記載しました。

水島廣雄　年譜

一九一二年　四月一五日、京都府加佐郡東大浦村字成生（現在の舞鶴市）に水島豊蔵とはまの長男として生まれる
一九二五年　三月、田井尋常小学校を卒業。四月、一二歳で明倫高等小学校に進学。舞鶴市内の親戚宅に下宿
一九二七年　一四歳。海軍軍人佐久間勉に憧れ、旧制・福井県立小浜中学校を受験、合格。通学のため遠縁の堀口家に下宿
一九二八年　四月、京都農林学校農業科に転入学
一九二九年　修学旅行で満州を訪れる
一九三〇年　三月、京都農林学校を卒業し、故郷成生に戻る
一九三一年　一一月、一九歳。再び京都へ。恩師・藤島益雄が住む新日吉神社に下宿。学資を稼ぐため、アルバイトに明け暮れる日々を送る
一九三二年　四月、上京し、旧制・拓殖大学予科に入学。夢を抱き、休学して満州に渡るも、失意で帰国し復学
一九三三年　四月、旧制・中央大学法学部に入学。在学中三年間特待生を維持
一九三六年　三月、二四歳。中央大学法学部英法科卒業。成績優秀者として銀時計を贈られる。

一九三八年　四月、日本興業銀行入行、福島支店配属
一九三九年　四月、結婚
一九四三年　本店証券部信託課に異動、浅草に居を構える
一九四五年　九月、離婚。この頃、大阪支店に転勤
一九四九年　三月五日、上原平太郎の次女・静（二五歳）と結婚。大阪で新婚生活を始める
一九五二年　東京に転勤。世田谷区北沢三丁目に居を移す。日本興業銀行に勤務しつつ中央大学の講師となる
一九五三年　戦後、民間の普通銀行となった日本興業銀行が長期信用銀行の分類となる
一九五四年　学位論文として「浮動擔保の研究（フローティング・チャージ）」を発表。一〇月、「毎日学術奨励金」受賞（奨励金三〇万円）。一一月、法学博士の学位取得
一九五五年　東洋大学法学部の独立のための法学部設立準備委員会に参画を要請される。同年、司法学会にて「イギリス企業担保法」の講義を行う
一九五六年　七月、聖路加国際病院が前年から始めた人間ドックを初めて受診。「人間ドック同窓会」会長となり亡くなるまで務める
一九五七年　東洋大法学部が文部省から認可され、同大法学部専任教授となる
　　　　　　一月、法務省と最高裁判所の委嘱により、イギリスに「浮動担保制度」の調査研究のため留学。帰国後、法制審議会委員。同年、東京・有楽町読売会館にそごう東京店が開店

一九五八年　三月、日本興業銀行退職。退職時の役職は特別調査室付考査役。四月、そごうに副社長として入社。四六歳。同年、法律第一〇六号「企業担保法」成立
一九六〇年　一一月、そごう社長・坂内義雄が急逝。一二月に取締役会で後任社長に大和銀行出身の若菜三良が社長に就任するも、水島らが反発。大宅壮一に「財界の松川事件」と命名される騒動に発展する
一九六一年　一〇月、朝日麦酒社長山本為三郎の仲裁で若菜三良が退任、代表取締役副社長の水島が社長の職を代行することになる。同年、東洋大学理事に就任
一九六二年　四月、株主総会でそごう社長に就任。五〇歳
一九六三年　そごう各店舗を巡回。「第一次経営合理化策」計画書を全役付に配付
一九六五年　「第一次経営合理化」策のもと、社長就任四期目で黒字化を達成
一九六七年　三月、千葉そごうが千葉市内で最も大きな百貨店として開店。同月、神戸・三宮室町殖産ビル内にそごう神戸店が増床、開店。同年より中央大学、東洋大学、大東文化大学の各法人理事に就任する
一九七一年　七月、松山市駅に、伊予鉄道と合弁のいよてつそごう開店
一九七三年　一〇月、千葉県柏市駅前に、柏そごう開店。同年、ジャパンライン事件
一九七四年　一〇月、広島そごう開店
一九七六年　信託法学会設立に参画し理事に就任
一九七八年　九月、北海道初進出となる札幌そごうが札幌駅前に開店。一〇月、千葉・木更津そごう開店

一九七九年　九州初進出となる黒崎そごう開店。念願の「十合＝一〇店舗体制」を達成
一九八〇年　そごう創業一五〇周年。「二〇店舗・ダブルそごう」を目指す。同年、聖路加国際病院法人理事となり、二〇〇七年まで務める
一九八一年　一月、そごう創業一五〇周年記念事業として、「大ヴァチカン展」をそごう東京店で開催。全国八会場を巡回。三月、イタリア政府からコマンドール（芸術文化勲章を受ける。四月、千葉県・船橋そごう開店
一九八二年　六月、ローマ法王から聖シルヴェステル勲章を受ける
一九八三年　四月一五日、「東京ディズニーランド」開業。人気アトラクション「It's a Small World」のオフィシャルスポンサーとなる。六月、長野そごう開店。一〇月、四国に二店舗目の徳島そごう、八王子そごう開店。同年、東洋大学を七〇歳で定年退官、名誉教授となる。中央大学講師も定年、最終講義を行う
一九八四年　一月、シンガポール開発銀行と合弁でそごうシンガポールの会社設立。一二月に初の海外店舗・そごうタイランドが開店。神戸店新館開館
一九八五年　五月、香港そごう開店。九月、百貨店業界初となる「財団法人そごう美術館」を併設した横浜そごう開店
一九八六年　一〇月、シンガポールそごうに隣接する二店舗目が開店
一九八七年　三月、大宮そごうが開店し、「レインボーの法則」による出店計画が完了。一一月、台湾の台北に太平洋そごうが開店し「二〇店舗・ダブルそごう」を達成

一九八八年　三月、ローマ法王から大十字勲章を受ける。一〇月、豊田そごう開店
一九八九年　九月、加古川そごう、一〇月、奈良そごう、多摩そごう、一二月マレーシア・ペナンそごう開店
一九九〇年　三月、呉そごう、インドネシアそごう、一〇月、西神そごう、一二月、タイにエラワンそごう開店
一九九一年　一〇月、川口そごう開店。「三〇店舗・トリプルそごう」達成
一九九二年　そごうバルセロナ、茂原そごう、柚木そごう開店
一九九三年　三月、ローマ法王庁から大聖グレゴリー勲章騎士団長位を受ける。同年、横浜そごうに「平木浮世絵美術館」開設
一九九四年　五月、株主総会にて岩村榮一が株式会社そごう社長に就任。水島は代表取締役会長となる。一〇月、柚木そごう閉店
一九九五年　一月一七日、阪神淡路大震災
一九九六年　そごう神戸店復興。そごうバルセロナ閉店。スペイン国王よりイザベル・カトリック女王エンコミエンダ勲章を受ける
一九九七年　二月、錦糸町そごう開店
一九九八年　四月、フランス政府よりレジオン・ドヌール勲章を受ける。一〇月、主力行の一つである日本長期信用銀行破綻
二〇〇〇年　八八歳。四月、会長職を辞任、茂原そごう閉店。七月一二日、民事再生法適用を申請し事実上倒産。七月二六日、再生手続き開始

二〇〇一年　五月二五日、強制執行妨害罪で逮捕
二〇〇六年　八月、強制執行妨害罪で懲役一年六カ月、執行猶予四年の判決が確定。同年、そごう・西武はセブン&アイ・ホールディングスの完全子会社となる
二〇一二年　四月一五日、「水島廣雄先生百寿をお祝いする会」がホテルオークラ東京別館で開催される。一一月二六日、妻・静他界。戒名「寿泉院和敬静恭大姉」
二〇一四年　七月二八日、聖路加国際病院で心不全のため一〇二歳の生涯を終える。戒名「法泉院隆昌廣博居士」。遺骨は冨士霊園に妻・静とともに納められるとともに、分骨され故郷の成生・西徳寺の水島家代々の墓にも納められる

水島廣雄　主な論文・著書等

著書

『家庭の法律百科』（共著／一九五〇年・日本評論社）
『信託法史論　1』（一九五八年・学陽書房）
『信託法史論　2』（一九五八年・学陽書房）
『我が法制における信託の観念』（一九六〇年・学陽書房）
『契約法大系　V　特殊の契約』（一九六三年・有斐閣）
『民事法学辞典』（共著／執筆担当＝抵当証券／一般抵当／企業担保／浮動担保／証券抵当　一九六三年・有斐閣）
『民法基本問題150講（総則・物権）』（共著／執筆担当＝総則・物権／譲渡担保　一九六六年・一粒社）
『株式会社辞典』（共著／執筆担当＝企業担保法／浮動担保／フローティング・チャージ／工場抵当／財団抵当　一九七〇年・同人社）
『二重信託』（一九七四年・学陽書房）
『特殊担保法要義　企業担保法制論綱』（一九七九年・八千代出版）
『増補特殊担保法要義　企業担保法制論綱』（一九九一年・八千代出版）

翻訳

『Factory Hypothecation Law』（一九五五年・英文法会社）

論文・解説等

「所謂火災保険金増額（復舊）承認書の發行と質權者の地位」（『銀行研究』一九四〇年七月号・文雅堂銀行研究社）

「船舶公團と船主との船舶共有及び船主持分の抵當に就て（1）」（『海運』一九四九年一月号・日本海運集会所）

「製造中の船舶の抵當」（『海運』一九四九年一月号・日本海運集会所）

「船舶公團と船主との船舶共有及び船主持分の抵當に就て（2）」（『海運』一九四九年二月号・日本海運集会所）

「船舶公團と船主との船舶共有及び船主持分の抵當に就て（3）」（『海運』一九四九年三月号・日本海運集会所）

「船舶公團と船主との船舶共有及び船主持分の抵當に就て（4）」（『海運』一九四九年四月号・日本海運集会所）

「船舶公團と船主との船舶共有及び船主持分の抵當に就て（完）」（『海運』一九四九年五月号・日本海運集会所）

「國民と證券取引法」（『法律のひろば』一九四九年一一月号・ぎょうせい）

「設備信託債務について」（『中央大学新聞』一九五一年四月二〇日号・中央大学新聞学会）
「浮動擔保の研究（FLOATING CHARGE OR SECURITY）」（一九五三年・学位論文）
「企業担保制度の制定と課題」（『金融法務事情』一九五四年二月・金融財政事情研究会）
「企業担保について」（『毎日新聞』一九五四年八月六日・毎日新聞社）
「時事研究会――『企業担保制度』について」（『経済同友』一九五四年九月号・経済同友会）
「企業の担保」（『法律のひろば』一九五四年一〇月号・ぎょうせい）
「各国における企業担保制度の概観」（『法律時報』一九五四年一〇月号・日本評論社）
「企業担保法案の批判」（『税経通信』一九五五年一月・税務経理協会）
「企業担保法案について　1」（『法律時報』一九五五年一月号・日本評論社）
「企業担保法案について　2」（『法律時報』一九五五年二月号・日本評論社）
「企業担保法案について　3」（『法律時報』一九五五年三月号・日本評論社）
「企業担保法案としての英国浮動担保について」（『私法』一九五五年四月号・日本私法学会）
「イギリス浮動担保の素描」（『中央大学七十周年記念論文集』一九五五年一一月・中央大学）
「企業担保の本質について」（『商事法務研究』一九五六年九月号・日本評論社）
「イギリス譲渡抵当の変遷とその内容」（『法律時報』一九五六年一〇月号・日本評論社）
「イギリス譲渡抵当の変遷とその内容　2（完）」（『法律時報』一九五七年三月号・日本評論社）
「英国におけるフローティング・チャージの登記制度について」（『金融法務事情』一九五七年六月号・金融財政事情研究会）

「『企業担保』についての若干の考察」（『財政経済弘報』一九五七年七月号・財政経済弘報社）
「イギリス浮動担保の観念とその現況」（『金融』一九五七年七月号・全国銀行協会）
「英国の金融事情とフローティング・チャージの運営の実情」（対談／『旬刊商事法務研究』一九五七年七月号・商事法務研究会）
「企業担保制度について」（『東京新聞』一九五七年一一月四、五、六日・東京新聞社）
「企業担保法の創設について」（『経営セミナー』一九五八年一月号・経営書房）
「企業担保法について」（『総合法学』一九五八年・中央経済社）
「社債法の単独立法と推進」（『公社債弘報』一九六一年七月・公社債弘報）
「Japanese Investment Trust」（『Washington Law Review』一九六四年八月・Washington Law School）
「Unit-type Japanese Investment Trust」（『Washington Law Review』一九六四年八月・Washington Law School）

随筆・寄稿等

「教師のらくがき―友情」（『時事新報』一九五四年第二二五一五号・時事新報社）
「松本烝治先生の思い出」（『法律のひろば』一九五五年六月号・ぎょうせい）
「英国人」（『毎日新聞』一九五七年三月・毎日新聞社）
「本間俊一兄を想う」（『本間代議士の面影』一九五九年・経営書房）

「財界人の読書論」（『Books』一九五九年六月号・Books の会）
「デパート学校二年生の弁」（対談／『産業と産業人』一九五九年九月号・産業社）
「法学士という名のサラリーマン」（『法学セミナー』一九五九年一〇月号・日本評論社）
「『吾等のそごう』に」（『デパート通信』一九六一年一一月二五日号・デパート通信社）
「松野さんを偲ぶ」（『財界』一九六二年一〇月号・財界研究所）
「人間ドック同窓会挨拶」（『明るい窓』一九六四年六月・聖路加国際病院）
「企業担保法十年――制定当時の思い出」（『毎日新聞』一九六七年一二月一八日・毎日新聞社）
「可能性の追求」（『産業能率』一九六八年六月号・大阪能率協会）
「ひとりではなかった『人の間――無力な自分が知ったこと』」（『ＰＨＰ』一九六九年六月号・ＰＨＰ研究所）
「学問と人」（『大東文化』一九六九年一二月・大東文化大学）
「Use upon use について――二重信託」（『法学新報』一九七四年二月号・中央大学法学会）
「近代信託法理の継承」（『信託』一九七四年七月号・信託協会）
「私の本棚」（『財界』一九七九年四月号・財界研究所）
「そごう人に求められる《'80年代の行動指針》」（一九八二年・そごう本社）
「経営綱領」（一九八七年・そごう本社）
「経営と心」（一九九〇年・そごう本社）
「田井小学校の頃」（『閉校記念誌・田井の教育と歴史』・一九九一年）

「恩師守屋善輝先生を偲ぶ」(『英米法学』一九九四年六月号・中央大学学友会学術連盟英米法研究会)
「私が深く感動し深く感銘した話題」(『経営コンサルタント』一九九四年一二月号・経営政策研究所)
「恩人中江静枝様」(『追想 中江静枝』一九九五年・中江利忠)
「特別手記 善悪は存知せざるなり」(『新潮45』二〇〇一年九月号・新潮社)

インタビュー等

「憂うべき受験万能」(『中央大学新聞』一九五四年一月一〇、二〇日号・中央大学新聞学会)
「十合への夢と情熱」(『デパートニューズ』一九六二年五月三〇日号・ストアーズ社)
「そごう再建に成功した異色の学者社長水島廣雄」(『実業界』一九六二年一〇月号・実業界)
「そごう社長——水島廣雄が『児玉誉士夫のダイヤ贈呈問題』『ジライン事件』の真相を告白」(『経済界』一九七七年六月号・経済界)
「水島廣雄(そごう社長)が語る『鬼検事』河井信太郎の想い出」(『経済界』一九八二年一月号・経済界)
「そごう・水島廣雄、退陣の心境」(『財界』一九九四年三月号・財界研究所)
「中大顧問・水島廣雄さん 再び大学へ行くなら、やはり中央」(『週刊読売』一九九四年一二月号・読売新聞社)

「前そごう会長・逮捕直前激白4時間 興銀との『密約』のすべてを暴露する」(『中央公論』二〇〇一年七月号・中央公論新社)
「水島廣雄・元そごう会長が語る『興銀の変節』」(『月刊経営塾』二〇〇一年一〇月号・経営塾)
「人は百歳まで元気でいられる」(『会報』二〇一三年四月・中央大学学員会千葉県支部)

評伝 水島廣雄 参考図書・資料等

第一部「評伝」執筆にあたっての主な参考資料

図書等

『そごう社史』（一九六九年・そごう）
『茨と虹と 市村清の生涯』（一九六九年・尾崎芳雄／実業之日本社）
『俣野健輔の回想』（一九七二年・南日本新聞社）
『金閣炎上』（一九七九年・水上勉／新潮社）
『そごうの全貌』（一九八〇年・山森俊彦／ストアーズ社）
『不死鳥・そごうの経営』一九八一年・和田進／評言社）
『そごう人に求められる《'80年代の行動指針》』（一九八二年・そごう本社人事労務部）
『経営綱領』（一九八七年・水島廣雄／そごう本社）
『そごう怒濤の大航海』（一九八八年・山森俊彦／ストアーズ社）
『法学部創設十五年 回顧と展望』（一九八九年・大東文化大学法学部）
『経営と心』（一九九〇年・水島廣雄／そごう本社）
『閉校記念誌・田井の教育と歴史』（一九九一年・舞鶴市立田井小学校）
『私の履歴書 昭和の経営者群像　1〜10』（一九九二年・日本経済新聞社）
『東洋大学百年史』（一九九三年・東洋大学）

『横浜流通戦争』（一九九三年・苅谷昭久／オーエス出版社）
『京都府立大学同窓会名簿』（一九九五年・京都府立大学同窓会）
『追想 中江静枝』（一九九五年・中江利忠）
『感謝して10年 新たなる大海への出発』（一九九五年・横浜そごう）
『夢、未だ盡きず―平木信二と吉岡隆徳』（一九九八年・辺見じゅん／文藝春秋）
『日録20世紀　1～100』（一九九八年・講談社）
『正力松太郎―悪戦苦闘』（一九九九年・日本図書センター）
『新潮45（二〇〇一年九月号）』（二〇〇一年・新潮社）
『日本のカラクリ』（二〇〇一年・田原総一朗／朝日新聞社）
『神様の墜落〈そごうと興銀〉の失われた一〇年』（二〇〇三年・江波戸哲夫／新潮社）
『阿部君最後の手紙』（二〇〇四年・ユース会）
『挑戦　我がロマン』（二〇〇八年・鈴木敏文／日本経済新聞出版社）
『私のビジネス春秋』（二〇〇九年・大森清司／諏訪書房）
『横浜新都市センター30年史』（二〇一〇年・横浜新都市センター）
『タイムトラベル中大１２５』（二〇一〇年・中央大学）
『会報』（二〇一三年・中央大学学員会千葉県支部）
『田中角栄と稲葉修物語』（二〇一四年・工藤泰則／文芸社）

ＷＥＢサイト・定期刊行物（機関誌・新聞・雑誌等。複数の号を閲覧・参照）
『Webで知る"SOPHIA"』（上智大学ＷＥＢサイト）
『フリー百科事典wikipedia日本語版』
ＷＥＢサイト『そごうファイル「流砂の王国」』
『南甲』（中央大学南甲倶楽部）
『中央大学新聞』（中央大学新聞学会）
『中央大学学員時報』（中央大学学員会）
『日本百貨店協会会報』（日本百貨店協会）
『月刊ＴＩＭＥ』（月刊タイムス社）
『毎日新聞』（毎日新聞社）
『讀賣新聞』、『週刊読売』（読売新聞社）
『朝日新聞』（朝日新聞社）
『産経新聞』、『時事新報』、『産経時事』、『夕刊フジ』（産業経済新聞社）
『日本経済新聞』（日本経済新聞社）
『デパートニューズ』（ストアーズ社）
『デパート通信』（デパート通信社）
『ＰＨＰ』（ＰＨＰ研究所）
『金融ビジネス』（東洋経済新報社）

『日経ビジネス』（日経ＢＰ）
『週刊エコノミスト』（毎日新聞社）
『財界』（財界研究所）
『月刊経営塾』（経営塾）
『経済界』（経済界）
『明るい窓』（聖路加国際病院）
『社報そごう』（そごう本社）

資料・情報提供のご協力をいただいた機関・大学等

国立国会図書館関西館
上智大学
聖路加財団
大東文化大学
中央大学
東洋大学

※以上のほか関係者への取材インタビュー、追想録寄稿者からの情報提供により執筆・構成しました。

おわりに

本書の副題である「あとから来る旅人のために」は、水島廣雄氏がそごうの会議などで語った言葉の一つです。もともとはチンギス・ハーンの言葉とされ、水島氏が支援したユースホステル運動を進める人たちが紹介しました。旅を愛し、若い頃に満蒙に憧れた水島氏は、この言葉が好きだったようです。

第一部の「評伝」については、水島氏を知る方々の多くが鬼籍に入り、評伝をまとめるには困難も多く、また、晩年の水島氏の苦難については、私たちとしては記述することが辛い部分もありました。しかし、そこも「水島廣雄の生涯」の重要な部分であると、あえて記録しました。

第二部に収録した「追想文」は、水島氏の功績や人柄を広く知っていただくために、縁《ゆかり》の方々に執筆をお願いしました。しかしながら、ご依頼したのは縁ある方々のごく一部に過ぎません。

また第三部に収集した本人の論文や文書は膨大であり、本書にはそのごく一部しか収録することができませんでした。

以上についてのご理解とご容赦を賜ると共に、本書が意図した「水島廣雄の記録」が、多くの方々の目に触れ「あとから来る旅人のために」なることを願うものです。

最後に、本書を出版するにあたりご協力いただいた多くの方々、また多くの文献や資料をご提供いただいた方々並びに各社に、心より御礼を申し上げます。

二〇一六年七月二八日

水島廣雄追想録出版委員会
委員長　瀧野 秀雄
委　員　長田 繁
吉田 卓
松本 彧彦
熊谷 三樹雄
竹下 八郎
水島 有一
齊藤 しげる

評伝 水島廣雄 あとから来る旅人のために

二〇一六年一〇月三一日 第一刷発行

著 者 水島廣雄追想録出版委員会

発行者 中川順一

発行所 諏訪書房
株式会社 ノラ・コミュニケーションズ

郵便番号一六九―〇〇七五
東京都新宿区高田馬場二―一四―六
電 話 〇三（三二〇四）九四〇一
ＦＡＸ 〇三（三二〇四）九四〇二
メール info@noracomi.co.jp

印刷所 文唱堂印刷株式会社

定価はカバーに表示してあります。
乱丁・落丁の場合はお取り替えいたします。購入された書店名を明記して小社宛にお送りください。

ISBN978-4-903948-67-6 C0023